STUDIA
HUMANITATIS
문명텍스트

STUDIA HUMANITATIS
문명텍스트
23

문명 속의 불만

지그문트 프로이트 지음 | 성해영 옮김

서울대학교출판문화원

STUDIA HUMANITATIS
문명텍스트
23

문명 속의 불만

초판 1쇄 발행 2014년 12월 30일
초판 4쇄 발행 2022년 8월 25일

지은이 지그문트 프로이트
옮긴이 성해영

펴낸곳 서울대학교출판문화원
주소 08826 서울 관악구 관악로 1
도서주문 02-889-4424, 02-880-7995
홈페이지 www.snupress.com
페이스북 @snupress1947
인스타그램 @snupress
이메일 snubook@snu.ac.kr
출판등록 제15-3호

ISBN 978-89-521-1636-9 94180
978-89-521-1574-4 (세트)

이 저서는 2007년 정부(교육과학기술부)의 재원으로
한국연구재단의 지원을 받아 수행된 연구임(NRF-2007-361-AL0016).

✿ 옮긴이의 말

필자는 분석심리학의 창시자인 칼 융(Carl G. Jung)을 거쳐 지그문트 프로이트(Sigmund Freud)를 접하게 되었다. 융은 자서전 『기억 꿈 사상(*Erinnerungen Träume Gedanken*)』에서 프로이트와의 관계를 자세하게 소개하고 있다. 프로이트는 융에게 강한 애증의 양가적 감정을 불러일으킨 존재였다. 첫 만남에서부터 서로에게 강하게 끌렸던 두 사람은 이후 깊은 우정을 나누며 정신분석학 발전의 초석을 함께 놓는다. 그러나 긴밀했던 관계는 시간이 지나면서 점차 벌어진다. 무엇보다 무신론자였던 프로이트는 융의 열렬한 종교적 관심을 수용하기 힘들었고, 융의 '신비주의적' 종교관에 심각한 우려를 표명하게 된다. 반면 융은 프로이트의 무신론적 태도를 비판하면서, 프로이트가 무의식의 종교적 차원을 도외시할 뿐만 아니라 인간의 '성(性)'을 정신분석학의 도그마로 삼고 있다고 보았다. 이러한 견해 차이는 그들의 결별로 이어졌다.

심리학의 역사에 큰 족적을 남긴 융과 프로이트의 만남은 그 자체로도 흥미로웠고, 그들의 만남과 헤어짐은 나에게 강한 인상을 남겼다. 무의식의 발견을 통해 심층심리학을 본격적으로 시작한 두 인물의 교류와 결별은 마치 한 편의 드라마와 같았기 때문이다. 자신과 타인의 '마음'에 누구보다 관심과 지식이 많았던 두 인물이 그렇게 정열적으로 교류하다가 사소해 보이는 견해 차이로 헤어진다는 사실이 당시 학문을 업으로 삼지 않았던 나에게는 도무지 이해하기 힘든 일이었다. 상대방에게 큰 매력을 느끼고 혁신적인 사상을 공유했던 두 사람의 결별이 안타까웠을 뿐만 아니라, 다른 한편으로는 이해하기 힘든 일종의 '과잉'으로 보였다.

사실 나는 융의 자서전을 통해 프로이트에 대해 선입견을 가지고 있었다. 심리학이 종교적 기능을 대신할 수 있다는 '종교로서의 심리학(psychology as religion)'의 전형인 융의 분석심리학에 매료되었던 나에게 프로이트의 사상은 그다지 마음에 다가오지 않았다. 프로이트는 융의 비판처럼 인간 종교성의 가치를 부정하고, 인간의 성(性)으로 모든 것을 설명하려는 사람으로 받아들여졌다. 프로이트적으로 표현하자면 그 자신이야말로 성에 강박적으로 집착하는 사람 같았다. 이렇게 융의 관점으로 채색된 프로이트의 이미지는 그 후로도 오랫동안 변하지 않았다. 나는 종교심리학이 인간의 종교성을 심층 심리 차원에서 발견하고 그것을 고무하는 측면을 가져야 한다고 믿었다. 그러므로 종교를 인류의 집단 신경증이라고 평가한 프로이트는 종교의 가치를 간과하는 사상가로 인식되었던 것이다.

융에게 경도된 내 생각이 바뀌기 시작한 것은 유학 시절 프로이트를 본격적으로 공부하면서부터였다. 신비주의와 종교심리학을 전공한 두 분의 지도교수는 프로이트가 지닌 의심의 정신과 해방의 힘에 어떻게 접근해야 하는지를 보여 주었다. 종교심리학을 시작하면서 융의 심리학과 프로이트의 심리학 사이에 해소할 수 없는 긴장관계를 설정하고, 융을 일방적인 우위에 두었던 태도가 실제로는 균형을 잃은 것이고, 그들의 이론이 복잡한 인간의 마음과 '종교 현상'의 각기 다른 측면에 주목한 것이라는 점을 비로소 깨닫기 시작했다.

또 프로이트와 융의 관계를 다른 시각에서 보게 되었다. 실제로 프로이트는 융이 자신에게 품었던 강렬한 양가적 감정을 느꼈고, 동일시를 벗어나 자립하려는 강한 욕망이 있음도 인식하고 있었다. 이후 융이 오랜 심리적 방황을 거쳐 자신만의 사상을 만들어 냈다는 사실은 프로이트의 지적처럼 오이디푸스 콤플렉스의 전형성을 띠고 있었다. 프로이트의 입장에서 두 사람의 관계를 되짚어 보면서 나는 프로이트를 다시 인식하게 되었다. 프로이트는 나의 무지와 편견을 비춰 주는 거울과도 같았다. 어떻게 나는 프로이트를 인간의 성에만 강박적으로 집착하는 편협한 사상가로 단정했던 걸까.

프로이트는 여전히 매력적인 사상가이며 그가 서양 지성사에 불러일으킨 숱한 스캔들은 아직도 현재 진행형이다. 폴 리쾨르(Paul Ricoeur)가 그를 '의심의 대가(master of suspicion)'라고 불렀던 바대로, 프로이트가 당대의 금과옥조에 의심의 눈초리를 던졌기 때문이다. 그 의심은 불만의 일회적 표출이 아니었다. 프로이트는 종교와 문명의 문제를 포함해 인간의 마음에 관한 것이라면 무엇이든 끈질기게 물었다. 그로 인해 많은 사람들에게서 비난을 받게 된 것은 당연한 일이었다. 그의 정신분석학을 불편하게 여겼던 나 역시도 그 생생한 사례가 아니었던가. 프로이트의 사상은 우리가 발 딛고 서 있는 자리를 당연하게 여기지 않고, 우리 자신과 우리가 속한 맥락을 새로운 눈으로 바라보게 만들어 준다. 이것이 바로 프로이트와 정신분석학이 지닌 매력이자 힘이다.

프로이트의 많은 저술 중에서도 『문명 속의 불만』은 더욱 흥미롭다. 이 저술은 프로이트가 70세 되던 해에 집필한 것으로, 제목부터 범상치 않다. 그는 이 책에서 다음과 같은 질문을 던진다. 인간이 행복을 달성하기 위해 만들어 낸 문명이 왜 인간에게 불만의 대상이 되었을까? 왜 문명은 인간의 본성과 근원적인 불화를 겪을 수밖에 없을까? 현대 문명에 희망은 있는 것일까? 프로이트는 자신의 원숙한 사상을 구슬처럼 유려하게 꿰어 놓는다. 이 책에는 욕동 이론을 포함해 개인의 심리적 발달, 문명적 초자아 형성과 문명의 유지, 종교의 역할과 의미, 종교성의 근원과 신비주의에 이르기까지 그야말로 다양한 주제가 망라되어 있다. 그 중요성을 반영해서일까, 이 책의 번역본은 국내에도 여러 종 출판되어 있다. 그런데도 이 책을 다시 번역하는 데는 이유가 있다.

프로이트는 자신의 가장 중요한 관심사 중 하나였던 '종교'라는 주제를 이 책에서 '문명'이라는 개념과 연결해 체계적으로 설명하려 시도한다. 동시에 프로이트는 '대양적(大洋的) 느낌'이라는 생소한 개념을 통해 인간의 종교와 종교성을 신비주의와 관련하여 논한다. 『환상의 미래』라는 저술에서 종교를 인류의 집단 망상이자 신경증이라고 강력하게 비판했던 프로이트가 3년이 지난 시점에 왜 다시 인간 종교성의 원천을 다루면서 신비주의와 '대양적 느낌'을 언급하는 걸까? 종교를 강력하게 비판했던 프로이트가 신비주의에 새롭게 관심을 가지게 된 것일까? 그러니 이 책은 종교심리학의 관점에서 대단히 흥미로울 수밖에 없다.

이 책은 종교, 특히 신비주의와 종교심리학의 관점에서 재조명될 필요가 있다. 다시 말해 정신분석학의 전체 체계뿐만 아니라 종교심리학의 관점에서도 이 책은 매우 중요한 저술이다. 종교학 전공자로서 필자는 프로이트의 기념비적인 저서인 『문명 속의 불만』이 종교와 인간 종교성의 다차원적인 이해에 어떤 통찰을 주는가에 초점을 맞추고 싶었다. 요컨대 정신분석학이 종교와 종교성을 규명하는 데에 얼마나 풍부하게 기여하는지를 보여 주는 것이 이 책을 번역한 목적이다.

이 책의 구성은 다음과 같다. 본문 번역을 제시하기 전에 이해를 돕기 위해 해제를 수록하였다. 정신분석학의 범위가 넓은 데다가, 완숙기에 접어든 말년의 저술인 탓에 그 내용을 온전하게 파악하는 것이 쉽지 않다. 그러니 이런 사전 이해 작업은 긴요하다고 여겨진다. 해제는 크게 두 부분으로 구성된다. 첫 부분은 정신분석학의 개요를 소개하고, 의심의 대가로서 프로이트가 서구 지성사에 불러일으켰던 스캔들의 이유를 정리해 봄으로써 텍스트를 본격적으로 이해하는 기반으로 삼고자 한다. 해제의 두 번째 부분은 『문명 속의 불만』이 어떻게 구성되어 있으며, 구체적으로 어떤 주제를 다루고 있는지를 간략하게 설명한다. 프로이트 사상의 전체적인 얼개를 소개하고, 책의 구체적인 구성과 내용에 대해 설명하는 해제가 본문을 더 잘 이해하는 데에 도움을 주리라 믿는다.

『문명 속의 불만』의 번역은 독일어 원본과 영어 번역본을 기본으로 삼았다. 번역하는 과정에서 정확성과 가독성을 높이려 노력했다. 저술된 지 이미 80여 년이 지났고, 프로이트 문장 특유의 긴 호흡으로 인해 필요한 경우에는 길이를 조절하기도 했지만, 가급적 대명사의 사용을 포함해 프로이트의 원문에 충실하려 노력했다. 또 중요한 개념의 경우에는 독일어와 영어를 함께 표기하여 그 의미를 더욱 분명하게 파악할 수 있도록 했다. 독일어 판의 원주(原註)와 영어 표준판에서 추가된 각주 외에도 필요한 경우 필자의 역주도 간략하게 달았다.

본문 번역 다음에 텍스트를 이해하는 데에 꼭 필요하다고 생각되는 주요 개념을 중심으로 그 상호관계를 설명하는 별도의 해설을 추가하였다. 해설에서는 '대양적 느낌', '종교성', '신비주의', '욕동의 승화' 등 프로이트의 종교심리학과 이 텍스트를 이해하는 데 중요하지만 각주로 처리하기 어려운 개념들을 정리했다. 기존의 번역서가 있음에도 불구하고 이 저술을 다시 번역한 주된 이유가 여기에 설명되어 있다. 참고문헌에는 본문이나 해설에 직접 인용되지 않았더라도 프로이트 이해에 도움을 줄 수 있는 국내 문헌도 포함시켰고, 외국 문헌은 직접 인용된 경우만 수록하였다.

모든 책이 다 그러하겠지만 이 책 역시 많은 분들의 도움을 받았다. 종교학을 시작한 후 아낌없는 애정과 가르침을 베풀어 주신 김종서 선생님을 비롯한 서울대학교 종교학과 선생님들께 감사의 말씀을 전한다. 오랜 편견에서 벗어나 프로이트의 매력에 눈뜨게 해 준 크리팔(Jeffrey J. Kripal) 선생님과 파슨스(William B. Parsons) 선생님께도 감사드린다. 또 독일어 원전과 영어판, 한국어 번역본을 대조해 번역의 부족함을 꼼꼼하게 지적해 주신 서울대학교 철학과의 백종현 선생님, 독일어의 미묘한 의미 차이를 놓치지 않도록 조언해 준 강성용 선생님, 책을 준비하는 과정에서 격려와 조언을 아끼지 않으신 이혜경 선생님께도 심심한 감사의 말씀을 전하고 싶다. 귀여운 딸 율진과

처 유경에게도 사랑과 고마움을 전한다.

융에 경도되어 균형을 잃고 있던 나에게 크리팔 선생님은 '정신분석학은 도구 상자(tool box) 속의 유용한 여러 도구 중 하나'라는 말씀을 자주 해 주셨다. 한참의 시간이 지난 지금, 나 역시 학생들에게 같은 말을 하면서 그 의미를 더욱 실감한다. 참으로 그렇다. 어떻게 한 사람의 사상이 전적으로 훌륭하거나 혹은 나쁠 수가 있겠는가? 모든 사람의 사상은 그야말로 무한에 가까운 현실을 특정한 관점으로 보게 만드는 '도구' 중 하나일 터인데. 그러므로 현실을 온전하게 알기 위해서는 가급적 많은 도구를 사용해야만 하고, 그렇게 얻어진 여러 모습을 통합해 더 큰 전체성을 확보하는 일이 우리의 의무일 것이다. 그러니 도구나 연장을 탓하는 것은 오랜 속담이 가르쳐 주듯 '좋은 목수'가 할 일은 결코 아니리라.

모쪼록 이 책이 프로이트가 역설한 의심과 해방의 힘을 발견하는 작은 계기가 될 수 있기를 희망한다. 아울러 프로이트가 보여 준 힘이 삶의 끈을 쉽사리 놓치지 않으려 했던 그의 치열한 태도에서 비롯되었다는 점도 덧붙이고 싶다. 번역을 비롯해 이 책으로 인해 독자들이 행여 가질지도 모르는 '불만'은 전적으로 내 책임이라는 점을 밝힌다. 끝으로 문명을 벗어날 수 없는 우리 모두에게 현대 문명이 불만보다는 더 큰 만족과 행복의 원천이 되기를 소망한다.

2014년 12월

성해영

❁ 차례

프로이트와 정신분석학, 그리고 『문명 속의 불만』

■ 해제

프로이트와 정신분석학[1]

당신이 만약 20세기 지성사에서 가장 많은 논란을 일으킨 인물이 누군가라는 질문을 받는다면? 그리고 그에 대한 답변으로 남부끄럽지 않은 지성과 인간에 대한 통찰을 가지고 있다는 점을 은근하지만 확실하게 드러내고 싶다면? 그렇다면 지그문트 프로이트의 이름을 대는 게 여러모로 유리할 것이다.

정신분석학과 프로이트 스캔들

프로이트 이전과 이후를 구분할 만큼 프로이트는 서구 지성사에서 거대한 변화를 초래한 인물이다. 그가 태어나 활동을 시작하던 19세기는 인류의 미래를 낙관하던 시기였다. 서구 지성인들은 합리적 사고의 확산과 과학 기술의 발달에 큰 희망을 품었다. 그들은 종교의

1 해제의 첫 부분은 필자의 다음 글을 기초로 작성되었다. 「프로이트, 계몽과 이성의 시대를 뒤흔들다」, 『문명 밖으로』(강성용 외, 한길사, 2011).

영향력에서 완전히 해방된 인간 이성이 인류에게 행복을 가져다주리라 확신했다. 정신분석학(psychoanalysis)의 창시자인 프로이트 역시 같은 입장이었다. 그는 인간의 합리성에 근거한 과학적 사고가 인류를 오랜 미망에서 깨어나게 할 유일한 수단이라고 보았다. 그리고 과학인 정신분석학이 종교를 포함한 과거의 '환상'으로부터 인류를 자유롭게 만들 것이라고 역설했다. 이성의 강조라는 점에서 프로이트는 의심할 바 없이 근대 계몽주의의 적자(嫡子)였다.

그러나 프로이트는 당대의 여느 합리주의자와 사뭇 달랐다. 그는 인간이 철저한 합리성에 입각해 행동한다는 계몽주의적 인간관에 의문을 제기했다. 인간 이성의 중요성과 가치를 송두리째 부정한 것은 아니었지만, 프로이트는 오랜 임상과 사색의 결과로 정신분석학을 제안하면서 인간이 자신의 삶과 공동체를 합리적으로 꾸려 나간다는 믿음에 반기를 들었다. 그는 합리적인 인간들이 만들어 낸 문명이 구성원들의 행복과 안녕을 증진시키고 발전된 미래를 보장하리라는 기대가 비록 악의는 없을지라도 인간 존재를 제대로 이해하지 못한 순진한 견해라고 보았다. 요컨대 프로이트는 당대를 풍미했던 '문명의 진보'라는 계몽주의적 믿음에 근본적으로 의심을 제기했던 것이다. 그로 인해 프로이트는 인간과 문명을 합리성의 총아로 간주한 사람들에게 불편함과 불쾌감을 주는 '등에(gadfly)'와 같은 존재가 되었다. 소크라테스가 비판적 태도로 인해 동료 아테네인들로부터 같은 별명을 얻었던 것처럼.

나아가 그는 근친상간 욕구, 부친 살해, 유아 성욕 등으로 구성된 오이디푸스 콤플렉스(Oedipus complex)가 문명을 형성하고 유지하는 가장 중요한 개념이라고 선언하면서 동시대인들을 경악하게 만들었다. 동시에 그는 인류 문명에서 범접하기 힘들 정도로 우월한 지위를 오랫동안 누려 온 종교가 '환상'에 불과하다고 비판했다. 특히 가부장적 신(神) 개념을 핵심으로 하는 기독교를 포함한 서구 종교는 개인의 억압된 오이디푸스 콤플렉스가 외부로 투사된 '집단 신경증(neurosis)'이자, 냉정한 현실이 주는 고통을 감내할 수 없는 무력한 사람들이 만들어 낸 집단적 망상에 불과하다는 것이다. 실제로 종교는 문명의 가장 큰 걸림돌인 인간의 공격 욕동(drive, Trieb)[2]을 통제함으로써 문명을 유지하기 위해 고안된 효과적인 수단, 즉 문명적 초자아의 결정적인 도구라고 역설했다. 기독교인을 비롯해 종교에 우호적이었던 사람들은 프로이트의 이와 같은 도발적 주장을 격렬하게 비난했다.

프로이트가 불러일으킨 논란은 여기에서 멈추지 않는다. 나치에 의해 자신의 책이 불태워지자, 몇 세기 전이라면 책이 아니라 자신이 불태워졌을 거라는 그의 농담이 증언하듯, 인간의 성적 욕동과 충족이 중요하다는 프로이트의 주장은 전체주의적 세계관이 받아들이기 힘든 것이었다. 유대인이었던 그는 노구를 이끌고 나치의 탄압을 피해 정든 빈을 떠나 런던으로 피신한다. 그러나 유대인인 탓에 고향을 등져야 했던 프로이트는 자신의 마지막 저작인 『인간 모세와 유일신교』(1939)에서 유대인의 영원한 영웅인 모세(Moses)가 실제로는 이집트인이며, 유일신론을 주장한 탓에 유대인들에 의해 살해당했다는 충격적인 이론을 펼쳤다. 아니나 다를까 이 책은 동료 유대인들을 격

---

2 욕동의 의미는 이 책의 본문 70쪽의 각주 28을 참고하라.

분시켰다.

이런 방식으로 프로이트는 계몽주의적 합리주의자들, 기독교인을 비롯한 종교인들, 동족인 유대인들, 빅토리아 시대의 도덕주의자들, 독일의 국가사회주의자들과 같은 참으로 다양한 사람이 격렬하게 비난하는 대상이 되었다. 극악무도한 범죄자가 아니고서야 어떻게 한 사람이 동시대인 대부분을 분노하게 만드는 데에 이렇게 성공을 거둘 수 있을까? 그 이유는 바로 폴 리쾨르가 프로이트를 '의심의 대가(master of suspicion)'라고 명명한 것처럼 그가 당대인들이 마치 공기처럼 당연하게 받아들이던 진리와 확신에 거대하고도 근본적인 물음을 집요하게 던졌기 때문이다.

거대한 스캔들을 야기했던 프로이트의 사상은 '문명과 인간 본성 사이의 영원한 긴장'이라는 표현으로 요약될 수 있다. 그런데 프로이트는 왜 문명과 인간 본성 사이에 숙명적인 긴장이 존재한다는, 당대의 계몽주의적 이상과 상충하는 주장을 펼쳤을까? 나아가 무슨 이유로 문명의 핵심인 종교와 인간 본능 사이에 영원한 길항(拮抗) 관계를 설정했을까? 프로이트는 그 근거로 인간이 '무의식적 존재'이자 '욕동의 존재'라고 강조한다. 그는 이 두 개념을 근거로 인간 이성과 문명에 대한 낙관적인 믿음을 단호하게 거부했던 것이다.

무의식적 존재로서의 인간: '내' 속엔 '내'가 모르는 '내'가 있다

'합리적 인간'이라는 계몽주의적 인간관에 프로이트가 반기를 들게 된 근거는 '무의식' 개념에서 찾을 수 있다. 그는 인간을 이해하는 데 의식보다 무의식이 더 중요하다는 사실을 강조했다. 즉, 인간 존재는 스스로가 인식하는 것보다 (자신에게조차) 훨씬 더 수수께끼라는 것이다. 자기 언행의 동기를 누구보다 스스로가 잘 알고 있다고 주장하는 사람은, 프로이트 이전에는 자기를 명철하게 인식하는 현자(賢者)로 간주되었다. 그러나 프로이트 이후에는 그 주장이 액면 그대로 받아들여지기 어려워졌다. 그에 따르면 어떤 사람이 자신을 잘 안다고 확신할수록 오히려 스스로를 파악하고 있지 못할 가능성이 높다는 것이다. 그렇다고 프로이트가 더 나은 자기 인식의 가능성을 송두리째 부정했던 것은 아니다. 그의 주장은 '내 자신이 무지하다는 사실을 알기 때문에 나는 비로소 현명하다'라는 소크라테스적 역설처럼, '내 언행의 참된 동기를 모르고 있다'라고 주장하는 사람이야말로 더 나은 자기 인식의 가능성을 포착한다는 의미에 가깝다.[3]

프로이트는 '외견상 명확해 보이는 언행의 동기가 과연 인간 정신의 전부인가'라는 물음으로 인간의 자기 인식 가능성과 내용에 근본적인 의문을 제기했다. 한발 더 나아가 그는 '무지에 대한 인식'에 그치지 않고, 소크라테스가 그러했듯이 더 나은 자기 인식을 향해 부단한 노력을 기울였다. 이 여정에서 그는 표면적인 의식의 심층을 파헤쳐 자신이 의식하지 못하고 있는 것들을 인식시켜 주는 방법으로 정신분석학을 제시했다. 정신분석학의 요체는 인간의 행동, 꿈, 실언, 각종 정신 질환을 꼼꼼하게 '분석(analysis)'함으로써 인간 '정신(psyche)'의 심층, 즉 무의식을 읽어낼 수 있으며, 이를 통해 더 온전한 인간 이해에 도달할 수 있다는 것이다.

---

3 소크라테스가 문답을 통한 철학적 여정을 시작한 이유는 아폴로 신이 그를 그리스에서 가장 현명한 사람이라고 말해 주었기 때문이다. 다른 사람으로부터 델피(Delphi) 신탁(神託)을 전해들은 소크라테스는 기쁘기는커녕 그 의미를 도무지 이해할 수 없어서 자신보다 더 현명한 사람들을 찾아서 그 의문을 해결하고자 했다는 것이다.

그러나 역설적으로 이러한 노력은 완전해질 수 없다. 프로이트는 무의식의 완전한 파악이나 이해가 의식 차원에서는 불가능하다고 주장했다. 이 점에서 그는 이성의 전능성을 믿지 않았다. '내 속에는 내가 모르는 내가 있다'라는 것이다. 수수께끼 같아 보이는 이 문장에서 가장 먼저 등장하는 '나'는 심리·육체적 존재의 총합으로 간주되는 실체다. 그리고 두 번째 '나'는 의식적 자아, 즉 프로이트의 표현대로 '에고(ego, Ich)'에 해당한다. 마지막 '나'는 의식적 자아인 에고에 의해 온전하게 포착되지는 않지만, 의식의 기저에 훨씬 더 강력한 실체로 존재하는 무의식적인 부분이다. 인간 존재는 여러 겹으로 이루어진 양파와 같고, 인간의 이해에는 의식적인 자아보다도 정신의 무의식적인 층위가 더욱 결정적이라는 것이다. 그러므로 이성적인 '분석' 행위는 불가피하고 중요하지만, 그 대상이 되는 인간 '정신'은 무의식적 차원 때문에 결코 완전한 분석을 허락하지 않는다. 결국 정신분석학의 분석 작업은 역설적으로 완전한 분석을 절대적으로 허락하지 않는 정신을 대상으로 한다.

어떻게 이런 기묘한 결합이 이루어졌을까? 그리고 정신분석학이라는 단어에 내포된 이러한 역설은 어떤 의미를 지닐까? 잘 알려진 사실은 아니지만 프로이트가 계몽주의적 인간관에 의심을 품고, 인간 정신의 무의식 차원을 발견하게 된 중요한 계기는 '최면(催眠)'이었다.[4] 오늘날 최면은 비합리적인 것에 그치지 않고, 과학과는 거리가 먼 사

4 최면과 정신분석학의 연관성은 다음 책을 참조하라. Adam Crabtree, *From Mesmer to Freud: Magnetic Sleep and the Roots of Psychological Healing* (New Haven: Yale University Press, 1993).

술(邪術)로까지 간주된다. 이런 인상은 최면가가 피최면자를 통나무처럼 경직시킨 후에 떨어져 있는 두 개의 의자에 머리와 다리 끝만 걸쳐 놓거나, 최면상태에서 온갖 이해하기 힘든 기행을 유도하는 것과 같은 대중적인 시연(試演) 때문에 더욱 강화되었다.

과학을 지향하는 프로이트의 정신분석학과 최면은 언뜻 보기에 전혀 관련이 없어 보인다. 핵심 개념인 무의식이 논증되기 힘들다고 비판을 받긴 했지만, 프로이트는 과학인 정신분석학이 형이상학적 세계관인 종교를 대체하리라고 시종일관 주장하지 않았던가.[5] 그런데 초자연주의와 구분하기 힘들어 보이는 최면이라니. 실제로 뱀장어의 생식기를 해부해 정소와 난소를 찾으려던 젊은 과학도 프로이트에게 최면을 통한 무의식의 발견은 그로서도 예상할 수 없었던 결말이었다.

최면의 현대적 기원은 유럽에서 한때 거대한 스캔들의 주인공이었던 오스트리아의 의사 프란츠 메스머(Franz A. Mesmer)로 거슬러 올라간다. 그는 이른바 '메스머리즘(Mesmerism)'을 처음으로 소개한 사람으로, 우주 만물에 존재하는 '동물자기(動物磁氣, animal magnetism)'라는 힘이 유기체 내부에서 자연스럽게 순환하지 않을 때 질병이 생긴다고 주장했다. 메스머는 마치 동양적 기(氣)와도 흡사한 이 동물자기의 불균형한 흐름을 (훗날 최면 기법이라 불리게 된) 자신의 독특한

---

5 프로이트의 『환상의 미래』(1927)를 보라. 그는 시종일관 정신분석학이 관찰에 의거해 수정 가능한 '과학'의 한 분과라고 주장하면서 자신의 이론을 지속적으로 수정했다. 반대자들은 이것이 정신분석학의 비일관성을 드러낸다고 주장했지만, 프로이트는 그것이 과학임을 입증하는 것이라고 반박했다. 이하에서 인용한 프로이트의 저작은 『문명 속의 불만』을 제외하고는 프로이트 전집 신판(열린책들, 2003)을 따른다.

'동물자기법'으로 교정할 수 있다고 주장했다. 실제로 그는 불치병처럼 보이던 여러 질환을 치유해 일약 기적을 만드는 사람으로 추앙되었다.

메스머의 놀라운 치유 능력은 그를 유명인으로 만들었지만, 한편으로는 당시 기존 의료계의 큰 공분(公憤)을 불러일으켰고 그 결과 메스머는 프랑스의 왕립과학위원회로부터 공식적인 조사를 받게 된다.[6] 위원회는 그의 치료가 과학적으로 입증 가능한 물리적 차원에서 이루어진 것이 아니라, 환자의 심리적 '피암시성(被暗示性, suggestibility)'에서 기인한다고 결론지었다. 또 치료에 성공한 질환의 대부분이 심인성(心因性)이라고 밝혔다. 다시 말해 환자는 치유되리라는 강력한 암시를 받은 탓에 스스로가 (무)의식적으로 유발한 질환을 치료했다는 것이다. 메스머는 위원회의 조사 이후에 인기를 잃기 시작했고, 실증주의적 자연과학이 전면에 등장하면서 역사의 뒤안길로 사라졌다. 그러나 메스머의 유산은 최면이라는 이름으로 살아남았고, 한참이 지난 시점에 뜻밖에도 프로이트의 정신분석학으로 이어진다.[7]

메스머의 스캔들은 '심인성 질환을 통한 무의식의 발견'으로 요약된다. 최면은 인간이 심리적 원인만으로도 육체적 장애나 질

---

6 이 위원회에 프랑스 주재 미국대사였던 프랭클린(Benjamin Franklin), 화학자 라부아지에(Antoine Lavoisier), 단두대(guillotin)를 발명한 물리학자 기요탱(Joseph Ignace Guillotin) 등이 포함되었다는 사실은 당시 메스머와 그의 동물자기법을 둘러싼 스캔들이 얼마나 거대했는지를 짐작하게 만든다.

7 '매혹하다'라는 의미의 영어 단어 'mesmerize'는 메스머의 유산이 현재까지 전해지고 있음을 보여 준다.

환을 일으킬 수 있다는 점을 증언한다. 현대의 '심신상관(mind-body connection)설' 역시 유사한 주장을 펼친다. 환자가 육체적 질병이 자신의 마음에서 유래했다는 점을 의식하지 못하면, 물리적인 방식만으로는 치유되기는 어렵다. 그러나 메스머와 같은 카리스마적 인물이 불어넣은 강한 치유의 암시를 환자가 적극적으로 수용하면 심인성 질환은 '기적적으로' 단번에 치유되기도 한다는 것이다. 즉, 메스머리즘은 환자가 인지하지 못하는 내용을 의식에 떠올림으로써 심인성 질환을 치유한다는, 후대의 정신분석학을 연상하게 만드는 원리를 핵심으로 삼는다. 다만 메스머는 자기가 벌인 일들이 어떤 원리로 발생했는지를 정확하게 인식하지 못했을 따름이다. 그럼에도 불구하고 메스머가 일으킨 스캔들은 인간 정신의 기묘함을 명료하게 드러냈다.

프로이트는 최면을 프랑스에서 처음 접한다. 뱀장어 연구와 후속 연구들에서 주목할 만한 실적을 얻지 못한 그는 1885년 국가 장학금을 받아 파리로 유학을 떠난다. 그는 5개월 동안 파리에 체류하면서, 장-마르탱 샤르코(Jean-Martin Charcot)에게서 최면으로 히스테리 증상을 없애거나 만들 수 있다는 사실을 배운다.[8] 다시 말해 히스테리란 환자의 심리 상태에서 비롯된 질병이므로, 심리에 영향을 미치는 최면 기법으로 치료될 수 있음을 알게 되었다. 프로이트는 육체가 인간 심리에 의해 지대한 영향을 받으며, 환자가 그 사실을 전혀 의식하지 못할 수 있다는 놀라운 사실에 눈을 떴던 것이다.

8 프로이트는 샤르코에 대한 존경심의 표시로 자신의 큰아들 이름을 'Jean-Martin Freud'라 지었다.

프로이트는 이처럼 인간 정신에는 의식적인 자아가 알지 못하는 무의식적인 차원이 있으며, 우리 심신에 지대한 영향을 끼칠 수 있는 무언가가 자아의 의식 여부와 무관하게 진행될 수 있다는 사실을 최면을 통해 배웠다. 프로이트는 귀국한 후에 최면을 활용해 히스테리 환자를 치료하기 시작했고, 이런 과정을 거쳐 신경증과 같은 질병의 원인을 환자의 무의식에서 의식으로 떠오르게 하는 '자유연상법'을 포함한 자신만의 치료 기법을 다듬어 나간다.

프로이트는 이렇게 최면을 계기로 의식적인 자아가 접근하지 못하는 무의식적 차원이 정신의 심층에 있다는 사실을 알게 되었다. 그 이후 무의식은 프로이트 평생의 화두로 자리 잡았다. 결국 철저한 유물론적 자연과학자로 출발한 프로이트는 최면을 통해 인간 무의식을 뜻하지 않게 발견하고, 자연과학적 실증주의에서 서서히 벗어나기 시작했다. 이 점에서 최면은 그에게 인간 정신의 더 깊은 차원을 엿보게 함으로써 '심층심리학(depth psychology)'[9]을 시작하게 만든 결정적인 계기로 작용했던 것이다. 이제 프로이트는 합리적이고 의식적인 부분이 인간 정신의 전부라는 주장을 받아들이기 힘들게 되었다. 그리고 그 논리적 귀결로 이성에 기초한 문명의 진보라는 주장에도 근본적인 회의를 품게 되었다. 이처럼 프로이트의 정신분석학은 뜻밖에도 서구의 또 다른 스캔들이었던 메스머의 동물자기법과 연결된다.

---

9 인간의 무의식 혹은 잠재의식적 차원을 존재와 중요성을 강조하는 심층심리학에는 프로이트를 비롯해 윌리엄 제임스(William James)의 심리학, 칼 융(Carl G. Jung)의 분석심리학 등이 있다. 또 현대의 초개아 심리학(transpersonal psychology)도 대표적인 심층심리학적 전통에 속한다.

욕동의 존재로서의 인간: 태초에 욕망[10]이 있었다

계몽주의적 합리성에 의심을 품게 된 프로이트는 인간 무의식에 자리한 욕망 개념으로 인해 현대 문명에 더욱 비판적인 관점을 취한다. '리비도(libido)'는 인간의 욕동 중에서 결합, 성장, 번식, 성적 만족 등을 주된 목표로 삼는 에너지이다.[11] 동시에 이것은 잘 알려진 것처럼 구순기(oral), 항문기(anal), 잠복기(latency)를 거쳐 성기(genital)라는 경로를 밟아 발전하는 심리·육체적(psycho-somatic) 힘이기도 하다. 그런데 리비도의 발달은 외상적(外傷的) 사건으로 인해 왜곡되기 쉽다. 예를 들어 이성의 부모를 향한 자녀의 리비도가 과도하게 억압되고, 그 억압이 사회적으로 수용되는 방식으로 해소되지 못하면, 리비도의 억압은 이후에 여러 가지 유형의 신경증을 일으킨다. 정신분석학에 따르면 하루에도 수십 차례나 손을 씻는 행위와 같은 반복적인 강박 행위는 억압된 리비도가 현실적인 타협책을 찾아 무의식적인 증상으로 발전한 것일 가능성이 높다.

그리고 삶의 욕동인 리비도는 성적인 방식과 비성적인 방식을 통해 충족된다. 성적인 방식은 이성 간의 성애를 포함해 개인에게 성적인 만족을 주는 다양한 행위를 망라하며, 보다 직접적이고 즉각적

---

10 여기에서 욕망은 인간을 특정한 행동으로 몰아가는(drive) 힘이라는 점에서 '욕동(慾動)'으로 표현되는 것이 보다 정확하다. 프로이트는 '욕동(Trieb)'과 '본능(Instinkt)'이라는 단어를 구분해 사용한다. 예컨대 생물학적으로 그 충족 방식이 결정되어 있는 동물의 욕구를 '본능'이라 표현하며, 이보다 훨씬 다양한 방식으로 충족될 수 있는 인간의 욕구를 프로이트는 '욕동'이라 부른다. 소제목에서는 보다 일반적인 표현인 '욕망'을 사용했다.

11 리비도(libido)는 라틴어로 '욕망', '갈급(lust)'의 의미를 지니며, '죽음의 욕동'에 대비해 '삶의 욕동' 혹은 '에로스(eros)'라고도 불린다.

인 충족을 목표로 삼는다. 그러나 모든 인간 공동체는 근친상간을 비롯해 혼외정사, 미성년자와의 성행위 등을 나름의 방식으로 통제하며, 특히 성적인 방식을 통한 리비도의 무제한적 충족을 적극적으로 통제한다. 리비도가 이런 현실적인 제약에 직면하면 비성적인 대상을 목표로 삼기도 한다. 그 점에서 리비도는 사회적 통제와 억압을 우회하는 유연성을 보여 준다. 이런 이유 때문에 프로이트는 성기의 결합만을 목적으로 삼는 전통적인 인간의 성욕과 그의 리비도 개념을 동일시하는 견해에 반발한다. 정신분석학은 전통적인 성 개념을 통해 모든 심리적·문화적 현상을 설명하려는 범성욕론(汎性慾論)이 아니라는 것이다.[12] 그에게 리비도는 단순히 성적 결합에 그치는 것이 아니라 "모든 인간적인 의미의 영역이 포함된 하나의 복잡한 은유(metaphor)"로 기능한다.[13]

이 과정에서 욕동의 '승화(sublimation, Sublimierung)' 개념은 욕동 충족의 유연성을 담보해 주는 동시에 문명과 리비도를 매개한다는 점에서 대단히 중요하다.[14] 프로이트는 억압된 리비도는 개인의 신경증으로 나타나는 반면, 승화된 리비도는 다양한 문화적 창조물로 표현된다고 보았다. 즉, 승화는 마치 고체가 곧바로 기체가 되는 것처

---

12 『집단심리학과 자아 분석』, 99쪽.

13 David Bakan, *Sigmund Freud and the Jewish Mystical Tradition* (London: Free Association Books, 1990), p. 273.

14 '연금술(alchemy)'에서 유래한 승화 개념은 정신분석학의 가장 큰 난점이기도 하다. 프로이트는 승화가 무의식적이며 소수에게만 일어나는 예외적인 사건이므로, 그 정확한 과정과 동기를 이해하기 어렵다고 자인한다. 보다 자세한 내용은 이 책의 해설을 참고하라.

럼, 리비도가 성적인 만족 추구를 건너뛸 경우 예술, 과학, 학문과 같은 다양한 문화적 창조 활동의 추동력이 된다는 것이다. 이처럼 근원적인 욕동인 리비도가 인간 문명을 만들어 내는 데에 결정적인 역할을 수행한다고 주장한다는 점에서 그는 인간의 합리성을 강조하는 계몽주의적 합리주의자들과 다른 입장을 취한다. 물론 프로이트 역시 문명이 구성원의 상호 이익을 위해 만들어졌다는 계몽주의적 사회계약론을 받아들인다. 또 공동체의 유지를 위해 구성원들의 관계를 합리적으로 규율하는 법률 체계가 문명의 으뜸가는 요소라고 지적한다는 점에서도 계몽주의자들과 의견을 같이한다. 프로이트의 표현에 따르자면, 개인의 리비도는 문명의 형성과 유지를 위해 어떤 방식으로든 제한되어야 한다. 리비도의 즉각적인 충족이라는 '쾌락 원칙(pleasure principle, Lustprinzip)'은 그 충족이 사회가 용인하는 방식을 따라야 한다는 '현실 원칙(reality principle, Realitätsprinzip)'과 타협해야만 한다.

그러나 프로이트는 가족에서 시작되어 문명이라는 가장 큰 규모의 공동체를 형성하는 힘이 이성이 아닌 에로스라고 주장했다. 인간은 자연의 위협에서 자신들을 보호하겠다는 공동 작업의 이익만으로 집단을 형성하지는 않는다는 것이다. 남녀 간의 성적 결합 욕구에 의해서 가족이 만들어지듯이, 에로스라는 더 큰 관계를 지향하는 추동력은 남녀의 성적 사랑에서부터 목적이 금지된 가족 간의 사랑, 그리고 공동체를 구성하는 우정에 이르기까지 다양한 형태를 취한다. 그러므로 문명은 인간의 모든 리비도가 성적 충족에 소진되는 것을 적극적으로 막아야 하며, 이렇게 확보된 리비도는 공동체 형성을 위한 원동력으로 전용되어야만 한다. 또 성적 결합에 사용되지 않는 에로스는 승화를 통해 문화적 성취로 이어져야 한다.

그러므로 문명은 리비도와의 관계 속에서만 비로소 그 전모가 파악된다. 문명은 리비도를 공동체 구성과 유지의 에너지로 활용하기 때문에 공동체의 존속과 확대를 위해 욕동의 통제를 끊임없이 시도한다. 이 점에서 '문명적 요구'와 '본능적 욕구'의 충돌이 불가피하며, 프로이트의 '초자아(super-ego, Über-Ich)'는 문명이 사회화 과정을 통해 우리의 욕동을 통제하려는 목적으로 인간 속에 내면화한 문명적 요구이다. 문명의 창조와 유지에 인간 이성이 불가결하지만, 근본적으로는 리비도의 도움 없이 문명의 형성과 유지란 불가능하다. 게다가 의식적 자아는 즉자적인 충족을 지향하는 욕동을 결코 완벽하게 제어할 수 없다. 결국 계몽주의자들의 기대와 달리 이성은 무의식적 차원으로 인해 인간의 자기 이해라는 관점에서도 불완전하며, 욕동의 거대한 힘 앞에서도 무기력하다. 그러나 욕동과 문명의 관계는 여기에서 멈추지 않는다. 문명에 가장 적대적이며 길들여지기 힘든 욕동이 남아 있기 때문이다. 그 모호함으로 프로이트를 괴롭혔고 후일 '타나토스(thanatos)'라고 명명된 '죽음의 욕동'이 바로 그것이다.[15]

삶의 욕동(eros)과 죽음의 욕동(thanatos), 그리고 문명

두 차례의 세계대전은 인간의 합리성과 문명의 진보에 대한 믿음을 철저하게 붕괴시켰다. 인류사에서 유례를 찾기 힘든 규모로 전개된

---

15 프로이트의 욕동(drive) 이론은 후기에 이르러 결합을 추구하는 리비도, 혹은 '에로스(eros)'와 파멸과 죽음을 추구하는 '타나토스(thanatos)'로 나뉜다. 그러나 타나토스의 존재와 그 구체적인 내용을 비롯해 에로스와의 관계는 승화 개념과 더불어 그에게 끝내 완전하게 풀리지 않는 수수께끼로 남았다.

끔찍한 살육 앞에서 서구 지성인들은 인간이 그들의 삶을 이성적으로 꾸려 나가리라는 낙관적인 태도를 더 이상 견지할 수 없게 되었다. 합리적 이성의 과실이자 현대 문명의 성과로 간주되던 자연과학과 기술은 인간을 살상하는 데 활용되었고, 격렬한 증오와 파괴 앞에서 인간의 이성은 무기력함을 드러낼 뿐이었다. 프로이트는 그 내용을 알지 못하고 세상을 떠났지만, 600만에 가까운 유대인이 조직적으로 살해당한 대학살(Holocaust)은 그 누구도 상상하지 못한 경악스러운 사건이었다.[16]

제1차 세계대전이라는 거대한 규모의 전쟁을 목도한 프로이트는 인간 이성의 한계를 절감했다. 그리고 그 무렵 자신과 타인, 그리고 존재하는 것들을 파괴하는 것을 목적으로 삼는 '죽음 욕동'이라는 도무지 이해하기 힘든 힘에 대해 언급하기 시작한다. 실제로 그는 치료 과정에서 성적인 의미를 내포하지 않는 기묘한 공격성을 자주 접한 바 있었다. 자신을 치유하고 삶에 적응하려는 긍정적인 욕구와 더불어, 치료를 거부하고 반복해서 증상으로 되돌아가려는 끈질긴 경향성을 목도했던 것이다. 치료자와 환자의 노력을 일거에 무화(無化)시키는 이 강력한 힘을 접하면서 그는 당혹감에 빠졌다. 왜 인간들은 삶이 아닌 '무(無)'의 상태로 사라지길 원하는 걸까? 그는 이 불가사의한 힘을 '죽음 욕동'이라 명명하고, 쾌락 원칙과 현실 원칙에 이어 "열반 원칙(nirvana principle, Nirvanaprinzip)"이라는 새로운 개념을 제시한다.[17]

16 프로이트의 두 아들은 제1차 세계대전에 참전했고, 특히 프로이트의 다섯 누이 중 네 명은 제2차 세계대전 중에 강제 수용소에서 목숨을 잃었다.

17 『쾌락 원칙을 넘어서』, 333쪽.

불교의 교리를 오해했다는 비판을 받을 수도 있지만, 해탈을 통해 윤회의 사슬을 끊고 열반에 이르려는 욕망은 물질적 차원에서 해석하면 '모든 것이 꺼져 버린' 무의 상태를 지향하는 것처럼 보였기 때문이다.

이제 프로이트는 '삶의 욕동(libido/eros)'과 '죽음의 욕동(thanatos)'이 빚어내는 숙명적인 충돌과 긴장에 주목하게 되었다. 문명이 그 형성과 유지 과정에서 필요한 힘을 리비도에서 지원받는다면, 일정한 양의 리비도는 문명의 유지를 위해 반드시 유보되어야 한다. 그 점에서 문명 창조의 에너지를 소진시킬 수 있는 구성원들의 무차별적인 성적 만족 추구는 환영받지 못한다. 그러니 인간은 문명적 요구에 불편함과 불만을 느낄 수밖에 없다. 게다가 모든 문명은 인간의 무의식에 깊게 자리한 파괴적인 죽음 욕동을 어떤 방식으로든 통제하지 않으면 안 된다. 문명이 공격 욕동의 승화나 통제에 실패할 경우, 그 결과는 두 차례의 세계대전이 보여 주듯 문명의 심각한 쇠퇴나 소멸 또는 자멸일 가능성이 높다.

이 대목에서 인간 욕동의 통제 기제로 개인적·문명적 초자아가 등장하며, 동시에 종교의 기능이 결정적인 것으로 부각된다. 프로이트가 보기에 문명이 만들어 낸 욕동 통제 방식 중 가장 대표적이며 또한 가장 강력한 것이 바로 초월적 신(神)을 권위의 근거로 내세우는 종교적 윤리 규범으로, 기독교의 십계명이 전형적이다. 신과 관련된 첫 네 계명 외에는 부모에 대한 공양, 살인·간음·도둑질의 금지, 타인의 재산권 존중 등 공동체 유지를 목적으로 한 인간관계의 규제가 그 주된 내용이다. 처음 네 계명도 신의 권위를 빌려 나머지 계명들의 정당성을 높인다는 점에서 십계명 전체는 사회 질서의 유지를 목적으로 한다고 해도 과언이 아니다.

프로이트는 문명의 형성과 유지를 위해 인간 욕동이 어떤 방식으로든 제어되어야 한다는 점에는 동의하지만, 종교를 위시해 현대 문명이 인간 욕동의 힘을 간과하고 그것을 과도하게 억압하는 것에는 반대한다. 특히 그는 서양의 유신론적 종교가 인간의 성욕과 공격 본능의 특성을 있는 그대로 이해하고 신중하게 다루기보다는, 문화적 이상의 이름으로 과도하게 억압한다고 경고했다. 문명적 초자아가 욕동의 자연스러운 표출과 충족을 지나치게 억압한다는 것이다. 욕동은 종교라는 집단적 환상을 통해서 위무되거나, 강력한 신의 명령으로 상징되는 내면화된 죄책감으로 잠시 억압될 수 있지만, 지나친 억압은 종국에 "억압된 것의 회귀(return of the repressed)"라는 현상으로 나타난다고 주장했다.[18] 달리 말해 탈출구를 찾지 못한 채 과도하게 오랫동안 억압된 것들은 임계점을 넘는 순간 폭발적으로 표출되며, 극심한 혼란과 고통을 수반한다.

결국 현대 문명이 구성원에게 강제하는 욕동의 억압이 문명 자체를 위협할 정도로 과도해졌으므로, 이로 인해 야기된 '문명 속의 불만'에 주의를 기울이고 이 문제를 시급하게 해결해야 한다는 것이 프로이트의 진단이다.[19] 그 첫출발은 무의식에 내재한 인간 욕동의 힘

18 『인간 모세와 유일신교』, 421-428쪽.

19 『환상의 미래』, 204쪽; 『문명 속의 불만』, 155-159쪽(본서 참조). 융 역시 비슷한 진단을 내린다. 즉, 자연스러운 욕망을 과도하게 억압하면 폭력적이며 파괴적인 표출로 나타난다고 주장했다. 가장 합리화된 유럽사회에서 발발한 두 차례의 세계대전은 억압된 무의식적 힘이 파괴적으로 표현된 것이다. 칼 융, 『인간과 상징』(이윤기 옮김, 열린책들, 1996), 93-103쪽.

과 그 작용에 관한 정신분석학적 인식이며, 계몽주의의 적자답게 프로이트는 이 과정이 합리적 이성에 기초해 있다고 보았다.

역설적 이성주의자 프로이트

프로이트와 정신분석학은 격렬한 비난과 비판의 대상이 되었다. 무의식의 논증 불가능성, 욕동 이론을 비롯한 주요 이론의 거듭된 수정, 개인 심리와 집단적 발달 과정의 유사성에 대한 강조, 철저한 심리적 환원주의와 같은 일리 있는 비판도 있었다. 그러나 오해로 빚어진 터무니없는 비난이나 인신공격도 흔했다. 그럼에도 불구하고 그가 20세기 인류의 지성사에 큰 획을 그었다는 사실에는 변함이 없다. 그 이유는 무엇일까?

무엇보다 프로이트는 당대의 확신을 그대로 받아들이지 않았다. 그에게 무비판적으로 수용되어야 할 당연한 진리는 존재하지 않았기 때문이다. 그는 인간을 계몽주의자들처럼 그저 이성적인 존재로만 보지 않았다. 그렇다고 낭만주의자들의 주장처럼 인간이 직관과 상상에 의존해 신화와 환상의 세계만을 지향한다고 파악한 것도 아니었다. 또 인간은 유물론자들이 주장하듯 물질적인 인과관계에 의해 모든 것이 설명되는 결정론적 세계에서 살지도 않으며, 기독교가 주장하듯 신의 이미지대로 창조되었다가 지상세계로 유배되어 죄의식에 괴로워해야만 하는 존재도 아니다. 그의 비판 정신은 전체주의는 물론이고 유대인이라는 정체성 문제에까지도 확장되었다. 이처럼 프로이트는 당대의 모든 굳건한 진리와 믿음에 근본적인 의심을 제기했던 것이다. 이 점에서 그는 '인간 삶에서 확신이란 도무지 존재하기 힘들다'라는 역설적인 확신만을 가졌던 것이 아닐까.

프로이트의 비판적 태도는 분명히 이성에 근거한 것이었지만 계몽주의자들과는 사뭇 달랐다. 그의 입장은 인간의 무비판적인 자기 확신이 갖는 근본적인 허점을 인식한 이후에야 비로소 가능한 것이었다. 다시 말해 그의 정신분석학은 계몽주의자들의 낙관적 확신을 인간의 욕동과 무의식에 비추어 보다 명확하게 바라보려는 이성적인 노력의 결과였다. 서양의 역사는 신과 이웃에 대한 '사랑'을 지고의 덕목으로 삼는 기독교인들이 유대인, 이교도, 이단이라 이름 붙인 타자(他者)에게 표출했던 증오와 잔혹함으로 점철되어 있다. 프로이트는 한발 더 나아가 종교가 행한 것보다 훨씬 잔혹한 일들이 문명과 이성의 미명하에 자행될 수 있음을 깊이 인식했던 것이다.

프로이트는 우리에게 일종의 '여백(餘白)의 감각'을 제공한다. 그에 따르면 문명, 인간, 이성, 신과 같은 개념들은 그 어떤 것도 그 자체로 당연하지는 않다. 그 당연함이 의심될 때 대부분의 사람들은 심각한 불안과 불편함을 느끼겠지만, 그때에 이르러서야 미처 몰랐던 세계관의 균열을 목도하기 시작하고, 그 굳건한 믿음 때문에 발견하지 못했던 진실의 단면이 비로소 드러나게 된다. 그 단면을 분명하게 인식한 다음에야 우리는 비로소 다른 종류의 현실을 만들어 낼 수 있다. 프로이트는 이 과정이 철저하게 이성에 기초해야 함을 시종일관 강조했다. 그 점에서 프로이트는 분명히 이성의 신봉자이다. 그러나 이미 자신의 한계를 인식하고 겸손해지며, 그 겸손함 때문에 현명해진 이성은 이미 다른 종류의 역설적 이성이 아닐까.

불확실성이 그 어느 때보다 커진 현대에 근본주의를 포함해 확신이 난무하는 것은 이해할 만하다. 이렇게 확신이 기승을 부리는 시점에서 모든 것에 의심의 눈초리를 보내는 '프로이트'가 된다는 것은 위험한 일이겠지만, 그것은 동시에 자유로움을 줄 수 있다. 금지된 것이야말로 큰 기쁨을 주는 것이라고 프로이트가 주장하지 않았던가. 물론 거기에는 필연적으로 적지 않은 노력과 고통이 따르겠지만.

특히 『문명 속의 불만』은 공기처럼 당연해 보이는 문명이 무엇이고, 또 그 구성원으로 살아야 하는 우리의 정체성을 새로운 시각으로 바라보게 만든다. 그 점에서 프로이트적 의심의 정신이 가장 잘 살아 있는 저술임에 분명하다.

『문명 속의 불만』에 대하여

프로이트의 정신분석학은 심리학, 철학, 문학, 종교학 등 다양한 분야에 지대한 영향력을 미쳤다. 그 영향력을 반영하듯 그의 사상과 삶의 이력[20]은 그간 많은 학자들에 의해 충분히 연구된 바 있다. 그는 심리학을 근대적 학문으로 정립시킨 인물이자, 이 과정에서 다양한 임상 경험에 기초해 '자유연상법'을 비롯한 자신만의 독특한 정신 질환의 치료 기법을 발달시켰고, 이를 뒷받침하기 위한 이론화 작업에도 평생 동안 노력했다.

---

20 프로이트의 저술 중 『나의 이력서』(1925)라는 저술은 그의 전기적 정보를 담고 있다. 프로이트의 전기 중 가장 유명한 것은 영국 출신의 분석가이자 프로이트의 제자인 어니스트 존스(Ernest Jones)의 책이 있다. 국내에는 대표적인 프로이트 전기인 피터 게이(Peter Gay)의 『프로이트 I·II』(정영목 옮김, 교양인, 2011)를 비롯하여 마르트 로베르(Marthe Robert)의 『프로이트: 그의 생애와 사상』(이재형 옮김, 문예출판사, 2007), 미셸 옹프레(Michel Onfray)의 『우상의 추락: 프로이트, 비판적 평전』(전혜영 옮김, 글항아리, 2013) 등 여러 책들이 번역되어 있다.

『문명 속의 불만』과 종교

그의 긴 저술 목록 중에서 『강박 행동과 종교 행위』(1907), 『토템과 터부』(1913), 『환상의 미래』(1927), 『문명 속의 불만』(1930), 『인간 모세와 유일신교』(1939) 등은 인간 본성과 문명, 그리고 종교의 연관성을 정신분석학적으로 해석하려는 프로이트의 깊은 관심을 잘 보여준다. 무신론자이자 유대인이었던 그는 오랜 정신분석학적 연구 결과에 기초해 종교를 인류의 오래된 "집단적 강박증"[21]이자 문명 유지에 불가결한 "환상"[22]으로 규정했다. 그의 독특한 정신분석학적 종교 해석은 이후 인간의 종교와 종교성 연구에 지대한 영향을 미쳤다. 그 영향력을 반영하듯 그의 종교 해석이 갖는 유용성과 한계에 대해서는 찬반의 논의가 충분히 이루어져 왔다.[23] 프로이트의 이해가 타당한지 여부는 쉽게 결정될 문제는 아니지만, 그의 정신분석학적 종교 해석을 제대로 다루지 않고서는 심리학, 특히 종교심리학의 역사를 적절하게 이해할 수 없다고 해도 과언이 아니다.

『문명 속의 불만』은 프로이트의 사상이 완숙기에 접어든 말년에 집필된 만큼, 평생의 관심이었던 문명과 인간 본성, 그리고 종교의 문제가 정신분석학의 전체 틀 속에서 가장 입체적으로 드러나 있다. 저술의 의미와 주된 구성을 자세하게 살펴보자.

---

21 "이러한 유사성과 상사성에 주목한다면 강박 신경증을 종교의 병리학적 내용물로 파악하고, 신경증을 개인의 종교성으로, 종교를 보편적인 강박 신경증으로 파악하는 것도 가능할 것이다."(『강박 행동과 종교 행위』, 20쪽); "종교는 인류의 보편적인 강박 신경증일 것이다."(『환상의 미래』, 214쪽)

22 『환상의 미래』, 178쪽.

23 대표적인 저서로 한스 큉(Hans Küng)의 저서를 참고하라. 『프로이트와 신의 문제』(손진욱 옮김, 하나의학사, 2003), 81-128쪽.

『문명 속의 불만』은 어떤 책인가?

프로이트가 70세가 되던 해인 1930년에 저술된 『문명 속의 불만』은 문명과 인간 욕동 사이에 존재하는 근원적인 길항 관계를 비롯해, 종교 이해 등 문명 전반에 대한 정신분석학적 해석이 주를 이루고 있다.[24] 전체가 여덟 장으로 구성되어 있는 이 저술은 문명이 왜 인간의 본성, 특히 공격 욕동 및 성적 욕동과 영원한 긴장 관계를 맺을 수밖에 없는지를 프로이트 특유의 꼼꼼한 분석으로 규명하고 있다. 또 종교가 문명적 초자아의 핵심으로 부각되는 이유를 설명하기 위해 『환상의 미래』에서 이미 개진된 바 있는 정신분석학의 비판적 종교 이해를 다시금 제시한다.

『문명 속의 불만』은 프로이트의 저술 중에서도 대단히 오랫동안 폭넓게 읽힌 작품이다. 여러 이유가 있겠지만, 무엇보다 물음의 중요성이 지적되어야 할 것이다. 원래 제목을 '문명 속의 불행(Das Unglück in der Kultur)'으로 붙이려 했던 것처럼, '인간의 행복을 달성하기 위해 만들어진 문명이 왜 인간을 오히려 불행하게 만드는가'에 대한 정신분석학적 답변이 바로 이 저술이다. 더불어 답변을 모색하는 과정에서 프로이트가 보여 주는 신랄한 비판 정신과 꼼꼼한 분석 역시 이 책의 생명력을 더해 주는 요인이다.

프로이트는 정신분석학적 관점에 입각해 인간 본성에 날카로운 메스를 들이댄다. 그가 보기에 인간은 문명을 통해 순순히 교화될 수 없는 욕동을 가진 존재이다. 문명은 한편으로 끊임없이 인간의 성적

---

24 이 책의 독일어 제목은 'Das Unbehagen in der Kultur'인데, 스트레이치(James Strachey)에 의해 번역된 영어 표준판의 제목은 'Civilization and Its Discontents'이다.

욕망을 제어하고 승화시켜 문명 창조의 힘으로 삼으려 하고, 다른 한편으로 공격 충동을 억제해 문명을 유지하려 한다. '문명화 과정'을 통해 욕동을 성공적으로 통제하는가의 여부가 모든 문명의 성패를 가늠하는 핵심이라는 주장이다. 이 관점에서 사유재산의 철폐가 인간 본연의 선함을 회복시킨다는 공산주의자들의 주장은 인간 심리를 오해했다는 비판을 받는다.

『문명 속의 불만』은 이처럼 문명과 인간 본성 사이의 근원적인 긴장 관계라는 바탕 위에서 정신분석학의 중요 개념인 자아, 초자아, 죄책감, 오이디푸스 콤플렉스, 에로스와 죽음 욕동, 욕동의 억압과 통제, 행복 등을 씨줄과 날줄처럼 엮어 나간다. 이 과정에서 종교는 비중 있게 다루어진다. 종교는 삶의 의미와 목표를 제시하는 기능을 담당해 인간을 위로한다. 그러나 종교는 실제로 문명적 초자아의 핵심적 부분으로 문명 구성원의 불행과 불만을 증폭시킨다. 그 이유는 『환상의 미래』에서 강조되었듯이 종교란 '인간의 집단 신경증'이자 '환상'으로, 인간의 타고난 나약함에서 비롯되어 현실의 냉정한 인식을 가로막기 때문이다.

프로이트의 견해를 그대로 수용하는가 여부와 상관없이 그가 제기하는 물음의 무게와 해답이 모색되는 과정에서 드러나는 시각의 독창성과 꼼꼼함은 이 책이 현대에도 여전히 고전으로 손꼽히게 만든다. 게다가 괴테 문학상을 수상한 경력이 보여 주듯 프로이트는 탁월한 문장가이다. 그는 유년 시절부터 고전을 비롯해 다양한 분야의 광범위한 독서로 키운 풍부한 문학적 감수성과 의학도다운 엄밀한 논리적 사고 능력을 겸비한 인물이다. 그 점에서 프로이트의 저술은 논리성과 문학성을 모두 갖추고 있어 읽는 재미를 더한다.

특히 『문명 속의 불만』은 완숙기의 저작답게 명쾌한 논리 위에 치열한 사고에서 유래하는 깊이가 배어 있다. 정신분석학의 중요 개념을 포함해 평생의 사색이 이루어낸 독창적 사고가 모두 녹아 있는 탓에 프로이트의 사상에 익숙하지 않은 독자에게 어려움을 줄 수 있지만, 읽을수록 글에 담긴 맛과 깊은 통찰을 만끽할 수 있다. 요컨대 『문명 속의 불만』은 '거인(巨人)의 어깨' 위에서 인간과 문명을 폭넓게 조망할 기회를 주는 보기 드문 책임에 분명하다.

글의 구체적인 내용과 구성

『문명 속의 불만』은 모두 여덟 장으로 구성되어 있다. 각 장이 다루고 있는 주된 내용은 다음과 같다.

첫 번째 장은 프로이트에게 '대양적 느낌(oceanic feeling, ozeanisches Gefühl)'이라는 생소한 개념을 제안한 친구 이야기에서 시작된다. 프랑스의 대문호 로맹 롤랑(Romain Rolland)으로 밝혀진 친구와 서신을 주고받게 된 그는 자신이 『환상의 미래』에서 전개한 종교 비판에 롤랑이 대양적 느낌을 인간 종교성의 근거로 내세우며 반박하자 당혹스러워한다. 답변으로 프로이트는 대양적 느낌을 정신분석학적으로 설명하려 시도한다. 인간의 자아 감각은 항구적인 경계를 갖지 않으며, 애초에는 외부 세계와의 구분이 없는 상태로 출발하지만, 그 후 외부 세계와의 관계를 통해 제한된 자아 감각을 갖게 된다는 것이다. 그런데 인간의 정신은 초기 발달 단계를 그대로 유지하므로, 특정 상황에서는 마음의 원초적 상태가 다시 등장할 수 있다. 롤랑이 제안한 대양적 느낌은 유아기에 우리 모두가 경험했던 마음의 상태이며, 신비주의가 주장하는 무한한 우주와 하나가 되는 의식 상태는 전-오디푸스적 상태로 퇴행한 결과일 수 있다. 프로이트가 보기에 종교란 유아기의 무력감에서 비롯된 것이다.

두 번째 장에서 프로이트는 자신이 분석 대상으로 삼는 종교가 이른바 보통 사람의 종교라는 점을 강조한다. 우리 삶의 목적과 의미를 설명해 줌으로써 우리를 위안하는 수단이라는 점에서 종교는 인간의 고통과 불가분의 관계를 갖는다. 본래 인간 존재는 고통에 취약할 수밖에 없으며, 프로이트는 고통의 주된 이유로 연약한 신체, 외부 세계, 타인과의 관계를 제시한다. 우리는 고통을 회피하고 삶의 목적인 행복을 달성하기 위해 다양한 방식을 채택한다. 격리와 은둔, 공동체의 형성, 중독 물질의 사용, 욕동의 제어와 승화, 예술적 충족, 정신 질환, 집단 망상으로서의 종교, 성적인 사랑, 아름다움의 향유 등이 그 방법들이다. 여하튼 인간은 자신의 심리적 기질과 개인적 소망에 따라 각자의 방식으로 행복을 추구할 수밖에 없다. 그러나 환상인 종교가 명확한 한계를 지닌다는 것은 분명하다. 종교는 유아기의 무력감에서 비롯된 집단적 망상으로 현실을 도외시하게 만들기 때문이다.

세 번째 장에서 프로이트는 고통의 사회적 원천인 인간관계에 주목한다. 또 문명이 인간 고통의 중대한 원인일 수 있다는 뜻밖의 주장을 살핀다. 문명은 자연으로부터 인간을 보호하고, 인간의 상호관계를 조정함으로써 인간의 행복을 달성하려는 성취와 규율의 총합으로 정의될 수 있다. 이처럼 문명은 공동체를 통한 행복 구현을 목적으로 삼는다. 이 과정에서 문명은 과학과 기술을 활용해 자연에 대한 통제력을 제고하려 시도한다. 동시에 문명은 아름다움의 향유, 질서와 청결을 강조한다는 특징을 띠며, 인간의 지적·과학적 성취를 높이 평가한다는 일반적인 특성을 보인다. 특히 법률의 제정 및 이의 공평한 적용을 통해 확보되는 정의는 문명의 첫 번째 필수 조건이다. 그런데 현실에서는 문명이 오히려 구성원 개인의 행복을 위협하는 역설적 상황을 맞이한다. 공동체를 이루는 과정에서 자유에 대한 개인들의 열망과 공동체 형성과 유지라는 과제 사이에 내재하는 긴장이 드러나기 때문이다.

네 번째 장은 문명의 형성 과정을 분석하는 데에 초점을 맞춘다. 문명의 형성은 잘 알려진 것처럼 가족의 구성에서부터 출발한다. 그리고 공동체는 공동 노동의 필요성과 사랑의 힘으로 인해 본격적인 궤도에 오른다. 특히 사랑의 욕동인 에로스는 문명 공동체를 형성하는 가장 중요한 힘이다. 이 사실을 간파하고 있는 문명은 근친상간, 동성애와 같은 특정한 방식의 성생활을 제약하고, 이성 간의 사랑 역시 일부일처제를 비롯해 사회가 용인하는 합법적인 관계에 국한함으로써, 여기에서 확보되는 성적 에너지를 문명 형성의 원동력으로 전용한다. 공동체가 구성원들의 에로스를 활용해 리비도적으로 결합될 때 가장 굳건해지므로 문명은 개인들의 에로스를 적극적으로 관리하려 노력한다. 결국 문명과 에로스는 충돌의 가능성을 포함한 대단히 다양하고 긴밀한 관계를 가질 수밖에 없다.

다섯 번째 장에서 프로이트는 공동체가 구성원들의 리비도적 결합을 추구하는 경향성에 대해 계속해서 논의한다. 문명은 공동체의 형성과 유지를 도모하는 과정에서 성적 욕동을 포함해 인간의 타고난 공격 욕동을 제어하려 끈질기게 시도한다. 실제로 인간의 공격성은 성적 욕동보다 훨씬 큰 문명의 장애물이다. 문명이 인간의 공격성을 통제하고 변화시키기 위해 여러 가지 노력을 치열하게 기울여

왔지만, 프로이트가 보기에 그 성과는 크지 않았다. 예컨대 공산주의자들은 사유재산을 폐지하면 인간들 사이의 공격성이 저절로 사라지리라 믿었지만, 이는 심리적으로 타당하지 않은 전제에 불과하다. 문명은 개인의 성적 욕동 및 공격 욕동과 본질적으로 갈등관계에 놓일 수밖에 없으므로, 문명화 과정에서 공동체는 인간 욕동을 제어하려 시도하면서, 개인이 욕동의 충족과 문명의 요구 사이에서 적절한 타협점을 모색하도록 만들려 한다.

여섯 번째 장에서 프로이트는 공격 욕동의 도입이 정신분석학이 발전시킨 기존 욕동 이론의 전면적인 수정인지 여부를 해명한다. 애초에 자아 욕동(ego-drive, Ichtrieb)과 대상 욕동(object-drive, Objekttrieb)의 구분에서 출발한 욕동 이론은 나르시시즘이라는 획기적인 계기를 거쳐 사랑의 힘인 에로스와 죽음 욕동을 핵심 축으로 삼게 되었다. 죽음 욕동에 대한 거부감과 오해가 존재하는 것은 사실이지만, 유기체의 결합과 행복을 목적으로 삼는 에로스와, 유기체의 해체와 소멸을 지향하는 파괴/죽음 욕동의 존재는 임상 경험을 비롯한 여러 차원에서 확인된다는 것이다. 그러나 두 욕동이 다양하게 혼합되어 있는 탓에 죽음 욕동의 존재나 작용을 명확하게 목도하거나 입증하기란 결코 쉽지 않다. 그럼에도 불구하고 문명 그 자체는 결합을 지향하는 에로스의 힘에 기초해 형성된 것이므로, 필연적으로 죽음 욕동과 긴장관계에 놓일 수밖에 없다.

일곱 번째 장은 문명화 과정에서 공동체가 인간의 공격 욕동을 어떻게 제어하는가를 다룬다. 개인의 발달 과정과 문명의 발달 과정 사이에는 목표와 목표 달성의 수단에 이르기까지 적지 않은 유사성이 발견된다. 프로이트는 이 사실에 주목해 개인의 초자아 성립

과정과 문명적 초자아의 발달 과정을 대비시킨다. 아버지에게 품는 양가적 감정에 근거해 개인의 공격 욕동과 죄책감이 초자아로 발전하는 것처럼, 문명 역시 비슷한 방식으로 개인의 죄책감을 기초로 구성원들의 공격 욕동을 통제하는 강력한 문명적 초자아를 만들어 낸다. 그리고 이 과정에서 신(神)의 권위를 구현한 종교적 계율이 인간의 타고난 죄책감을 매개로 문명적 초자아의 핵심으로 등장한다. 요컨대 성적 욕동이 더 큰 공동체를 만들어 냄으로써 문명을 발전시킨다면, 문명적 초자아는 공격 욕동을 포함한 개인의 욕동 전반을 통제함으로써 문명을 확장하고 유지하려 시도한다.

마지막 장에서 프로이트는 개인의 초자아와 문명의 초자아가 개인 욕동을 통제하는 측면에 다시금 주목한다. 공격 욕동의 통제가 문명의 가장 큰 과제임을 지적하면서, 개인적·문명적 초자아가 개인의 욕동 충족에 가하는 무차별적인 제약이 문명화된 개인에게 심대한 불행을 초래한다는 점을 역설한다. 특히 보편적 사랑의 실천과 폭력성의 통제를 일방적으로 명령하는 종교적 계율은 정신분석학이 밝혀낸 인간 욕동과 그 작용 방식을 간과하기 때문에 반심리적(反心理的)이며, 그런 이유로 인해 현대인들의 고통과 불만은 가중될 수밖에 없다고 주장한다. 더구나 현대의 눈부신 과학 기술 발달은 인간의 죽음 욕동이 인류를 전멸시킬 수 있는 가능성마저 만들어 냈다. 이런 상황에서 프로이트는 에로스와 죽음 욕동이라는 두 거대한 힘의 투쟁에서 에로스가 승리하기를 기원하며 자신의 글을 맺는다.

프로이트는 명확한 논리에 기초해 명쾌한 글을 쓰는 것으로 정평이 나 있는 만큼 문장의 긴 호흡에도 불구하고 전체적 흐름을 파악하는 데에는 큰 어려움이 없으리라 생각한다. 오히려 어려움은 『문명 속의 불만』이 말년의 저술인 탓에 정신분석학의 다양한 개념과 역사에 대한 이해가 전제되어 있다는 점에 있다. 즉, 정신분석학에 익숙하지 않은 독자의 경우 이 책의 요지를 단번에 파악하기가 힘들고 그의 주장이 지닌 독창성을 음미하기도 쉽지 않다.

번역과 함께 중요 개념들에 각주를 달고 별도의 추가 해설을 붙인 이유가 여기에 있다. 각주를 통해 저술의 이해에 필요한 여러 정보를 제공하고, 책을 보다 쉽게 이해할 수 있도록 본문 번역 뒤에 별도의 해설을 추가했다. 해설에서는 『문명 속의 불만』에 처음으로 등장하는 '대양적 느낌'을 비롯해 이 텍스트와 프로이트의 정신분석학을 이해하는 데에 도움이 되는 중요한 개념들을 주로 다루었다.

국내에 번역서가 이미 여러 종이 출판된 상황에서 또 다른 번역이 필요한가에 대해 고민했다. 종교심리학을 전공하는 입장에서 『문명 속의 불만』은 대단히 중요한 저술이다. 이 저술의 중요성과 저술에 드러난 문명과 종교의 긴밀한 연관성이 그간 적절하게 조망되지 않았다는 상황이 개인적인 욕심을 부채질했다. 별도로 추가된 종교학적 관점의 해석 시도는 필자의 과욕을 용서받으려는 나름의 노력이다. 종교심리학적 관점에서 프로이트의 정신분석학이 어떻게 올바르게 이해될 수 있으며, 그 의미가 무엇인지에 초점을 맞추려 애썼다.

거듭 밝히지만 번역을 비롯해 주해 과정, 그리고 추가된 해설에 있을지 모르는 오류나 프로이트 심리학에 대한 이해 부족은 전적으로 필자의 탓이다. 여전히 배워 가는 중이라는 변명을 너그럽게 받아들여 주길 부탁드리며, 필자가 애초에 프로이트에게 품었던 불편함이 흥분과 감동, 그리고 자유로움으로 바뀌는 과정에서 느꼈던 기쁨을 함께 나눌 수 있기를 기대한다.

일러두기

1. 번역은 독일어 원전과 영역본(Penguin)을 기본으로 삼았다. *Das Unbehagen in der Kultur*, Gesammelte Werke: Chronologisch Geordnet, Vol.14 (London: Imago Publishing, 1974); James Strachey, *Civilization and Its Discontents* (New York: Norton & Company, 1961); David McLintock, *Civilization and Its Discontents* (New York: Penguin, 2002). 스트레이치가 번역한 표준판은 독일어 원전에 가깝게 영역을 했다는 장점을 지닌 반면, 맥린톡의 책은 2002년에 번역되어 보다 현대적인 느낌과 더불어 문학 전공자에 의해 번역되어 매끄럽게 읽힌다. 국내에 출판되어 있는 번역서는 『문화의 불안』(김종호 옮김, 박영사, 1974), 『문명 속의 불만』(김석희 옮김, 열린책들, 2003), 『문화에서의 불안』(강영계 옮김, 지식을 만드는 지식, 2008) 등이 있다.

2. 각주는 크게 세 가지로 구성되어 있다.
   첫째, 아무런 표시가 없는 것은 프로이트의 원주(原註)이다.
   둘째, 영역 표준판에서 번역자인 제임스 스트레이치(James Strachey)가 추가한 역주는 *로 표시하였다.
   셋째, 필자의 역주는 **{역주}**로 표시하였다.

3. 역주에서는 정신분석학의 중요한 개념을 비롯해 이해에 도움이 되는 설명을 가능하면 간명하게 기술하려 노력했다. 각주가 길어질 경우 본문을 읽어나가는 데에 방해가 될 우려가 있으므로, 인물 소개와 중요 개념의 설명 외에는 가급적 각주 사용을 자제했다. 본문의 이해에 중요한 '대양적 느낌'이나 '승화' 등과 같은 중요한 개념은 뒤에 추가한 해설에서 보다 자세하게 다루었다.

4. 중요 개념은 그에 해당하는 영어를 본문의 괄호 안에 표기하고 독일어 표현은 고딕체로 처리했다.

5. 해제와 해설은 필자가 발표한 다음 글과 논문을 참고했음을 밝힌다. 「프로이트, 계몽과 이성의 시대를 뒤흔들다」, 『문명 밖으로』(공저, 한길사, 2011); 「프로이트 정신분석학과 탄트라의 종교 사상 비교」, 『종교연구』 54(2009); 「프로이트 종교심리학과 비교(comparison)의 정신: 승화(sublimation) 및 대양적(大洋的) 느낌(oceanic feeling) 개념을 중심으로」, 『종교학연구』 27(2008).

6. 『문명 속의 불만』에 각주로 처리된 저술을 포함해 정신분석학을 이해하는 데에 도움

이 되는 프로이트의 중요한 저작을 시대 순으로 정리한 '프로이트 저술 목록'을 책의 말미(217쪽)에 추가했다. 독자들의 편의를 위해 독일어 원제와 영어 표준판의 영문 제목, 집필 시기 등을 병기했다.

Das Unbehagen in der Kultur

문명 속의 불만

I

사람들이 통상 그릇된 평가 기준을 사용한다는 인상, 즉 자신을 위해 권력과 성공 그리고 부를 추구하고, 타인이 소유한 그것들을 높이 평가하면서 삶의 참된 가치를 과소평가한다는 인상을 피하기란 불가능하다. 그러나 우리는 이런 종류의 일반적인 평가를 내릴 때 인간 세계와 인간의 정신적 삶이 얼마나 다양한지를 망각할 위험에 처한다. 비록 대다수 사람들이 갖는 목표와 이상에는 대단히 낯선 자질과 성취에 기초한 위대함일지라도, 동시대인들이 경이로워하기를 주저하지 않는 소수의 인간들이 존재한다. 우리는 이러한 위대한 인물들의 가치를 인식하는 사람들이 결국 소수이며, 우리 대부분은 그들을 주목하지 않는다고 생각하기 쉽다. 그러나 사람들의 사고와 행동 사이의 불일치와 그들의 다양한 소망 충동(wishful impulse, Wunschregungen)으로 인해 사정이 그처럼 간단하지는 않다.

내게 보내는 편지에서 자신을 나의 친구라 부르는 이도 이러한 예외적인 소수의 사람 중 하나이다. 나는 그에게 종교를 환상이라고 주장한 내 책을 보냈고,[1] 그는 종교에 대한 내 견해에 전적으로 동의한다고 답했지만, 내가 종교성의 참된 근원을 적절하게 평가하지 못하고 있다는 사실에 유감을 표했다. 그는 이것이 특수한 느낌(feeling, Gefühl)[2]으로 그 자신이 거기에서 결코 떠난 적이 없고, 다른 많은 사람들에 의해서도 확인된다는 점을 발견했으며, 수많은 사람들에게도 존재한다는 것이다. 이는 그가 '영원'의 감각이라 부르길 원하는 느낌으로 마치 '대양(ocean)'처럼 무한하고 한정되지 않은 것에 대한 느낌이다. 그는 이 느낌이 종교적 신조가 아니라 순수하게 주관적인 사실이라고 덧붙인다. 비록 이것이 개인의 불멸성을 확증해 주지는 않지만, 다양한 교회와 종교 조직에 의해 포착되어 각자의 통로로 유입되며, 또한 분명하게 소모되어 버리기도 하는 종교적 에너지의 근원이기도 하다. 그의 생각에 따르면 우리가 비록 모든 믿음과 환상을 거부할 수 있을지라도, 오로지 이 대양적 느낌(oceanic feeling, ozeanisches Gefühl)[3]의 바탕 위에서만 자신을 종교적이라 부를 수 있다는 것이다.

자신의 시(詩)에서 환상의 마법을 찬양한 적이 있는,[4] 내가 무척이나 존경하는 그 친구의 견해는 나에게 적지 않은 어려움을 주었다.

---

1 * 『환상의 미래』(1927).

2 {역주} 감각, 지각, 느낌, 감정, 기분 등으로 옮겨진다. 이 단어는 육체적·정신적 차원의 느낌이나 감정을 모두 포함한다. 이 책에서는 육체적인 경우에는 '감각', 정신적인 경우에는 '느낌'으로 옮겼다.

3 {역주} 프로이트가 밝힌 것처럼 이 개념은 로맹 롤랑(Romain Rolland)과의 서신 교환을 통해 등장했다. 신비주의와 신비적 합일 체험을 종교성의 근원으로 본 롤랑의 견해에 대한 프로이트의 응답으로 이 글은 시작된다. 보다 자세한 내용은 이 책의 후반부에 실린 해설을 참고하라.

4 『라마크리슈나의 삶(*La vie de Ramakrishna*)』(1929)과 『비베카난다의 삶(*La vie de Vivekananda*)』(1930)이라는 두 저서 때문에 나는 이 글에서 언급된 친구가 로맹 롤랑이라는 사실을 더 이상 숨길 필요가 없다. * [1931년에 각주가 추가됨.] Liluli [1919].

나는 내 속에서 이 '대양적' 느낌을 발견할 수 없다. 느낌들을 과학적으로 다루는 일은 쉽지 않으며, 다만 우리는 그것들의 생리학적 징후를 묘사하려고 시도할 수는 있다. 만약 이것이 여의치 않다면—내 생각에 대양적 느낌 역시 이러한 기술에 적합하지 않다—단지 그 느낌이 곧장 연상시키는 표상 내용에 의지할 수밖에 없다. 만약 내가 그를 올바로 이해했다면, 내 친구가 말하는 대양적 느낌은 독창적이며 다소 유별난 어느 극작가가 자신이 선택한 죽음에 직면한 영웅에게 바친 위안과 동일한 것을 의미하리라. "우리는 이 세계 밖으로 떨어질 수 없다."[5] 즉, 그것은 전체로서의 외부 세계와 해체될 수 없도록 하나로 결합되어 있는 느낌이다. 나에게 그것은 지성적 통찰의 성격을 띠는 것처럼 보인다. 물론 거기에 감정적 색채가 없는 것은 아니겠지만, 그 정도는 비슷한 부류의 다른 사고 행위에 수반되는 만큼일 것이다. 내 개인적인 경험에 비추어볼 때 나는 그러한 감정이 일차적 본성인지 확신할 수 없다. 그렇다고 다른 사람들에게 그 일이 실제로 일어난다는 점을 부인할 권리가 나에게 주어지는 것은 아니다. 유일한 의문은 그것이 올바르게 해석되고 있는가와 그것이 모든 종교적 욕구의 '원천이자 기원(*fons et origo*)'인가 하는 점이다.

나는 이 문제의 해결에 결정적인 영향을 줄 어떤 의견도 가지고 있지 않다. 그러나 인간이 자신을 둘러싼 세계와 연결되어 있다는 암시를, 애초부터 그러한 의도를 내포하고 있는 직접적인 느낌에 근거해 수용하게 된다는 생각은 참으로 기묘할뿐더러 우리 심리학의 기

5 크리스찬 디트리히 그라베(Christian Dietrich Grabbe), 『한니발(*Hannibal*)』: "우리는 이 세계 밖으로 떨어질 수 없다. 우리는 그 속에 영원히 존재한다."

본 구조에 전혀 맞지 않기 때문에, 그 느낌에 관해 정신분석학적인, 즉 발생론적인 설명을 시도해 보는 것은 적절해 보인다. 다음에 제시되는 일련의 사고가 그것이다. 통상적으로 자기(self, Selbst), 즉 자아(ego, Ich)에 대한 느낌보다 더 확실한 것은 없다. 자아는 우리에게 다른 모든 것들과 분명하게 구분되는, 자립적이자 통합적인 것으로 여겨진다. 그러나 정신분석학적 연구가 최초로 밝힌 바에 따르면, 그러한 외양은 기만적이며, 자아는 그와 반대로 어떠한 뚜렷한 한계 설정 없이 우리가 그것(Es)[6]이라 명명하는 무의식적인 심리적 실체를 향해 내부로 확장되며, 이드의 외관 역할을 하고 있을 뿐이다. 그리고 정신분석학은 자아와 이드의 관계에 대해 더 많은 것들을 알려 줄 수 있다. 어찌 되었든 자아는 외부를 향해 분명하고 뚜렷한 구분을 갖는 것처럼 보인다. 드물긴 하지만 병적인 것으로 폄하될 수 없다고 일반적으로 간주되는 오직 한 상태에 한해서는 그렇지 않다. 사랑의 절정에서 자아와 대상의 경계는 사라질 위험성을 지닌다. 사랑에 빠진 사람은 자신의 모든 감각적 증거에 반해서 '나'와 '너'가 하나라고 선언하며, 마치 그것이 사실인 양 행동할 준비가 되어 있다. 생리적 (즉 정상적인) 기능에 의해 일시적으로 중단될 수 있는 것들은 또한 병리적 과정에 의해서도 교란될 수 있다. 병리학은 자아와 외부 세계의 경계가 분명치 않거나 또는 실제로 부정확하게 설정되는 수많은 상태들에 대해 알려준다. 인간 육체의 특정 부위를 비롯해 심지어 지각, 사고, 감정과 같은 정신적 삶의 일부분이 그 자신에게 이질적이거나 자

---

6 **{역주}** 영문판에서는 인간의 무의식을 지칭하는 '그것(Es)'이라는 독일어가 라틴어 '이드(Id)'로 옮겨졌다.

신의 자아에 속하지 않는 것으로 여겨지는 경우도 있다. 반면 분명히 자신의 자아에서 기인하고, 또 그런 식으로 인식되어야 마땅한 것들이 외부 세계에 속한 것으로 간주되는 경우도 있다. 이처럼 우리 자신의 자아 감각(ego-feeling, Ich-Gefühl)조차 교란되며, 자아의 경계는 항구적이지 않다.

조금 더 숙고해 보면 성인의 자아 감각이 처음부터 아무런 변화를 겪지 않은 것은 아니라는 점을 알게 된다. 그것이 특정한 발달과정을 거쳤다는 분명한 사실은 물론 논증될 수 없지만 개연성이 높은 방식으로 재구성될 수는 있다.[7] 유아는 자신의 자아와 그에게 주어지는 감각 자극(sensation, Empfindung)[8]의 원천인 외부 세계를 아직 구분하지 않는다. 그는 점차 다양한 자극에 반응함으로써 이 둘을 구분할 수 있게 된다. 이후에 그는 자신의 육체적 기관을 통해 인식하게 되는 특정한 자극의 원천들이 언제나 그에게 감각 자극을 주는 데 반해, 다른 원천들(그중에는 그가 가장 원하는 엄마의 젖가슴이 포함된다)은 간헐적이며, 단지 그가 울어야만 다시 나타난다는 사실에 매우 강한 인상을 받을 것이다. 이런 방식으로 자아는 '바깥'에 존재하며, 동시에 특수한 행동에 의해서만 출현하는 '대상(object, Objekt)'과 최초로 마주하게 된다. 자아를 외부 감각들의 총합으로부터 분리시키고, 그리하여 '바깥'인 외부 세계를 인식하게 만드는 추가적인 동인은 다양하고

---

7 자아 발달과 자아 감각에 대한 많은 저술들은 페렌지(S. Ferenczi)의 논문 「현실 감각의 발달 단계들(Entwicklungsstufen der Wirklichkeitssinnes)」(1913)에서부터 페던(Paul Federn)의 1926년과 1927년 그리고 그 이후의 기고문들을 참고하라.

8 **{역주}** 주로 육체적 차원에서 얻어지는 감각이나 지각을 의미한다.

반복적이며, 불가피한 고통과 불쾌감 같은 느낌이다. 그런데 무제한적인 지배력을 행사하는 쾌락 원칙(pleasure principle, Lustprinzip)[9]은 이 느낌들의 회피나 제거를 요구한다. 이제 그러한 불쾌감의 원천이 되는 모든 것으로부터 자아를 분리시키며, 그것들을 제거함으로써 순전히 쾌락만을 지향하고 낯설고 위협적인 '바깥'과 맞서려는 경향이 발생한다. 이러한 원초적인 쾌락-자아(pleasure-ego, Lust-Ich)의 경계는 불가피하게 경험에 의해 수정될 수밖에 없다. 쾌락을 가져다주기 때문에 우리가 포기하기를 거부하는 어떤 것들은 자아가 아닌 대상이다. 그리고 자아가 제거하려는 특정한 고통들은 그 내적 기원으로 인해 자아로부터 분리하는 것이 불가능하다. 어린아이는 지각 행동의 방향을 의도적으로 바꾸거나 적절한 근육 운동과 같은 수단을 통해, 자아에 속하는 내부적인 것과 외부 세계에서 유래하는 외부적인 것을 구분하는 과정을 습득한다. 이런 방식으로 어린아이는 이후 발달 과정을 지배하는 현실 원칙(reality principle, Realitätsprinzip)[10]을 습득하는 첫 단계를 밟게 된다. 이러한 구분은 실제로 우리가 느끼고 있거나 느낄 것이라고 예견되는 불쾌감으로부터 자신을 보호하려는 실질적인 목적에 부응한다. 그런데 내부에서 기인하는 불쾌한 특정 자극을 피하기 위해, 자아가 외부에서 유래하는 불쾌감을 방어하는 데 사용되는 방법만을 활용할 수 있다면, 이는 중대한 병리적 장애의 출발

---

9 **{역주}** 욕동의 즉자적인 충족을 달성하려는 경향성을 뜻한다. 이드의 맹목적인 충족과 관련된다.

10 **{역주}** 현실적으로 수용되거나 용인되는 방식으로 욕동을 충족하는 것을 의미한다. 초자아의 개입 및 간섭과 관련된다. 따라서 에고는 쾌락 원칙과 현실 원칙 사이에서 균형점을 찾는 임무를 부여받는다.

점이 된다.

자아는 이런 방식으로 자신을 외부 세계와 분리한다. 조금 더 정확하게 표현하자면 애초에 자아는 모든 것을 포함하고 있다가, 이후에 자신에게서 외부 세계를 분리시킨다. 그러므로 우리가 현재 가지고 있는 자아 감각은 훨씬 더 포괄적인—실제로 모든 것들을 포괄하는—자아와 그것을 둘러싼 세계 사이의 더욱 긴밀한 유대관계에 근거한 느낌이 깨어져 나간 잔존물이다. 어떤 사람들에게는 그들의 정신적 삶에서 이 원초적인 자아 감각이 더 많거나 혹은 더 적게 유지되고 있다고 추정할 수 있다. 그 경우 이 감각들은 더 협소하고 더 뚜렷하게 경계 지어지는 성인의 자아 감각과 마치 일종의 짝처럼 병존할 것이다. 이 경우 그 감각들에 어울리는 관념적 내용물은 내 친구가 '대양적' 느낌을 통해 자세히 묘사했던 무한함과 우주와의 유대감이라 할 수 있을 것이다.

그러나 원래의 것이 나중에 그것으로부터 유래된 것과 함께 존속한다고 가정할 수 있을까? 의심할 바 없이 그렇다. 심리적 영역 혹은 다른 영역에서 그러한 현상은 낯설지 않다. 우리는 동물의 세계에서 고도로 발달한 종이 가장 낮은 종에서 유래한 것이라는 견해를 고수하고 있지만, 단순한 형태들은 오늘날에도 여전히 존재한다. 거대한 도마뱀 종들은 멸종해 포유류에게 자리를 내주었지만, 그 진정한 대표 격인 악어는 아직 우리와 함께 살고 있다. 아마도 이 비유는 지나치게 거리가 있을뿐더러, 생존하고 있는 하등한 종들의 대부분이 오늘날 고등 종들의 진짜 조상이 아니라는 사실로 인해 설득력이 약해진다. 대체로 그 연결고리는 소멸되었고, 복원을 거쳐서만 우리에게 알려진다. 반면 마음의 영역에서는 태고의 것들이 그것에서 유래하는 변형된 것들과 함께 보존되는 것이 보통이므로 증거 사례를 제시할 필요가 없다. 이런 사례가 발생할 경우 통상적으로는 발달 과정에서 일어나는 분기(分岐)[11] 현상의 결과이다. 태도 혹은 욕동적 충동(instinctual impulse, Triebregung)의 (양적인 의미에서의) 일부분은 다른 부분이 추가적인 발달을 겪음에도 불구하고 변화하지 않는다.

이 사실은 마음의 영역에서 보존이라는 보다 일반적인 문제를 제기한다. 이 주제는 지금까지 거의 연구되지 않았지만 매우 흥미롭고 중요하기 때문에, 비록 그럴 충분한 이유가 없다 하더라도 좀 더 숙고할 필요가 있다. 우리가 자주 경험하는 망각과 기억 흔적의 파괴(즉 소멸)가 동일하다고 간주하는 실수를 극복했으므로, 우리는 정신적 삶에서 그 어떤 것도 일단 형성되면 결코 사라지지 않는다는, 다시 말해 모든 것들이 어떤 방식으로든 보존되며 적절한 상황에서(예컨대 충분한 퇴행이 이루어진다면) 다시 밝은 곳으로 드러나리라는 정반대의 입장을 취하려 한다. 이 가정이 무엇을 내포하는지 또 다른 영역의 비유를 통해 파악해 보자. '영원한 도시'의 역사를 예로 들겠다.[12] 역사가들은 로마의 가장 오래된 구역이 팔라틴(Palatine)에 자리하고 있는, 울타리로 구획된 정착지인 '로마 쿼드라타(*Roma Quadrata*)'라는 사실을 알려준다. 그 다음 단계는 '셉티몬티움(*Septimontium*)'이라 불리는 각기 다른 언덕에 위치한 정착지들의 연합체가 뒤따른다. 그다음

11 **{역주}** 분기(divergence)는 진화 과정에서 생물의 계통이 나누어지고 형질의 차이가 커지는 현상을 뜻한다.

12 휴 래스트(Hugh Last)의 『캠브리지 고대사(*The Cambridge Ancient History*)』 7(1928), '로마의 건립'에 기초.

은 세르비안 성벽(the Servian wall)으로 둘러싸인 도시이다. 그리고 공화정과 제정 초기의 모든 변화를 거친 후에 아우렐리아누스(Aurelian) 황제[13]가 성벽으로 둘러싼 도시가 그다음이다. 이 도시가 이후에 겪는 변화는 더 이상 살펴보지 않겠다. 그러나 가장 완벽한 역사적·지정학적 지식을 갖추었다고 가정할 수 있는 방문객이 오늘날 로마에서 이러한 초기의 흔적들을 얼마나 많이 찾아낼 수 있을지를 자문해 보자. 군데군데 끊겨 있는 곳을 제외하고 그는 아우렐리아누스의 성벽이 거의 변하지 않았다는 사실을 보게 될 것이며, 몇몇 장소에서는 발굴로 드러난 세르비안 성벽의 일부도 발견할 것이다. 만약 그의 지식이 현대 고고학의 그것을 능가한다면, 아마도 그는 도시 설계도에서 로마 쿼드라타의 얼개와 벽들을 추적해 낼 수도 있다. 그러나 건물들이 더 이상 존재하지 않기 때문에 그는 이 오래된 지역에 한때 자리했던 건물들의 어떤 부분도 이제는 볼 수 없고, 설령 가능하다 하더라도 사소한 흔적만을 발견하게 될 것이다. 혹시 그가 공화정 시기의 로마에 관한 최상의 정보를 갖고 있더라도, 기껏해야 당시의 신전과 공공건물이 서 있던 장소만을 짚어 낼 수 있으리라. 그 터들은 자체적으로 멸실된 것이 아니라 화재나 파괴 이후에 이루어진 후대의 복구작업으로 폐허가 되었다. 고대 로마의 이러한 모든 유적들이 르네상스 이후 지난 수세기 동안 성장해 온 거대 도시의 무질서한 흔적들과 정확하게 맞물려 있다는 사실을 언급할 필요는 없다. 도시의 땅속이나 현대적 건물 밑에 여전히 고대의 것들이 적지 않게 묻혀 있

13 **{역주}** 아우렐리아누스(215-275)는 로마의 황제(재위 270-275)로 페르시아 원정 도중 살해당했다.

다는 사실은 분명하다. 과거는 바로 이런 방식으로 로마와 같은 역사적인 장소에 보존된다.

이제 상상력을 발휘해 로마가 인간의 거주지가 아니라 그와 유사하게 길고도 풍부한 과거를 지닌 (즉, 과거에 존재했던 것들이 사라지지 않고, 초기 발달의 국면들이 최근 것들과 함께 존재하는) 심리적 실체라고 가정해 보자. 이 가정은 로마의 팔라틴에 황제들의 궁전들과 셉티무스 세베루스(Septimus Severus)[14]의 셉티조니움(Septizonium)[15]이 예전 높이 그대로 여전히 서 있으며, 산탄젤로(Sant'Angelo) 성이 고트족의 포위가 이루어지는 시점까지 존재했던 흉벽과 아름다운 조각들을 여전히 가지고 있음을 의미한다. 그러나 그 이상이다. 팔라초 카파렐리(Palazzo Caffarelli)가 있었던 그 장소에는 팔라초를 허물 필요도 없이 주피터 신전이 로마 제국 시민들이 목도했던 최후의 모습뿐만 아니라, 에트루스칸(Etruscan) 양식이자 테라코타로 된 막새로 장식된 가장 초기의 형태로 서 있을 것이다. 경이롭게도 우리는 오늘날 콜로세움이 자리한 곳에서 이미 사라져 버린 네로의 황금 궁전(Golden House)을 함께 볼 수 있다. 판테온 광장에서 우리는 하드리안(Hadrian)[16]으로부터 우리에게 전해진 오늘날의 판테온뿐만 아니라, 아그리파(Agrippa)가 세운 애초의 건축물도 같은 장소에서 발견한다. 게다가 그 터는 산타마리아 소프라 미네르바(Santa Maria sopra Minerva) 교회와 함께 한때 그 위에 세워졌던 고대의 신전들도 떠받치고 있을

---

14 {역주} 로마의 황제 셉티무스 세베루스(Septimus Severus, 재위 193-211).

15 {역주} 황제 셉티무스 세베루스가 203년경 로마에 세운 건물.

16 {역주} 로마의 황제 하드리안(Hadrian, 재위 117-138).

것이다. 그는 단지 시선이나 위치를 바꿈으로써 이런 광경이나 또 다른 모습들을 불러낼 수 있다.

여기서 더 나가면 아마도 떠올리기도 힘들고 심지어 터무니없는 것들로 귀착되기에 우리의 상상을 더 이상 진전시킬 필요는 없다. 만약 우리가 공간적인 용어로 역사적인 연쇄를 표현하려면 한 공간이 다른 두 개의 사물을 동시에 가질 수 없으므로 우리는 그것들을 한 공간에 병렬시켜야 한다. 그러나 이런 시도는 무익한 유희처럼 보이며, 정신적 삶의 특성들을 가시적 묘사를 통해 통달하는 것이 얼마나 어려운지를 알려준다는 점에서만 유일하게 정당화될 것이다.

고려해야 할 또 다른 어려움도 있다. 왜 마음의 과거를 비교하기 위해 다름 아닌 한 **도시**의 과거를 선택해야 하는가라는 질문이 그것이다. 정신적 삶에서 과거의 모든 것들이 원형 그대로 유지된다는 가정은 단지 마음의 기관(organ of the mind, Organ der Psyche)[17]이 온전하며 트라우마나 염증 등으로 인해 그 조직이 손상되지 않았다는 조건에서만 타당하다. 그러나 흡사 질병의 원인에 비견될 수 있는 이런 종류의 파괴적인 영향력은 도시의 역사, 로마보다 훨씬 덜 격렬한 과거를 지닌, 예컨대 외적들에게 거의 약탈된 적이 없는 런던 같은 곳에서조차 존재한다. 심지어 가장 평화로운 형태의 도시 개발조차 건물들의 파괴와 교체를 수반하며, 이러한 이유 때문에 어떤 도시도 정신적 유기체(mental organism, seelischer Oranismus)와의 적절한 비교가 선험적으로 어렵다.

---

17 **{역주}** 인간의 두뇌를 비롯해 심리적 기능을 수행하는 조직이나 기관을 의미한다.

우리는 이러한 이의 제기를 받아들이며, 어떠한 방식으로든 뚜렷한 대조를 설정하는 대신에 동물과 인간의 몸이라는 보다 밀접하게 연관된 비교 대상에 주목하고자 한다. 그러나 여기에서도 같은 현상은 발견된다. 발달의 초기 단계는 다음 단계들에 재료를 제공하는 탓에 흡수되어 전혀 보존되지 않는다. 태아(胎兒)의 모습은 성인에게서 발견되지 않으며, 어린아이의 흉선(胸線)은 사춘기가 지나면 결합조직으로 대체되어 더 이상 본래의 모습을 찾아볼 수 없다. 성인의 뼈에서 어린아이 시절의 뼈 윤곽이 찾아질 수 있지만, 아이의 뼈 자체는 이미 길어지고 두꺼워져 최종적인 형태를 취했기 때문에 더 이상 존재하지 않는다. 최종적인 모습과 초기 단계들이 함께 보존되는 것은 마음에서나 가능하며, 우리가 이 현상을 어떤 비유로도 가시적으로 묘사할 수 없다는 사실은 여전하다.

우리가 지나치게 멀리 갔는지도 모르겠다. 아마도 우리는 정신적 삶에서 과거의 것들이 보존될 수 있으며 '반드시' 파괴될 필요는 없다는 사실을 언급하는 데 만족해야 할는지 모른다. 정신 속에서도 오래된 것들이 — 정상적인 상황에서든 혹은 예외적인 상황에서든 — 사라지고 흡수되어서 어떤 수단으로도 회복되거나 재생되는 것이 불가능할 수도 있다. 보존은 통상 우호적인 특정 상황에 의존할 수도 있다. 이것이 가능하겠지만 우리는 확실히 알지 못하며, 단지 정신적 삶에서 과거가 보존되는 것이 예외가 아니라 규칙이라는 사실만을 고수할 수 있을 뿐이다.

따라서 우리는 '대양적' 느낌이 많은 사람들에게 존재한다는 사실을 기꺼이 수용하고, 그것의 기원을 찾아 자아 감각의 초기 단계로 거슬러 올라가려 한다. 그럴 경우 다음과 같은 질문이 추가로 제기된다. 이 느낌이 종교적 욕구의 근원이 되어야 한다는 주장은 도대체 무슨 뜻일까?

나에게 이 주장은 강력해 보이지 않는다. 결국 느낌은 그 자체가 단지 강한 욕구(Bedürfnis)의 표현일 때만 에너지의 원천이 될 수 있다. 유아의 무력감과 그로 인한 아버지에 대한 갈망에서 종교적 욕구가 파생되었다는 사실은, 특히 그 느낌이 단순히 어린 시절로부터 지속되어 왔다는 점에서가 아니라 운명이라는 우월한 힘에 대한 불안(Angst)[18] 때문에 영구히 유지되어 왔다는 점에서 나에게 논란의 여지가 없어 보인다. 나는 아동기에서 아버지의 보호보다 더 강력한 욕구를 찾을 수 없다고 생각한다. 그러므로 경계가 없는 나르시시즘의 회복을 목적으로 삼을지도 모르는 대양적 느낌의 역할은 전면에서 물러나게 된다. 종교적 태도의 근원은 유아기의 무력감이라는 분명한 모습으로 거슬러 올라간다. 그 이면에 또 다른 무엇이 있을 수 있지만 현재로선 분명하지 않다.

나는 대양적 느낌이 이후에 종교와 관련된다고 상상할 수 있다. 그 느낌의 관념적 내용인 '우주와 하나가 되는 것'은 비록 그것이 자아가 외부 세계로부터 오는 위협으로 느껴지는 위험을 부인하는 또 다른 방법일지라도, 종교적 위안을 향한 첫 시도처럼 들린다. 파악하기 어려운 미지수(未知數)를 다루는 것이 나에게 매우 힘든 일이라는 사실을 새삼 토로하지 않을 수 없다. 만족할 줄 모르는 지식욕으

---

18 **{역주}** 이 단어는 불안(anxiety), 두려움, 공포의 의미를 지닌다. 두려움이나 공포에 그 감정을 유발하는 특정한 대상이 명확하게 설정되어 있다면, 불안은 발생할 가능성을 예상하는 데에서 비롯되는 막연함을 내포한다. 그 점에서 '불안'으로 주로 옮겼지만 여기에는 처벌에 대한 두려움이나 공포 등도 함축되어 있다.

로 인해 아주 기묘한 실험을 시도함으로써 종국에는 백과사전적 지식을 갖게 된 나의 또 다른 친구는 요가 수행을 통해 세계로부터 물러나 육체적 기능에 초점을 맞추고, 특별한 호흡법에 의거해 실제로 자신에게 새로운 감각들과 체감(coenaesthesias, Allgemeingefühl)을 불러일으킬 수 있다고 확신했다. 그리고 그는 이것들을 아주 오래전에 묻혔던 마음의 원초적인 상태로의 퇴행으로 간주한다. 그는 이것들에서 신비주의적 지혜의 생리적 기초를 발견한다. 이 대목에서 트랜스(trance)나 엑스터시(ecstasy)와 같은 정신의 여러 모호한 상태들과의 연관성을 발견하는 것은 어렵지 않다. 그러나 나는 실러의 잠수부의 말을 빌려 주장하지 않을 수 없다.

> 기뻐하라.
>
> 저기 장밋빛 속에서 숨 쉬는 자여…[19]

---

19 * 실러(Schiller)의 시(詩) 〈잠수부(Der Taucher)〉. **{역주}** 이 시에 따르면 왕의 명령에 따라 보물을 건지기 위해 거친 심해(深海)로 뛰어든 젊은이는 운 좋게 살아 돌아왔지만, 두 번째 잠수에서 목숨을 잃는다. 프로이트는 무의식의 심층에 섣불리 접근할 때 겪을 수 있는 위험성을 이 시를 인용해 경고하고 있다. 특히 의식의 심층 차원에 도달하려는 신비주의적 수행에 수반되는 위험성을 비유적으로 지적한다.

II

『환상의 미래』라는 글에서 나는 종교적 감정의 가장 깊은 원천이 아니라 보통 사람이 자신의 종교라고 이해하는 것을 다루었다. 즉, 한편으로는 그에게 부러울 정도로 철저하게 이 세상의 수수께끼들을 설명해 주고, 다른 한편으로는 세심한 섭리가 그의 삶을 지켜보고 있으며, 이승에서 그가 경험한 어떠한 좌절도 내세에서 보상된다는 가르침과 약속 말이다. 보통 사람은 이 섭리를 매우 높이 고양된 아버지가 아닌 어떤 것으로 상상하기 어렵다. 오로지 그러한 존재만이 인간 자식들의 요구를 이해할 수 있으며, 자식들의 탄원으로 인해 부드러워지고, 그들의 후회의 징표 때문에 위무될 수 있다. 이 모든 것이 분명히 유아적이며 현실과 거리가 멀기 때문에 인류에게 우호적인 사람이라면 유한한 인간의 대다수가 삶을 이런 방식으로 바라보는 것을 극복할 수 없으리라고 생각할 때 고통스러워진다. 그리고 이러한 종교가 더 이상 지탱될 수 없다는 사실을 알게 된 많은 수의 현대인들이 그것을 일일이 방어하려는 애처로운 시도를 계속하는 것을 보는 일은 더욱 치욕스럽다. 혹자는 보통의 신자들과 합류해 종교의 신을 비인격적이며, 모호하고 추상적인 원리로 대체함으로써 그 신을 구제할 수 있다고 생각하는 철학자들에 맞서서, 그들에게 다음과 같이 경고하고 싶을 것이다. "신의 이름을 헛되이 일컫지 말라." 만약 과거의 위대한 인물들이 똑같은 방식으로 행동했더라도 그들의 사례는 호소력을 가질 수 없다. 왜냐하면 그들이 왜 그럴 수밖에 없었는지를 우리가 알기 때문이다.

보통 사람과 그의 종교(그 이름에 유일하게 부합하는 종교)로 되돌아가 보자. 우리에게 처음으로 떠오르는 것은 위대한 시인이자 사상가 중 한 사람이 종교가 예술 및 과학과 맺는 관계에 대해 말한 잘 알려진 경구이다.

> 과학과 예술을 소유한 사람은 종교 역시 가진다. 그러나 그 둘 중 어느 것도 가지지 못한 사람에게는 종교를 허락하도록![20]

이 구절은 한편으로는 인류의 가장 고귀한 두 가지 종류의 성취를 종교와 대조시키며, 다른 한편으로는 가치라는 측면에서 그 성취와 종교가 인간의 삶에서 서로를 대리하거나 대체할 수 있다고 선언한다. 만약 우리가 (과학과 예술을 소유하지 못한) 보통 사람에게서 종교를 빼앗으려 한다면, 그 시인의 권위가 우리 편에 서지 않으리라는 점은 분명하다. 우리는 특수한 경로를 택함으로써 그가 제시한 경구의 가치를 제대로 평가하는 쪽에 가까워지고자 한다. 주지하다시피 삶은 매우 가혹하다. 그것이 지나치게 많은 고통과 좌절, 그리고 불가

---

20 괴테, 『크세니엔(*Zahme Xenien*)』 IX.

능한 책무들을 우리에게 안겨주기 때문이다. 삶을 견디기 위해서는 완화의 수단이 반드시 필요하다. 시오도어 폰타네(Theodor Fontane)[21]가 말한 대로 "우리는 보조물 없이는 살 수 없다."[22] 아마도 다음의 세 가지 수단이 있으리라. 우리의 비참함을 경감시키는 강력한 기분 전환 거리, 비참함을 감소시키는 대리 만족, 그리고 그것에 둔감하게 만드는 중독성 물질. 이런 종류의 수단들은 필수불가결하다.[23] 볼테르(Voltaire)가 『캉디드(*Candide*)』의 말미에서 정원을 가꾸라는 충고를 덧붙였을 때 그는 전환 거리를 염두에 두었을 것이다. 그리고 과학적 활동 역시 이런 전환 거리이다. 예술이 제공하는 대리 만족은 현실에 견주어 볼 때 환상이다. 그럼에도 불구하고 상상이 정신적 삶에서 차지하는 역할 때문에 그것들은 심리적으로 유효하다. 중독성 물질은 우리의 몸에 영향을 미치고 화학적 구성을 바꾼다. 이 일련의 것들 중에서 종교의 위치를 찾는 것은 간단한 사안이 아니며, 우리는 보다 넓은 시각에서 접근해야 한다.

인간 삶의 목적에 대한 질문은 무수히 제기되어 왔지만, 지금껏 만족스럽게 답변된 적은 없으며 아마 앞으로도 그렇게 되기는 힘들

---

21 **{역주}** 시오도어 폰타네(1819-1898)는 독일 근대 사실주의의 대표적 소설가로 『폭풍 앞에서(*Vor dem Sturm*)』를 비롯해 다수의 작품을 남겼다.

22 * 이 인용의 출처는 찾을 수 없었다. **{역주}** 영역 표준판의 역자인 제임스 스트레이치는 이 인용문의 출처를 찾지 못했다. 이 인용문은 시오도어 폰타네의 『에피 브리스트(*Effi Briest*)』에 나온다. 에드가 그로스(Edgar Groß)가 편집한 다음을 참고하라. *Sämtliche Werke*, vol. VII (München, 1959), p. 421.

23 『신앙심 깊은 헬레네(*Die fromme Helene*)』에서 빌헬름 부슈(Wilhelm Busch)는 낮은 차원에 존재하는 똑같은 것을 언급했다: "근심거리를 가진 사람은 독주(毒酒) 역시 가지고 있다."

것이다. 그 질문을 제기한 사람들 중 일부는 만약 삶에 '아무런' 목적이 없다고 판명되면 삶이 그들에게 어떤 가치도 갖지 못할 것이라고 덧붙였다. 그러나 이런 위협은 아무것도 바꾸지 못한다. 반대로 우리는 이 질문을 거부할 권리가 있는 것처럼 보인다. 왜냐하면 그 질문은 인간적인 오만함에서 파생된 것으로, 우리는 오만함의 다양한 표현 형태에 이미 익숙하다. 인간에게 도움이 되는 경우가 아니라면 그 누구도 동물들의 삶이 갖는 목적에 대해 언급하지 않는다. 그러나 인간이 묘사하고 분류하고 연구하는 범위 바깥에도 우리가 전혀 이해할 수 없는 동물들이 많기 때문에 이 견해 역시 타당한 것은 아니다. 그리고 무수한 동물 종은 아예 인간이 보기도 전에 존재했다가 멸종되었으므로 이것조차 가능하지 않다. 다시 말하건대 종교만이 삶의 목적에 관한 질문에 답할 수 있다. 삶이 목적을 가지고 있다는 생각이 종교 체계(religious system, religiöses System)와 운명을 같이한다는 주장은 틀림이 없다.

그러므로 인간이 그들의 행동을 통해 보여 주는 삶의 목표와 의도가 무엇인가라는 보다 겸손한 물음에 주목해 보자. 그들은 삶에서 무엇을 요구하고 무엇을 성취하고자 하는가? 이 질문에 대한 답은 의심의 여지가 없다. 그들은 행복을 추구한다. 그들은 행복해지고 그 상태에 머물러 있기를 원한다. 이러한 노력은 긍정적 목표와 부정적 목표라는 두 측면을 갖는다. 한편으로 그 노력은 고통과 불쾌의 부재(不在)를 지향하며, 다른 한편으로는 강력한 쾌감(Lustgefühl)[24]을 느끼려 시도한다. 좁은 의미에서 '행복'이라는 단어는 후자와 연관된다. 목표

---

24 {역주} 말 그대로 '쾌락의 느낌(feeling of pleasure)'을 의미한다.

가 이렇게 양분되어 있으므로 인간의 행동은 그가 주로 혹은 전적으로 실현하고자 하는 이 두 목표 중 하나에 입각해 두 방향으로 발전하게 된다.

주지하다시피 삶의 목적을 결정하는 것은 바로 쾌락 원칙의 강령이다. 이 원칙은 처음부터 우리의 심리적 기관들(mental apparatus, seelischer Apparat)의 작용을 지배한다. 그것의 유효성에는 의심의 여지가 없지만, 그 강령은 소우주나 대우주, 그리고 전체 세계와 갈등한다. 우주의 모든 규칙이 그 원칙과 상충하므로, 그것이 성취될 가능성은 전무하다. 혹자는 인간이 '행복해져야' 한다는 의도 따위는 '창조'의 계획 속에 아예 들어 있지도 않다고 주장하고 싶을 것이다. 엄격한 의미에서 우리가 행복이라고 부르는 것은 높은 수준으로 억제된 욕구의 (이왕이면 갑작스러운) 만족에서 오며, 그 본성상 일시적인 현상으로만 가능하다. 쾌락 원칙이 요청하는 상태가 아무리 지속된다 하더라도, 그것은 단지 부드러운 만족의 느낌만을 만들어 낼 것이다. 우리가 그런 방식으로 조직되어 있기 때문에 우리는 단지 현저한 대조에서만 강렬한 즐거움을 얻을 수 있으며, 상태 그 자체로부터는 거의 얻기 힘들다.[25] 그러므로 행복의 가능성은 이미 체질적으로 제한되어 있다. 반면 불행은 훨씬 더 쉽게 경험된다. 우리는 세 방향에서 유래하는 고통의 위협을 받는다. 부패하고 분해되도록 운명 지어졌으며, 고통과 불안과 같은 경고 신호 없이는 지탱될 수 없는 우리의 몸. 압도적이며 비정한 파괴의 힘을 우리에게 행사하는 외부 세계. 그리고

25 괴테는 우리에게 "화창한 날이 지속되는 것만큼 견디기 힘든 것은 없다."라고 진심으로 경고한다. 그러나 이것은 과장일 수도 있다.

끝으로 타인과 우리의 관계. 이 마지막 근원에서 야기되는 고통이 아마도 다른 것들보다 우리를 훨씬 더 괴롭게 만들 것이다. 우리는 이 마지막 것이 불필요하게 덧붙여졌다고 간주하기 쉽지만, 그것은 다른 곳에서 비롯되는 고통 못지않게 숙명적으로 불가피하다.

이러한 고통의 가능성이라는 압력 아래에서, 마치 쾌락 원칙 자체가 외부 세계의 영향으로 좀 더 온건한 현실 원칙으로 변하는 것처럼, 인간이 행복에 대한 요구를 완화시키는 데 익숙해지거나, 불행을 피하고 고통을 견디어 냈다는 사실 때문에 자신을 행복하다고 여기거나, 또는 흔히 고통을 회피하려는 일이 쾌락을 획득하려는 일을 뒷전으로 밀어내는 것은 그리 놀랍지 않다. 심사숙고해 보면 우리가 매우 다른 경로로 이런 일을 시도할 수 있음을 알게 된다. 세속적 지혜를 가진 다양한 학파들이 추천한 온갖 방법들이 사람들에 의해 실행되었다. 모든 욕구의 무제한적인 충족은 인생을 살아가는 가장 유혹적인 방법처럼 보이지만, 이는 조심스러움보다 즐거움의 향유를 우선시하게 만들며, 곧바로 그에 대한 응징을 불러온다. 불쾌한 경험의 회피를 주된 목적으로 삼는 또 다른 수단들은 그 방법들이 주로 주목하는 불쾌감의 원천에 따라 달라진다. 이 방법들의 일부는 극단적이고 다른 일부는 온건하다. 어떤 것들은 일면적이고, 또 다른 것들은 이 문제를 몇 가지 차원에서 동시에 공략한다. 인간관계에서 야기되는 고통을 막는 가장 손쉬운 방법은 자신을 타인으로부터 떼어놓는 자발적인 고립이다. 이 방법으로 얻어지는 행복은 주지하듯 고요함의 행복이다. 두려운 외부 세계에 대응해 만약 자신의 힘만으로 그 과제를 해결하려고 시도한다면, 어떤 방식으로든 그것들을 회피할 때에만 스스로를 보호할 수 있다. 물론 인간 공동체의 일원이 되어 과학이 뒷받침하는 기술의 도움을 받아 자연에 대한 공격을 감행하고, 그것을 인간의 의지에 굴복시키는 더 나은 방법이 있다. 이때 한 인간은 다른 모든 이들과 함께 전체의 행복을 위해 일하게 된다. 한편 고통을 방지하는 가장 흥미로운 방법은 자신의 육체에 영향을 주려 시도하는 것이다. 결론적으로 모든 고통은 감각(Empfindung)에 다름 아니다. 그것은 우리가 느끼는 동안에만 존재하고, 우리의 몸이 특정한 방식으로 작동되는 결과로서만 느낄 수 있기 때문이다.

우리 육체에 영향을 끼치는 방법 중에서 제일 조야하긴 하지만 가장 효과적인 것은 약물의 사용, 즉 중독이다. 내 생각에 누구도 그 정확한 기제를 완전하게 이해하지 못하지만, 혈액이나 조직 속에 투입되면 우리에게 곧바로 쾌감을 불러일으키는 이질적인 물질이 존재하고, 그것들이 감각이 조절되는 조건을 변화시키므로 우리가 불쾌한 자극을 받아들일 수 없게 된다는 점은 사실이다. 이 두 가지 효과는 동시에 발생할 뿐만 아니라, 서로 긴밀하게 연결되어 있는 것처럼 보인다. 그러나 어떠한 중독성 물질의 작용 없이 적어도 중독과 유사한 상황을 발생시키는 하나의 병리적인 상태, 즉 조증(躁症)을 우리가 알고 있으므로, 우리 몸의 화학 성분에도 유사한 것이 있음에 틀림없다. 게다가 우리의 일상적인 삶은 쾌락의 비교적 손쉬운 방출과 비교적 달성하기 어려운 상태 사이를 왕복하며, 이와 상응해 불쾌한 감정에 대한 예민성 역시 감소되거나 증가한다. 정신적 과정(mental process)과 이러한 중독성 물질의 관계가 지금껏 과학적 조사 대상이 되지 않았던 것은 매우 아쉬운 일이다.[26] 행복을 달성하는 투쟁에서나 불행을 피하는 데에 있어 중독성 물질이 갖는 효과는 대단히 커서 개인은 물론 전체 집단은 리비도(libido)[27]의 경제라는 관점에서 그것들에 확고한 위상을 부여했다. 우리는 그와 같은 수단을 통해 쾌락의 즉각적인 산출뿐만 아니라 외부 세계로부터의 독립도 우리가 간절히 원하는 높은 수준만큼 얻어낸다. 왜냐하면 우리는 이 '근심의 해소제'를 통해 언제라도 현실의 압력으로부터 물러나, 보다 나은 감정 상태를 주는 자신 속에 존재하는 피난처를 찾을 수 있기 때문이다. 주지하다시피 중독성 물질의 바로 이런 특성이 또한 그것을 위험하고 유해한 것으로 만든다. 그것들은 특정한 상황에서 인간 운명을 개선하는 데에 사용될 수 있었을 많은 양의 에너지를 쓸모없게 만들어 버린다.

또 우리의 심리적 기관은 구조가 복잡해서 다른 많은 것들에도 영향을 받는다. 욕동(Trieb)[28]의 충족이 행복을 불러오는 것처럼 외부 세계가 만약 우리를 굶주리게 만들고, 우리의 욕구 충족을 거부

---

26 {역주} 프로이트는 실제로 1880년대 초기에 코카인의 약리적 효과에 매료되었다. 약물의 심리 치료 효과를 높이 평가한 프로이트는 1884년 코카인에 대한 학술 논문 "Über Coca(On Coca)"를 발표하기도 했다. 그의 열렬한 관심은 후일 모르핀과 코카인 중독으로 사망한 친구 플라이슐-마르호프(Ernst von Fleischl-Marxow)로 인해 끝나게 되지만, 프로이트 역시 1890년대 중반까지는 소량의 코카인을 사용했다.

27 {역주} '갈망(lust)', '욕망(desire)'을 뜻하는 라틴어. 성적 결합을 포함해 쾌락을 지향하는 심리적 욕동을 의미한다. 타나토스(thanotos)라는 죽음 욕동과 쌍을 이루어 인간 욕동의 전체를 구성한다.

28 {역주} 욕동(欲動, Trieb)은 본능(Instinkt)과 혼재되어 사용되지만, 두 개념 사이에는 뚜렷한 차이가 있다. '몰다, 쫓다'라는 의미의 독일어 동사(treiben)가 보여 주듯 욕동은 선험적으로 타고났다는 점에서는 본능과 유사하지만, 충족을 위한 대상 선택에서부터 승화 기제를 통해 다양한 방식으로 충족될 수 있다는 점에서 동물의 본능과는 크게 다르다. 스트레이치(Strachey)는 '본능(instinct)'으로 번역했지만, '욕동(drive)'이 더 적절한 번역어이다.

한다면 우리는 큰 고통을 겪게 된다. 그러므로 우리는 이러한 본능적 충동에 영향을 줌으로써 고통의 일부에서라도 벗어나기를 희망한다. 고통에 대한 이와 같은 유형의 방어는 감각 기관을 더 이상 목표로 삼지 않으며, 우리 욕구의 내면적인 원천을 제어하고자 한다. 이 극단적인 유형은 동양적 지혜가 제시하고 요가 수행이 지향하는, 욕동을 죽이는 방식을 통해 달성된다. 만약 그 일에 성공한다면 틀림없이 우리는 다른 모든 행위들 역시 포기하고, 진정 자신의 삶을 희생시킴으로써 결국 다른 방식으로 평온에서 유래하는 행복에 도달하게 될 것이다. 우리의 목표가 보다 덜 극단적이며, 단지 본능적 삶을 **제어**하려 시도할 때에 우리는 역시 같은 경로를 취한다. 그 경우 통제하는 요소는 보다 고차원적인 심리적 작인(psychical agencies, psychische Instanz)[29]이며, 그것은 자신을 현실 원칙에 복속시킨다. 여기에서 충족이라는 목표는 결코 포기되지 않는다. 왜냐하면 욕동이 전적으로 억제되어 있을 때보다 제어될 경우가 만족에 실패할 때 더 적은 고통을 유발하므로 고통에 대한 어느 정도의 방어책이 확보되기 때문이다. 이에 반해 쾌락의 가능성 역시 명백하게 감소한다. 자아에 의해 길들여지지 않은 본능적 충동이 방종하게 만족될 때 획득되는 행복감은 길들여진 욕구 충족이 주는 행복감에 비할 바 없이 크다. 여기에서 우리는 도착적인 충동에 저항하기 힘든 이유와 금지된 것들이 지닌 매력의 현실적인 이유를 발견한다.

---

29 **{역주}** 심리적 차원의 실체이므로 엄격한 구분이 어렵지만, 인간의 의식에는 '초자아'나 '자아'처럼 상대적 자율성을 지니며 행동할 수 있는 행위 주체가 있음을 의미한다.

고통을 피하는 또 다른 기법은 우리의 심리적 기관이 허용하며, 또 그를 통해 심대한 기능적 유연성을 확보하는 리비도의 전치(displacement, Verschiebung)[30]를 활용하는 것이다. 여기에서 주된 과제는 욕동의 목표를 외부 세계가 좌절시킬 수 없는 방식으로 이동하는 것이다. 욕동의 승화(sublimation, Sublimierung)가 이 대목에서 도움을 준다. 정신적이며 지성적인 작업에서 얻는 기쁨의 양을 극대화할 때 우리는 가장 많은 것을 성취한다. 이때 운명은 우리에게 거의 해를 끼칠 수 없다. 예컨대 예술가가 무언가를 창조하거나 자신의 상상력을 구체화시킬 때, 또는 과학자가 문제를 해결하고 진리를 발견할 때 획득하는 기쁨과 같은 종류의 충족감은 우리가 미래의 어느 날엔가는 분명히 메타심리학적 용어로 설명해야 할 특별한 속성을 가지고 있다. 현재로선 다만 그러한 충족이 더 '섬세하고 고차원적'이라고 비유적으로 말할 수는 있지만, 그 강도는 원초적이고 노골적인 욕동의 충족에 비해 약하기 때문에 우리의 육체를 떨게 할 정도는 아니다. 그러나 이 방법은 오직 소수에게만 가능한 탓에 보편적이 될 수 없다는 약점을 지닌다. 정확히 말해, 예외적이며 충분히 효과적이기 위해서는 흔치 않은 특별한 적성이나 재능이 필요하다. 심지어 그 소수에게조차 이 방법은 고통에 대한 완벽한 방어를 제공할 수 없다. 왜냐하면 이 기법이 그들에게 운명의 시련을 막아 낼 갑옷을 제공하는 것은 아니며, 자신의 육체가 고통의 원인이 될 때에는 끊임없이 실패하

30 **{역주}** 위치를 바꾼다는 의미이다. 승화의 사례처럼 욕동 충족의 대상을 바꾸는 것을 포함해 프로이트가 꿈을 다루면서 언급했듯이, 꿈을 꾸게 만드는 원망(願望)이 전혀 다른 모습을 취하는 현상을 의미한다.

기 때문이다.[31]

이 방법이 내부적이고 심리적인 과정 속에서 만족을 찾게 함으로써 인간을 외부 세계로부터 독립적으로 만들겠다는 분명한 의도를 갖는다면, 다음 방법은 이런 특징을 더욱 강하게 구현한다. 여기에서 현실과의 고리는 더욱 느슨해지고, 만족은 환상에서 유래하게 되는데, 이 환상들이 현실에서 벗어나 있다는 사실은 사람들의 즐거움을 저해하지 않는 것으로 여겨진다. 이 환상들은 상상적 삶의 영역에서 유래하는데, 이 영역은 현실 감각이 발달할 때에도 현실의 검증 요구로부터 분명하게 벗어나 있었고, 그 실현이 쉽지 않은 욕구를 충족시킬 목적으로 격리되어 있었다. 상상력에 기반을 둔 만족 중에서도 으뜸은 예술작품의 향유이다. 창조적이지 않은 사람들도 예술가의 도움을 받아 이러한 충족이 가능하다.[32] 예술의 영향을 받는 그

---

31 한 인간이 자신의 관심이 어떤 방향을 취해야 할지를 권위 있게 명령해 주는 특별한 기질을 가지고 있지 않다면, 모든 사람에게 열려 있는 일반적인 직업은 볼테르의 현명한 조언이 부여한 그 역할[＊65쪽 참조]을 담당할 수 있다. 짧은 연구라는 한계 때문에 직업의 중요성을 리비도의 경제학이라는 관점에서 적절하게 다룰 수 없지만, 일에 대한 강조만큼 개인을 현실에 굳건하게 밀착시키는 삶의 방식은 없다. 왜냐하면 일은 인간 공동체라는 현실 속에서 우리에게 적어도 굳건한 위치를 부여하기 때문이다. 그것이 자기애적(narcissistic)이거나, 공격적이거나 심지어 성애적(erotic)일지라도 직업과 거기에 관련된 인간관계에 많은 양의 리비도적 요소를 전환시킬 수 있다는 가능성은 사회 속에서 한 인간의 존재를 선포하고 정당화하는 데 불가결한 가치를 갖는다. 만약 직업이 자유롭게 선택된다면, 다시 말해 승화 과정을 통해 기존의 성향과 지속적으로 존재해 오거나 체질적으로 강화된 본능적 충동이 활용될 수 있다면 직업적 활동은 특별한 만족감의 원천이 된다. 그러나 우리는 행복에 도달하는 길로서 직업을 거의 존중하지 않는다. 사람들은 만족을 주는 다른 활동에 비해 직업을 열렬히 추구하지는 않는다. 거의 대부분의 사람들은 마지못해 일을 하며, 일에 대한 이러한 타고난 거부감은 가장 해결하기 어려운 사회 문제의 원천이 되고 있다.

누구도 삶의 기쁨과 위안의 원천으로서 예술이 지닌 가치를 과대평가한다는 것은 불가능하다. 그럼에도 불구하고 예술이 우리에게 주는 가벼운 마취 상태는 우리를 삶의 곤경으로부터 단지 잠시 동안만 자유롭게 할 뿐이며, 현실의 비참함을 망각하게 할 정도로 강하지는 않다.

더 열정적으로 그리고 더 철저하게 수행되는 또 다른 방법은 현실을 모든 고통이 비롯되는 원천이자 더불어 살 수 없는 것으로 파악하고, 행복을 원한다면 말 그대로 그것과의 모든 연결 고리를 끊어야만 하는 유일무이한 적으로 간주하는 것이다. 은둔자는 세계로부터 등을 돌리고 어떠한 관계 형성도 거부한다. 그러나 어떤 사람은 그 이상의 일도 해낸다. 즉, 새로운 세계를 창조해 원래의 세계를 대체하려는 시도를 할 수 있다. 새로운 세계에서는 가장 견디기 힘든 모습들이 제거되고 자신의 욕망에 부합하는 다른 것들로 대체된다. 그러나 자포자기적인 반항의 정신 때문에 행복으로 가는 이 길을 선택한 모든 사람은 통상 아무것도 성취하지 못한다. 현실은 그에게 너무도 강력하다. 그는 광인(狂人)이 될 것이고, 보통은 자신의 망상을 실현시키는 것을 도와줄 어떤 사람도 찾아내지 못할 것이다. 그러나 우리 각자는 세상의 견디기 힘든 측면을 교정하기를 희구하며, 이 망상을 현실에 도입함으로써 어떤 점에서는 편집증 환자처럼 행동한다고 간주된다. 많은 수의 사람들이 함께 현실을 그릇되게 재형성함으로써 행복을 추구하고 고통으로부터 보호받으려 시도하는 것은 특히 중요

---

32 「정신적 기능의 두 가지 원칙」(1911)과 『정신분석 강의』(1916-17)의 23강을 참조하라.

한 사례이다. 인류의 종교 역시 이런 종류의 집단적 망상임에 틀림없다. 물론 여전히 망상을 소유하고 있는 사람은 누구도 그것을 직시하지 않겠지만 말이다.

내 생각에는 앞서 열거한 것들이 사람들이 행복을 획득하고 고통을 회피하려고 시도하는 방법의 전부는 아니다. 그리고 나는 이 자료들이 달리 제시될 수 있다는 점도 알고 있다. 망각한 것이 아니라 나중에 다른 맥락에서 연관되는 탓에 내가 아직 언급하지 않은 방법이 하나 있다. 삶의 기술에서 누가 이 독특한 기법을 잊어버릴 수 있겠는가? 그것은 여러 특징들의 가장 기묘한 결합이라는 점에서 두드러진다. 당연히 그 방법은 운명이라 불리는 것으로부터 독립하기를 꾀하며, 이 목적을 위해 충족을 내면적인 심리 과정으로 변화시키며, 이 과정에서 이미 언급한 바 있는 리비도의 전치를 활용한다. 그러나 그것은 외부 세계를 회피하지 않는다. 반대로 이 방법은 이 세계의 존재들에 밀착해 그것들과의 정서적 관계를 통해 행복을 획득한다. 또한 그것은 이른바 무기력한 체념에서 기인하는, 불쾌감을 회피한다는 목표에 만족하지 않으며, 이런 방식에 어떤 관심도 기울이지 않으면서 행복의 긍정적인 성취를 위한 본래의 열정적인 노력에 집중한다. 아마도 이 방법은 실제로 다른 어떤 것보다도 이 목표에 더 근접해 있다. 물론 나는 사랑을 모든 것의 중심에 놓고, 사랑하고 사랑받는 데에서 모든 충족이 성취되기를 기대하는 삶의 방식을 언급하는 중이다. 이런 종류의 심리적 태도는 우리 모두에게 매우 자연스럽다. 사랑의 한 표현인 성적 사랑은 우리에게 압도적인 기쁨을 주는 가장 강력한 체험을 가능케 하므로 행복 추구의 한 유형을 제공한다. 우리가 처음으로 발견하게 되는 이 경로를 따라 행복을 지속적으로 추구해야 한다는 것보다 더 자연스러운 일이 또 있겠는가? 삶의 이 기법이 갖는 약점은 분명하다. 만약 이 약점이 없다면, 그 누구도 행복에 이르는 이 길을 포기하고 다른 방법을 선호하지 않았을 것이다. 우리는 사랑에 빠져 있을 때 고통에 가장 무방비한 상태가 된다. 사랑의 대상 혹은 그 대상이 우리에게 품은 사랑을 잃었을 때보다 더 비참한 경우는 없다. 그러나 행복의 수단으로서 사랑의 가치에 근거를 둔 이 독특한 삶의 기술에 대한 언급은 이것이 전부는 아니다. 언급되어야 할 것들은 훨씬 더 많다.

이 대목에서 우리는 삶의 행복 추구가 미(美)의 향유에서 시도되는 예컨대, 인간의 외모나 몸짓, 자연물, 경관, 예술적이거나 심지어 과학적인 창조물의 아름다움이 우리의 감각이나 판단의 대상이 될 때 이루어지는 흥미로운 사례를 고려해 볼 수 있다. 삶의 목적에 대한 미학적인 접근은 우리를 위협하는 공포에 대항해 큰 방어를 제공하지는 못하지만, 대단히 많은 것을 보상해 줄 수 있다. 미의 향유는 약한 중독성을 지닌 독특한 정조를 띤다. 아름다움은 명백한 효용을 갖지도 않고 왜 그것이 문명에 필요한지도 확실치 않지만, 그것이 없는 문명은 생각하기 힘들다. 미학은 어떤 상황에서 사물이 아름답게 느껴지는지 연구했지만, 미의 본성이나 기원에 대해서는 어떠한 설명도 제공하지 못하고 있다. 으레 그러하듯이 성과가 없다는 사실은 넘쳐나는 요란하고 공허한 말의 홍수 이면에 은폐된다. 불행하게도 정신분석학 역시 미에 대해서는 할 말이 거의 없다. 다만 확실한 것은 미의 기원이 성적 느낌의 영역에서 비롯되었다는 것이며, 그것은 목적이 금지된 충동의 완벽한 사례이다. '미'와 '매력'[33]은 원래 성적 대상의 속성이다. 성기(性器)를 보는 것은 항상 흥분되는 일이지만, 성기 자체가 결코 아름답다고 간주되기 어렵다는 사실은 주목할 만하다. 대신 아름다움은 특정한 이차적인 성적 속성을 갖는 것으로 보인다.

내 설명이 불완전하지만, 나는 우리 질문에 대한 결론으로 몇 가지를 언급하겠다. 쾌락 원칙이 우리에게 부과하는 행복 성취의 시도는 완수될 수 없다. 그러나 우리는 이런저런 수단들을 통해 완전한 달성에 가까워지려는 노력을 포기해서는 안 되며, 실제로 포기할 수도 없다. 이러한 방향을 향해 매우 상이한 방법들이 채택될 수 있다. 우리는 쾌락 획득이라는 목표가 지닌 긍정적인 측면 또는 불쾌의 회피라는 부정적인 측면을 우선시할 수도 있다. 그러나 이 방식 중 그 어떤 것도 우리가 원하는 모든 것의 성취를 제공할 수는 없다. 협의(狹義)의 차원에서 우리가 가능하다고 여기는 행복은 개인 리비도의 경제학적 문제이다. 모든 사람에게 적용되는 황금률은 없으며, 모든 사람은 각자 그가 구원받는 개별적인 방식을 찾아야만 한다.[34] 각기 다른 여러 요인들이 그의 선택에 영향을 미칠 것이다. 그 요인들은 그가 외부 세계로부터 참된 만족을 얼마나 많이 얻게 되며, 그가 외부 세계로부터 얼마나 독립적인가, 그리고 종국에는 자신의 소망에 부합하도록 세계를 바꿀 힘을 그 자신이 얼마나 소유하고 있다고 느끼는가의 문제이다. 이 점에서 그의 심리적 기질(psychical constitution,

---

33 * 독일어 'Reiz'는 '매력(charm)' 혹은 '끌림(attraction)' 외에도 '충동(stimulus)'을 뜻한다.

34 * 이 진술은 "나의 나라에서는 모든 사람들이 자신의 방식으로 구원받을 수 있다."라는 프레드릭 대제(Frederick the Great)의 말에서 유래했다. 프로이트는 이 구절을 『비전문가 분석의 문제』(1926)(표준판, 20, 236)에서 인용한 바 있다.

psychische Konstitution)은 외부 상황과 무관하게 결정적인 역할을 한다. 눈에 띄게 성애적인(erotic) 사람은 타인과의 정서적 관계를 우선시할 것이며, 자기 충족적 성향을 갖는 자기애적인(narcissistic) 사람은 주된 만족을 자신의 내면적인 심리 과정에서 추구할 것이다. 행동가는 자신의 힘을 시험해 볼 수 있는 외부 세계를 결코 포기하지 않는다. 이 세 유형 중 두 번째는 자신의 재능이 지닌 특성과 그가 사용할 수 있는 승화된 욕동의 크기가 그의 관심이 어디에 집중될지 여부를 결정할 것이다. 어떤 선택이든 극단으로 치닫게 되면, 그 개인은 다른 방법들을 배제한 채 삶의 한 가지 기술만을 선택할 때 발생하는 위험에 노출되기 때문에 불리해진다. 마치 조심스러운 사업가가 자신의 자본을 한 사업에만 묶어두기를 꺼리는 것처럼, 세상의 지혜는 우리에게 한 가지 열망에서 전적인 만족을 추구하지 않도록 조언한다. 만족의 성취는 많은 요인들이 합치해야 가능하므로 결코 확실하지 않고, 무엇보다 그 기능을 환경에 적응시키고, 쾌락의 획득을 위해 환경을 이용하는 심리적 기질의 능력에 달려 있다. 특히나 불리한 욕동구조(instinctual constitution, Triebkonstitution)를 가지고 태어나며, 이후의 성취에 꼭 필요한 리비도적 요소의 적절한 변화나 재배열에 실패하는 사람은 자신의 외부 환경에서 행복을 성취하기가 힘들다는 점을 인식하게 된다. 특히 그가 어려운 과제에 봉착해 있다면 더욱 그러하다. 그에게는 최소한의 대리 만족을 제공할 수 있는 마지막 삶의 기술인 신경증적 질환으로 도피—흔히 아직 젊었을 때 달성하게 되는—하는 방법이 있다. 나중에 자신의 행복 추구가 실패했다는 사실을 알게 되는 사람은 만성적 중독이 주는 기쁨 충족에서 여전히 위안을 찾을 수 있다. 혹은 정신질환에서 발견되는 필사적인 반항을 시도할 수도

있다.[35]

종교는 모든 사람들에게 행복을 획득하고 고통을 방어하는 방법을 동등하게 강요하므로 위에서 언급한 선택과 적응의 활동을 침해한다. 그것의 주된 기법은 삶의 가치를 저하시키고, 망상적인 방식으로 현실 세계의 모습을 왜곡하는 것으로 구성된다. 그리고 이는 지성에 대한 위협을 전제로 한다. 종교는 이러한 대가를 지불하게 만들고, 인간들을 심리적 유아상태에 강제적으로 고착시키며 그들을 집단 망상으로 인도함으로써 많은 사람들의 개인적 신경증을 막아 준다. 그러나 결코 그 이상은 아니다. 우리가 언급한 대로 인간이 행복을 성취하는 많은 길들이 '존재하기는' 하지만 확실한 방법은 없다. 심지어 종교조차도 그 약속을 지킬 수 없다. 만약 신자가 신의 '불가사의한 의지'를 마침내 언급해야만 한다면, 그는 무조건적인 복종만이 고통 속에 있는 그에게 남겨진 궁극적인 위안과 기쁨의 원천이라는 사실을 인정하고 마는 것이다. 만약 그가 이 사실을 기꺼이 받아들인다면, 아마도 그는 자신이 만든 우회로를 밟을 필요가 없으리라.

---

35 최소한 나는 상술한 설명에서 빠진 한 가지 결함을 지적해야만 한다고 느낀다. 인간 행복의 가능성을 논하는 데에 있어 나르시시즘(narcissism)과 대상 리비도(object-libido)의 관계는 반드시 고려되어야만 한다. 우리는 근본적으로 자기 의존적인 것이 리비도의 경제학에 무슨 의미를 갖는가를 알 필요가 있다. * [1931년에 추가된 각주.]

III

행복에 관한 우리의 연구는 지금껏 상식 이상의 것을 그리 많이 밝혀 주지 않았다. 그리고 이 대목에서 우리가 왜 인간의 행복이 그토록 어려운가 하는 물음으로 옮겨 간다 하더라도, 새로운 것을 배울 전망은 그리 크지 않아 보인다. 우리는 고통이 유래하는 세 가지 원천, 즉 자연의 우세한 힘, 우리 육체의 연약함, 그리고 가족, 국가, 사회 속의 인간 상호 관계를 조정하는 규율의 불완전함 등을 지적함으로써 이미 답을 제시했다. 처음의 두 원천에 대해서 우리는 판단하기를 주저하지 않는다. 우리는 그러한 고통의 원천들을 받아들이고 필연적인 운명에 승복하지 않을 수 없다. 우리는 결코 자연을 완전하게 지배할 수 없고, 자연의 일부인 우리 신체 또한 적응과 성취의 관점에서 언제까지나 제한된 능력만을 지닌 변화하기 쉬운 구조물로 남아 있을 것이다. 이러한 인식은 우리를 무력하게 만들지 않는다. 반대로 그것은 우리 행동의 방향을 가르쳐 준다. 만약 우리가 모든 고통을 제거할 수 없다 하더라도, 우리는 그 일부를 제거하거나 완화시킬 수 있다. 수천 년 동안의 경험은 이 사실을 우리에게 확인시켜 주었다. 그러나 세 번째 원인인 고통의 사회적 원천에 대해서 우리는 다른 태도를 취한다. 우리는 그것을 전혀 인정하지 않으며, 왜 우리 스스로가 만든 제도가 정반대로 우리 모두를 보호하지 못하고 이익을 가져오지 않는지 그 이유를 알 수 없다. 그럼에도 불구하고 우리가 고통을 예방하는 바로 이 영역에서 얼마나 성공적이지 못했던가를 고려할 때, 아마 이 배후에도 역시 극복할 수 없는 자연의 일부—이 경우 우리 자신의 심리적 기질(psychical constitution, psychische Beschaffenheit)[36]의 일부—가 있지 않을까 의심하게 된다.

이런 가능성을 고려하기 시작할 때, 우리는 너무도 놀라운 탓에 숙고하지 않을 수 없는 주장과 마주하게 된다. 그 주장은 우리가 문명이라고 일컫는 것이 우리 고통의 주된 원인이며, 우리가 만약 그것을 포기하고 원시적인 상태로 돌아간다면 훨씬 더 행복해지리라는 것이다. 내가 이 주장이 놀랍다고 하는 이유는 우리가 문명의 개념을 어떤 식으로 정의하든 간에 고통의 위협에 맞서 우리가 스스로를 보호하기 위해 사용하는 모든 수단이 바로 이 문명의 일부라는 점이 분명하기 때문이다.

어떻게 그토록 많은 사람들이 이상하게도 문명에 대해 적대적인 태도를 취하게 되었을까? 내 생각에 그 근거는 당대 문명에 대한 뿌리 깊고 오래된 불만족에 있으며, 그러한 바탕 위에 특정한 역사적 사건들 때문에 문명을 향한 비난이 축적되어 왔다는 것이다. 나는 그 사건들 중에서 최근의 두 가지 사례를 제시할 수 있다. 그 사건들의

---

36 **{역주}** 인간의 타고난 심리적 구조(Konstitution)를 의미하며, 동시에 이 구조에서 비롯되는 심리적 특성이나 특질을 뜻한다는 점에서 '심리적 구조' 혹은 '심리적 기질'로 옮겼다.

연쇄 고리를 인류사에서 충분히 거슬러 올라가 밝힐 만큼 잘 알지는 못하지만, 문명에 대한 이러한 종류의 적대적인 태도의 한 가지 요인은 이교를 누르고 기독교가 승리하는 과정에서 이미 작동하고 있었음이 분명하다. 왜냐하면 그 사건은 세속적인 삶을 낮게 평가하는 기독교의 교리와 아주 밀접하게 연관되어 있기 때문이다. 이 사건들 중 끝에서 두 번째 사례는 지리적 발견을 가져온 항해술의 발전으로 말미암아 우리가 원시적인 민족들 및 인종들과 접촉했을 때 발생했다. 그들의 풍습과 관습에 대한 불충분한 관찰과 오해로 인해 유럽인들은 더 우월한 문명을 지닌 자신들이 성취하지 못한, 결핍이 없는 단순하고 행복한 삶을 그들이 누리고 있다고 믿었다. 이후의 경험은 그런 판단을 일부 수정하게 만들었다. 많은 경우에 관찰자들은 그들이 삶을 쉽사리 꾸려나가는 이유를 복잡한 문화적 요구가 부재하다는 사실에서 찾는 실수를 범했다. 그러나 실제로 그 이유는 자연의 활수(滑手)함과 그들의 주요한 욕구가 쉽사리 충족된다는 사실에서 기인했다. 가장 마지막 사례는 특히 우리에게 친숙하다. 그것은 문명화된 사람들이 향유하는 약간의 행복마저 손상시킬 위험이 있는 신경증의 기제를 우리가 인식할 때 드러난다. 사람들은 문명적 이상에 복무하려는 목적으로 자신들에게 강제되는 좌절의 양을 견딜 수 없기 때문에 신경증적이 된다는 사실이 밝혀졌다. 그리고 이 사실로부터 그러한 문명의 요구가 유보되거나 감소되면, 이는 곧 행복의 가능성이 회복되는 것으로 귀결되리라는 점도 알려졌다.

실망의 요인은 또 있다. 최근 여러 세대 동안 인류는 자연과학과 그것의 기술적 응용에서 놀랄 만한 발전을 이루었고, 예전에는 결코 상상하지도 못했던 방식으로 자연을 통제하게 되었다. 이러한 발전의 세부 내용은 잘 알려져 있기에 그것을 열거할 필요는 없다. 인간은 그러한 성취를 자랑스러워하며, 또 그럴 만하다. 그러나 사람들은 이처럼 새롭게 쟁취한 공간과 시간에 대한 통제력과, 자연의 힘을 정복하겠다는 아주 오랜 소망의 성취가 그들이 삶에서 얻을 거라 기대했던 기쁨의 양을 늘리지도 않았고, 그들을 더 행복하게 만들지도 못했다는 사실을 알아차린 것처럼 보인다. 이런 사실을 인식함으로써 우리는 자연에 대한 지배력이 문명적 노력의 **유일한** 목표가 아니듯이, 그것이 인간 행복의 **유일한** 전제 조건이 아니라는 결론을 내려야 한다. 그러나 우리는 이 사실로부터 기술적 진보가 우리 행복의 경제학에 무가치한 것이라고 추론해서는 안 된다. 혹자는 이렇게 물을 것이다. 만약 내가 수백 마일이나 떨어진 곳에 사는 내 자식의 목소리를 원할 때마다 들을 수 있다면, 혹은 내 친구가 길고 어려운 항해 끝에 무사히 목적지에 도착했다는 소식을 내가 곧바로 알 수 있다면, 기쁨이나 행복감이 분명하게 커지지 않는다는 말인가? 의학이 유아 사망과 산욕열의 감염 위험을 크게 줄이고, 문명화된 사람의 평균수명을 상당히 연장시켰다는 사실은 아무런 의미가 없는 것인가? 엄청난 경멸의 대상이 되어 버린 과학적·기술적 진보의 시대가 우리에게 제공하는 이런 종류의 이익들은 더 많다. 그러나 이러한 만족의 대부분이 한 농담이 말하듯 추운 겨울날 저녁에 맨다리를 이불 밖으로 내밀었다가 집어넣음으로써 얻게 되는 기쁨과 유사한 '값싼 기쁨'에 불과하다고 경고하는 비관적인 비판의 목소리도 들린다. 먼 거리를 극복하게 하는 철도가 없다면 내 아이는 자신의 조국을 떠나지도 않았고, 그 목소리를 듣기 위해 전화가 존재할 필요도 없었을 것이다. 배로 대양을 가로지르는 여행이 도입되지 않았더라면 내 친구는 바다를 건너는 여행을 하지 않았을 것이고, 그에 대한 걱정을 덜기 위해 내가 전보를 칠 필요도 없을 것이다. 만약 유아 사망의 감소가 우리로 하여금 임신에 극도로 조심하게 만들어 위생이 가장 중요한 것이 되기 전보다 적은 수의 아이를 양육하는 결과를 낳고, 또 결혼에서의 성생활에 제약을 가하고 자연선택(natural selection)의 이득에 반해서 작용한다면 도대체 무슨 효용이 있을까? 그리고 끝으로 만약 삶이 힘들고 기쁨도 없고, 비참함으로 가득 차서 우리가 죽음만을 구조자로서 반기게 된다면 장수(長壽)가 과연 좋은 것일까?

우리가 현대 문명을 편안하게 느끼지 못한다는 사실은 분명해 보인다. 그러나 옛날 사람들이 더 행복했을지 여부와 행복의 정도, 그리고 그들의 문화적 환경 가운데 어떤 측면이 이 사안에 영향을 미쳤을지를 판단하기란 매우 어렵다. 우리는 타인의 고통을 객관적으로 바라보는 경향이 있다. 즉, 우리의 필요와 감수성에 입각해 **그들의** 상황에 우리 자신을 투사하며, 그런 후에야 그중 어떤 사례에서 그들이 행복과 불행을 경험하는지를 조사하려 시도한다. 사물을 파악하는 이런 방식은 주관적인 감수성의 편차를 무시하기 때문에 객관적으로 보인다. 그러나 이 방법은 우리의 정신 상태를 우리가 전혀 알지 못하는 다른 사람의 정신 상태와 맞바꾼다는 점에서 실제로는 가장 주관적인 방법이다. 어찌 되었든 행복은 전적으로 주관적이다. 우리가 아무리 특정한 상황에서 공포를 느끼고 움츠린다 하더라도, 고대의 갤리선 노예, 30년 전쟁 중의 농부, 이단 재판의 피해자, 학살 대상이 된 유대인과 공감하는 것은 불가능하다. 즉, 이들의 마음이 둔감한 상태에서 감수성이 점점 둔해지고 어떤 기대도 포기하며, 조야하거나 혹은 세련된 방식으로 감각을 마비시키는 과정이 그들이 기쁨과 고통의 느낌을 수용하는 데에 어떤 변화를 가져오는지를 예측하기란 불가능하다. 나아가 가장 극단적인 고통의 가능성 앞에서는 특수한 정신적 방어 기제가 작동하게 된다. 그러나 문제의 이런 측면을 더 이상 논의하는 것은 무익해 보인다.

행복을 달성하는 수단으로서 그 가치를 의심 받게 된 문명의 본질에 주의를 돌려 보자. 조사를 통해 우리가 어떤 것을 알게 되기 전에 문명의 본질을 몇 개의 단어로 표현해 주는 공식을 찾지는 않을 것이다. 그러므로 '문명(Kultur)'[37]이라는 단어가 우리의 삶을 우리 동물 조상들의 그것과 구분 지어주며, 자연으로부터 인간을 보호하고 그들의 상호 관계를 조정하는 두 가지 목적에 기여하는 성취와 규율의 총합을 의미한다는 사실을 다시 한 번 언급하는 것만으로도 충분하다.[38] 문명을 더 잘 이해하기 위해서 우리는 각각의 인간 공동체 내부에서 드러나는 문명의 다양한 양상을 함께 수집할 것이다. 이 과정에서 우리는 주저하지 않고 언어적 용법 혹은 이른바 '언어적 느낌'의 도움을 받을 것이다. 왜냐하면 그렇게 함으로써 우리는 추상적인 용어로는 제대로 포착할 수 없는 내적인 통찰을 적절하게 처리할 수 있다고 확신하기 때문이다.

---

37 * 이 단어의 번역에 관해서는 『환상의 미래』의 편집자 노트를 참고하라. **{역주}** 프로이트는 문화와 문명을 구분하지 않고, 'Kultur'라는 단어로 총칭한다. 인간이 자연에 인간의 이성을 활용해 덧붙인 그 무엇을 문화라고 일컫는다면 문화는 문명보다 더 광범위한 개념이다. 그러나 이 글에서 프로이트가 과학과 기술의 발달로 인해 보다 개화된 인류 공동체에 주목한다는 점에서 문화와 문명을 구분하는 것은 유용하다. 특히 프로이트가 지속적인 문명화 과정에서 발생하는 인간 욕동과 공동체적 요구 사이의 긴장에 초점을 맞추고 있다는 사실을 고려할 필요가 있다.

38 『환상의 미래』를 참고하라.

첫 번째 단계는 쉽다. 우리는 지구를 인간에게 쓸모 있는 곳으로 만들고, 자연의 힘이 지닌 난폭함에 대항해 인간을 보호하는 모든 유용한 활동과 자원을 문명에 속한 것으로 간주한다. 문명의 이런 측면은 의심할 바가 없다. 만약 우리가 충분히 과거로 거슬러 올라간다면 문명의 첫 번째 활동들이 도구의 사용과 불에 대한 지배력 확보, 그리고 주거지의 건축이라는 사실을 발견하게 된다. 이 중에서도 불의 지배는 매우 특별하고 유례없는 성취이다.[39] 그리고 다른 것들은 현재까지 인류가 따르고 있는 길을 열어 주었는데, 그곳을 향하게 만드는 추동력을 추정하기는 어렵지 않다. 인간은 모든 도구를 활용해 자신의 신체 기관—운동 기관이든 감각 기관이든 상관없이—을

39 비록 불완전하고 명확한 해석을 허락하지는 않지만 정신분석학적 자료들은 인간의 이 업적에 관한 기상천외한 추측을 제시한다. 원시인들은 불을 접하게 되었을 때 그것과 관련된 유아적 소망을 충족시키기 위해 자신의 오줌으로 불을 끄는 습관을 가지고 있었다. 우리가 알고 있는 전설은 의심할 여지없이 하늘을 향한 불꽃으로부터 최초의 남성 성기의 모습을 유추해 낸다. 릴리퍼트(Lilliput)의 걸리버나 라블레(Rabelais)의 가르강튀아(Gargantua)와 같은 현대적 거인들이 여전히 동일한 주제를 드러내듯이, 오줌으로 불을 끄는 행위는 남성을 상대로 하는 일종의 성적 행위이자, 동성(同性) 간에 성적 능력을 겨루는 향락이었다. 이와 같은 욕망을 거부하고 불을 보존한 최초의 사람은 그것을 운반해서 자신을 위해 활용할 수 있게 되었다. 그는 자신의 성적 흥분의 불꽃을 꺼뜨림으로써 불의 자연적 힘을 길들였다. 그러므로 이 위대한 문명적 정복은 본능을 포기함으로써 얻어진 것이었다. 나아가 불을 집안의 화덕에 보관하는 불의 보호자 역할은 신체구조상 이러한 욕망에 따를 수 없는 여자가 맡았을 것이다. 정신분석적 경험이 야망, 불, 그리고 비뇨기적 에로티즘 사이의 관련성을 얼마나 지속적으로 증언하는지는 놀랍다. * 프로이트는 배뇨와 불의 관련성을 일찍이 '도라(Dora)'의 사례를 언급하며 지적한 바 있다(1905[1901]). 야망과의 관련성은 나중에 등장한다. 참고문헌의 완전한 목록은 나중에 이 주제를 다룬 논문인 「불의 입수와 지배」(1932)의 편집자 노트에서 찾을 수 있다.

완벽하게 하거나 기능상의 한계를 제거했다. 엔진은 인간에게 거대한 힘을 부여했고, 우리는 그것을 마치 자신의 근육처럼 어떤 방향으로든 마음대로 사용할 수 있다. 배와 항공기 덕분에 물과 공기는 인간의 움직임을 방해할 수 없게 되었다. 또한 안경의 도움으로 인간은 눈의 수정체가 가진 결함을 교정하고, 망원경으로는 먼 거리를 본다. 그리고 현미경 덕분에 망막의 구조가 설정한 시력의 한계를 극복한다. 덧없이 흘러가는 시각적 인상을 붙잡아 두기 위해 사진기라는 도구를 만들어 냈고, 전축판 역시 똑같은 방식으로 사라지는 소리를 보존한다. 이 두 가지는 본질적으로 인간이 지닌 회상 능력, 즉 기억의 힘을 구현한 것이다. 전화의 도움으로 동화에서조차 불가능해 보이던 먼 거리의 소리를 듣게 되었다. 글의 기원은 이 자리에 없는 사람들의 목소리이고, 집은 모든 사람들이 아마도 아직 갈구하고 있을, 그들이 안전하고 편안하게 느낀 첫 번째 거주지였던 어머니의 자궁을 대체한다.

인간 스스로가 연약한 동물로 등장했고, 자신의 종에 속하는 개체들이 무력한 젖먹이로(오! 자연의 미세한 것)[40] 다시 한 번 나타나게

40 * 원문은 영어로 되어 있다. 셰익스피어적으로 들리는 이 문구는 실제로 셰익스피어의 작품에는 들어 있지 않다. '자연의 가여운 미세한 것(Poore inch of Nature)'이라는 표현은 조지 윌킨스(George Wilkins)의 『티루스의 왕자 페리클레스의 고난스러운 모험(*The Painfull Adventures of Pericles Prince of Tyre*)』에 페리클레스가 그의 젖먹이 딸들에게 하는 말로 등장한다. 이 작품은 윌킨스가 관여했으리라 여겨지는 셰익스피어의 희곡이 출판된 직후인 1608년에 처음 출간되었다. 프로이트가 뜻밖에도 이 문구를 알고 있다는 점은 셰익스피어에 대한 게오르그 브란데스(George Brandes)의 잘 알려진 책에서 페리클레스의 기원에 관한 논의가 등장한다는 사실로 해명된다. 프로이트의 장서에는 그 책의 독일어 번역본(Brandes, 1896)이 포함되

될 이 지구 위에서 과학과 기술을 활용해 만들어 낸 것들은 동화처럼 들릴 뿐만 아니라, 그 모든 것 혹은 대부분은 동화 같은 소망을 실제로 성취해 낸 결과이다. 인간은 이 모든 물건들을 문명적 성취물이라고 주장할 수 있다. 인간은 아주 오래 전에 전지전능함이라는 이상적인 관념을 만들어 냈고, 신들에게 그것을 구현시켰다. 우리는 이런 식으로 자신의 소망이 성취할 수 없거나 금지된 모든 것들을 신들에게 귀속시켰다. 그러므로 혹자는 신들을 문명적 이상이라고 간주할 수도 있다. 오늘날 인간은 이상의 성취에 매우 가까이 도달했고, 그 자신이 거의 하나의 신이 되다시피 했다. 물론 인간의 일반적 판단에 입각해 이상이 통상적으로 실현되는 방식을 따라 그러한 것이며, 그 이상이 완전히 실현되지는 않는다. 즉, 어떤 점에서는 전혀 달성되지 않거나, 다른 점에서는 절반만 실현될 뿐이다. 이제 인간은 인공적인 수족을 가진 신이 되었다. 그가 모든 보조 기관을 자신에게 장착하면 그는 참으로 장대해진다. 그러나 그 기관들은 인간에게 발맞추어 지속적으로 자라지 않았고, 때로 그에게 골칫거리가 되었다. 그럼에도 불구하고 그는 이러한 발전이 1930년에 끝나지는 않을 거라고 스스로를 위안할 수 있다. 미래에 우리는 문명의 영역에서 새롭고 아마도 상상할 수 없는 위대한 진보를 이루고, 신과 더욱 비슷해질 것이다. 그러나 우리의 탐구를 위해 현대인들은 자신들이 갖게 된 신과 같은 특성에 행복해하지 않는다는 사실을 또한 기억하자.

어 있다. 프로이트는 이 덴마크 비평가를 매우 높이 평가한 것으로 알려져 있다(Cf. Jones, 1957: 120). 그리고 같은 책이 그의 「세 상자의 모티프」(1913)라는 논문에서 인용되고 있다.

한 나라에서 토지를 개발하고 인간을 자연으로부터 보호하는 데에 도움을 주는—즉 인간에게 유용한—모든 것들이 주의 깊게 조작되고 효과적으로 통제된다는 사실을 발견하면, 우리는 그곳이 높은 수준의 문명에 도달했다고 여긴다. 이 나라에서는 범람할 위험이 있는 하천의 흐름이 조절되고, 강물은 수로를 통해 물이 부족한 곳으로 옮겨진다. 토지는 꼼꼼하게 경작되고 적합한 작물들이 재배된다. 지하의 광물 자원은 지상으로 채굴되어 기계와 도구들로 변모한다. 통신수단은 충분하고, 빠르며, 신뢰할 만하다. 위험한 야생동물은 근절되어 왔으며 가축 사육이 번성한다. 그러나 우리가 이러한 것들 외에도 다른 것들을 문명에 요구하며, 다름 아닌 바로 그 나라에서 그것들이 실현되기를 희망한다는 점은 주목할 만하다. 마치 우리가 앞서 제안한 첫 번째 요구를 철회하길 원하는 것처럼, 만약 사람들이 전혀 실용적 가치가 없거나 쓸모없는 것들에 주의를 기울이는 현상을 목격한다면 우리는 그것 또한 문명의 표식으로 환영한다. 예컨대 놀이터나 신선한 공기의 저장소로 요구되는 녹지 공간에 화단이 함께 있거나, 가옥의 창을 꽃병으로 장식하는 것이 그 사례이다. 무용성에도 불구하고 문명이 가치를 부여하길 원하는 것이 아름다움이라는 것을 곧장 알아차릴 수 있다. 우리는 자연에서 아름다움을 목도할 때면 문명화된 인간들이 언제나 그것을 숭배하고, 가능한 자신의 손으로 만드는 물건들에 아름다움을 구현하기를 바란다. 그러나 이것이 우리가 문명에 요구하는 전부는 아니다. 또한 우리는 청결과 질서의 징표를 발견하길 기대한다. 우리가 스트랫퍼드(Stratford)에 있는 셰익스피어의 생가 앞에 커다란 거름 더미가 있었다는 대목을 읽을 때 그 시대의 영국 도시가 높은 수준의 문명을 가졌다고 생각하지 않는다. 또 우리는 비너 발트(Wiener Wald)[41]의 도로들이 휴지로 어수선했다는 사실을 발견할 때 분개하며, 그곳을 (문명화된 것의 반대 개념으로) '야만적'이라고 부른다. 어떤 종류든 불결함은 우리에게 문명과 양립할 수 없는 것으로 보인다. 우리는 청결에 대한 요구를 인간의 몸으로까지 확장시킨다. 우리는 '태양왕(Roi Soleil)'[42]의 몸에서 역겨운 냄새가 풍겼다는 사실을 알고 경악한다. 또 이솔라 벨라(Isola Bella)[43] 섬에서 나폴레옹이 아침에 화장실 용도로 사용했다는 작은 세숫대야를 보면 고개를 가로젓게 된다. 실로 우리는 비누의 사용을 문명의 현실적인 판단 기준으로 삼아야 한다는 생각에 놀라지 않는다. 질서 문제에서도 이 점은 진실이다. 청결과 마찬가지로 질서는 오로지 인간사에만 적용된다. 그러나 청결이 자연에는 요구되지 않는 것과 반대로, 질서는 자연으로부터 모방된 것이다. 대우주의 규칙성에 대한 관찰은 인간의 삶에 질서를 도입하는 모델을 제공했을 뿐만 아니라, 어떻게 그것을 수행할지에 대한 첫 단서도 부여했다. 질서란 일단 정착되면 언제, 어디에서, 그리고 어떻게 일들이 수행되어야 할지를 결정하는 일종의 강박성향이다. 덕분에 우리는 유사한 상황에서 주저함과 우유부단함을 피할 수 있게 된다. 질서의 유익함은 논란의 여지가 없다. 질서는 인간이 정신적 에너지를 보존하면서 시간과 공간을 가장 잘 활용하도록 만들어 준다. 우리는 질서가 처음부터 용이하게 인간의

41 * 오스트리아 빈 외곽에 있는 숲 언덕.

42 * 프랑스의 루이 14세.

43 * 마렝고(Marengo) 전투 며칠 전에 나폴레옹이 방문한 마기오레(Maggiore) 호에 있는 유명한 섬.

행위 속에 자리 잡았다고 예상할 수 있다. 그리고 그렇게 되지 않았을 경우 당연히 의아해할 만하다. 그러나 인간은 자신들의 일에서 부주의함과 불규칙성, 그리고 신뢰할 수 없음을 타고난 성향으로 드러내며, 그들이 천계(天界)의 모델을 모방하기 위해서는 무엇보다 공들여 훈련할 필요가 있다.

아름다움, 청결 그리고 질서는 문명의 요구 중에서도 특별한 위치를 분명히 차지한다. 물론 아무도 그것들이 삶에서 자연의 힘에 대한 통제력이나 우리가 이미 알고 있는 다른 몇몇 요인들만큼 결정적인 중요성을 띤다고 주장하지는 않는다. 그러나 그 누구도 부주의하게 그것들을 사소한 것으로 치부하지도 않을 것이다. 문명이 전적으로 유용한 것에만 집중하지 않는다는 점은 우리가 문명의 관심사 중에서 빼놓기를 거부하는 미의 사례에서 이미 입증되었다. 질서의 유용성은 실로 명백하다. 청결에 관해서 우리는 그것이 위생상의 이유로도 우리에게 요구되었으리라는 점을 명심해야 하며, 과학적 예방법이 소개되기 전에도 청결과 위생의 관련성이 사람들에게 전적으로 낯선 것은 아니었다고 생각할 수 있다. 그럼에도 불구하고 청결을 위한 갈망은 효용성으로 완전하게 설명되지 못하며, 무언가 다른 것이 거기에 작용하고 있다.

그러나 문명의 특성은 인간 삶에서 인간의 고등 정신 기능인 지적·과학적·예술적 성취에 대한 존경과 장려, 그리고 문명이 관념에 부여하는 지도적인 역할에서 가장 잘 드러나는 것처럼 보인다. 내가 이미 다른 곳에서 그 복잡한 구조를 규명하려 노력했던 종교 체계가 그 관념들 중에서도 수위를 차지한다.[44] 철학적 사색이 그 다음이다. 그리고 개인, 집단, 혹은 인류 전체가 성취 가능한 완전함에 대한 관념들과 그 관념에 기초한 요구인, 이른바 인간의 '이상'이 마지막으로 등장한다. 인간의 이러한 고안물들이 서로 독립적이지 않고 오히려 밀접하게 엮여 있다는 사실은 그것들을 묘사하는 일뿐만 아니라 그 심리적 기원을 파악하기 어렵게 만든다. 만약 우리가 인간 행위의 모든 동기가 효용과 쾌락의 산출이라는 두 가지의 서로 합치되는 목적을 향해 있다고 가정한다면, 이것은 우리가 여기에서 논의해 온 문명의 발현(manifestation)에도 해당된다고 생각해야 할 것이다. 물론 이 점은 과학적·미학적 활동에서만 두드러지게 드러난다. 그러나 다른 행동들 역시 (아마도 소수의 사람들에게서만 발달하는) 인간의 강한 욕구에 상응한다는 점에는 의심의 여지가 없다. 또 우리는 특정한 종교나 철학적 체계, 혹은 이상에 대한 가치 판단 때문에 오도되지 않도록 주의해야만 한다. 우리가 그것들 속에서 인간 영혼의 가장 고귀한 업적을 발견했다고 생각하거나, 그것들을 착오라고 개탄하는지 여부와 무관하게, 우리는 그것들이 존재하는 곳, 특히나 지배적인 곳에는 높은 수준의 문명이 함축되어 있음을 인정할 수밖에 없다.

우리가 고려해야 할 문명의 중요한 마지막 특징이 있다. 그것은 타인과의 상호 관계, 즉 사회적 관계—다시 말해 사람을 이웃으로서, 도움의 원천으로서, 타인의 성적 대상으로서, 또는 가족이나 국가의 구성원으로서 인간에게 영향을 미치는 관계—가 어떻게 규제되는가이다. 이 대목에서 어떤 이상적인 요구와 거리를 유지하면서, 문명화된 것이 일반적으로 무엇인지를 파악하는 일은 매우 어렵다. 아마도 우리는 이러

---

44 *『환상의 미래』(1927)를 참고하라.

한 사회적 관계를 규제하려는 최초의 시도와 함께 문명의 기본 요소들이 등장하게 된다고 설명을 시작할 수 있다. 그러한 시도가 이루어지지 않는다면, 관계는 개인의 자의적인 의지에 좌우될 것이다. 다시 말해 육체적으로 강한 사람이 자신의 이해와 본능적 충동에 맞게 그것들을 결정하리라. 만약 이 사람이 자신보다 더 강한 사람을 만나게 되더라도 이 원칙은 변함이 없을 것이다. 다수가 결합해 어떤 분리된 개인보다 강해지고, 그 다수가 모든 분리된 개개인들에게 맞서 결합을 유지하고 있을 때에만 공동체적 삶은 가능하다. 이때 이 공동체의 힘은 '야만적인 힘'이라고 비난받는 개인의 힘에 맞서 '올바른' 것이 된다. 개인의 힘이 이렇게 공동체의 힘으로 대체되는 것은 문명을 향한 결정적인 진전이다. 개인들은 그러한 제약을 모르는 데 반해, 공동체의 구성원은 자신들의 욕망 충족 범위를 스스로 제한한다는 사실에 문명의 본질이 있다. 그러므로 문명의 첫 번째 요건은 정의(justice)이다. 즉, 일단 만들어진 법은 개인의 이익을 위해 침해받지 않는다. 이는 법의 윤리적 가치 판단과는 무관하다. 문명 발전의 다음 단계는 법이 특정 계급이나 구성원의 특정 계층 혹은 인종적 그룹과 같은 작은 공동체—그런데 이 공동체는 타인들이나 여타 더 많은 수로 구성되는 인간 집단들에게 마치 난폭한 개인처럼 행동한다—의 의지를 표현한 것이 되지 않도록 하는 것이다. 최종적인 결과는 공동체에 소속될 수 없는 사람들을 제외한 모든 사람들이 그들의 본능을 희생함으로써 법치에 기여해야 하며, 그 법은 다시 앞에서 언급한 사람들을 제외한 모든 사람들이 야만적 힘의 희생물이 되지 않도록 해야 한다.

개인의 자유는 문명의 선물이 아니다. 개인은 어떤 문명도 존재하기 이전에 가장 큰 자유를 누렸다. 물론 개인이 자유를 지킬 수 있는 입장에 있지 않았으므로, 그 시점에는 자유가 거의 가치가 없었으리라는 사실은 분명하다. 문명의 발전은 개인의 자유에 제약을 부과하며, 정의는 어느 누구도 이러한 제약을 회피할 수 없도록 요구한다. 인간 공동체에서 등장하는 자유에 대한 열망은 그것이 어떤 것이든 이미 존재하는 부정의(不正義)에 대한 반항이므로 문명의 발전에 호의적일 수 있고, 또 문명과 공존할 수 있다. 그러나 자유는 문명에 의해 여전히 길들여지지 않았고, 또 그런 이유 때문에 문명을 적대시하는 감정의 기반이 되는 고유한 인간성의 잔존물에서 등장했을 가능성이 있다. 그러므로 자유에 대한 갈망은 특정한 형태의 문명, 문명의 요구 혹은 문명 전체와 갈등 관계에 있다. 어떠한 힘도 인간의 본성을 흰개미의 그것으로 바꿀 수 있는 것 같지는 않다. 인간이 자신의 개인적 자유를 주장할 권리를 공동체의 의지에 대항해 방어할 것이라는 점에는 의심의 여지가 없다. 인류 투쟁의 대부분은 개인의 요구와 집단의 문명적 요구 사이의 (행복을 가져오는) 적절한 균형점을 찾으려는 단 하나의 목표를 중심으로 전개되었다. 인류의 운명에 영향을 미칠 문제 중 하나는 그러한 조정이 어떤 유형의 문명에 의해 달성될 것인가와 이 알력이 해소될 수 있는가이다.

인간의 삶 가운데 어떤 양상이 문명화된 것인가를 판단하는 데에 일반적인 느낌을 지침으로 활용함으로써, 우리는 문명의 특징적인 인상 혹은 전체상을 얻게 되었다. 그러나 이 대목에 이르기까지 우리는 보편적으로 알려진 것 외에는 별다른 것을 알 수 없었다. 동시에 우리는 문명이 완전함과 동의어, 즉 문명이 인간에게 운명적으로 예정되어 있는 완벽으로 향하는 길이라는 편견에 빠지지 않도록 조심했다. 그러나 이제 다른 지점으로 진전될 수 있는 관점이 나타난다. 우리에게 문명의 발전은 인류가 겪고 있는 독특한 과정으로 보인다. 그리고 이 과정의 여러 가지 현상은 우리에게 친숙한 인상을 준다. 이 과정은 문명이 이미 우리에게 익숙해진 인간 욕동의 기질(instinctual dispositions, Triebanlage)에 초래하는 변화의 관점에서 기술될 수 있다. 그런데 욕동의 충족이란 결국 우리 삶의 경제적인 목표이다. 이 욕동 중 일부는 다른 무엇이 등장하는 방식으로 대체되는데, 개인의 경우에 우리는 그것을 성격적 특성이라고 부른다. 이 과정에서 가장 주목할 만한 사례는 어린이들의 항문기적 성애(anal eroticism)이다. 그들이 배설 기능, 배설 기관, 배설물에 대해 애초에 가졌던 흥미는 성장과정에서 근검절약, 질서와 청결에 대한 감각과 같은 우리에게 익숙한 일군의 특성으로 변화한다. 그 특성들은 그 자체로서 가치 있고 환영받는 것이지만, 강화됨으로써 더욱 뚜렷하게 발현되어 이른바 항문기적 특성이라고 불리는 것으로 자리 잡을 수 있다. 어떻게 이런 일이 발생하는지 알지는 못하지만, 이 발견이 진실하다는 것은 의심의 여지가 없다.[45] 질서와 청결이 결정적인 중요성을 갖는가와 기쁨의 원천이 될 수 있는가의 여부가 전적으로 명백하지는 않을지라도 그것들이 문명의 중요한 요건임을 우라는 알게 되었다. 이 대목에서 우리는 문명화 과정과 개인의 리비도 발달 사이의 유사성을 목도하고 놀라지 않을 수 없다. 항문기적 성애 이외의 다른 본능들은 그 충족을 위한 조건들을 변화시키고 다른 경로를 취하도록 유도되

---

45 내 논문 「성격과 항문 성애」(1908)와 어니스트 존스(Ernest Jones)를 비롯한 다른 사람들의 많은 기고를 참고하라.

며, 대부분의 경우에 이 과정은 우리에게 익숙한 (욕동 목표(Triebziel)의) **승화**와 일치하는데, 일부의 경우에는 양자가 분리될 수도 있다. 욕동의 승화는 특히나 두드러진 문명 발달의 징표인데, 그것은 과학, 예술, 사상 등의 고차원적인 심리 활동이 문명화된 삶에서 중요한 역할을 떠맡도록 만든다. 만약 우리가 첫인상에만 좌우된다면 승화란 전적으로 문명이 욕동에 강제하는 숙명적인 것이라고 간주하기 쉽다. 그러나 이 문제는 좀 더 숙고해 보는 것이 현명하다. 세 번째이자 마지막으로,[46] 결국 이것이 모든 것 중에서 가장 중요한 것으로 보이는데, 문명이 욕동의 포기(Triebverzicht)에 얼마나 기초하고 있는가와 문명이 (금지, 억압, 혹은 기타 수단들을 통해) 강력한 욕동의 비-충족을 얼마나 그 전제로 삼고 있는가를 간과하는 것은 불가능하다. 이러한 '문명의 거부(Kulturversagung)'는 인간 상호 관계의 대부분을 지배하고 있다. 그리고 주지하다시피 바로 이것이 모든 문명이 맞서 싸워야 하는 적대감의 이유이다. 또 이 문제는 우리에게 철저한 과학적 연구를 요구하는데, 이와 관련해 우리는 많은 것들을 해명해야 한다. 욕동의 충족을 박탈하는 것이 어떻게 가능한지를 이해하는 일은 쉽지 않다. 그 일은 위험 없이 달성될 수 없으며, 만약 경제적인 보상이 없다면 심각한 정신 질환이 수반될 것이다.

그러나 문명의 발달이 개인의 정상적인 성숙에 비교될 수 있는 하나의 과정이라고 보는 견해에 어떤 가치가 있는지를 알고 싶다면, 우리는 또 다른 문제를 분명히 다루어야 한다. 즉, 문명의 발달은 그

---

46 * 프로이트는 문명화 '과정'에서 작동하는 다른 두 가지 요소인 성격 형성과 승화에 대해 이미 언급했다.

기원에 있어 무엇으로부터 영향을 받는가와 그것이 어떻게 발생했으며, 무엇이 그 경로를 결정하는가를 우리 스스로 물어야만 한다.[47]

47 * 프로이트는 이 책의 127쪽과 151쪽에서 '과정'으로서 문명이라는 주제를 다시 다룬다. 그는 이 문제를 아인슈타인에게 보내는 편지인 「왜 전쟁인가?」(1933)에서 다시 언급한다.

IV

이 일은 큰 문제이기 때문에 그 앞에서 주저하는 것이 자연스럽다. 그렇지만 이 대목에서 나에게 몇 가지 추측이 가능하다.

원시인들이 자연에 가한 작업을 통해 지상에서의 운명을 개선할 수 있다는 점, 말 그대로 운명이 자신의 손에 달려 있다는 사실을 발견한 이후 그들은 타인들이 자신들과 협력해서 일하는가 아니면 대항하는가의 여부에 더 이상 무관심해질 수 없었다. 이제 타인은 함께 살아가는 데 유용한 공동 작업자라는 가치를 지니게 되었다. 심지어 더 앞선 유인원의 선사 시대에 인류는 가족을 구성하는 습속을 채택했고, 가족 구성원은 아마도 최초의 조력자들이었으리라. 우리는 성기적(genital) 충족 욕구가, 갑작스럽게 왔다가 떠난 후로는 오랫동안 소식이 없는 방문객처럼 등장하는 대신에 영구 거주자로 자리 잡는 순간이 가족의 성립과 관련된다고 가정할 수 있다. 이러한 일이 발생했을 때 남성은 여성을, 좀 더 일반적인 표현에 따르면, 성적 대상으로서 자신 주변에 데리고 있겠다는 동기를 획득했다. 반면 자신의 무기력한 아이들과 떨어지고 싶지 않은 여성은 그들의 이익을 위해 더 강한 남성 옆에 머물러야 했다.[48] 문명의 가장 특징적인 모습이

이 원시적 가족에게는 아직 결여되어 있다. 우두머리인 아버지의 독

48 성적 과정의 유기체적 주기가 유지된 것은 사실이지만, 그것이 심리적인 성적 흥분에 미치는 영향은 오히려 반대가 되었다. 이 변화는 월경(月經) 과정이 남성의 심리에 영향을 미치는 수단인 후각적 자극의 감소와 연결되는 것으로 보인다. 그 임무는 시각적 자극으로 대체되었는데, 이는 간헐적인 후각적 자극에 비해 항구적인 효과를 가질 수 있다. 월경에 관한 터부는 이미 극복된 발달 단계에 대한 방어로서 이러한 '유기체적 억압'에서 유래했다. 다른 모든 동기들은 아마도 이차적인 성질을 갖는 것처럼 보인다.(C. D. Daly, *Hindumythologie und Kastrationskomplex*, Imago XIII, 1927 참조) 과거 시기 문명의 신들이 다음 시대에 악마로 변화한다는 사실은 이 과정이 다른 수준에서 반복됨을 보여 준다. 후각적 자극의 감소 자체는 인간이 땅으로부터 직립해 보행하게 된 결과인데, 이것은 이전에는 숨겨져 있던 성기가 노출되어 보호될 필요성을 제기했고, 인간에게 수치심을 불러일으켰다.

결정적인 문명화 과정은 이처럼 인간이 직립 자세를 취하면서 시작되었다. 그 순간부터 일련의 사건들이 진행되었는데, 후각적 자극의 평가절하, 생리 주기 동안의 격리, 시각적 자극의 우위와 성기의 노출, 성적 흥분의 연속과 가족의 형성, 그리고 문명의 시작에 이르는 일련의 사건들이 진행되었을 것이다. 이는 단지 이론적 추론에 불과하지만, 인간과 밀접하게 연결되어 있는 동물들의 삶의 조건을 참조하는 방식으로 주의 깊게 조사될 가치가 충분할 만큼 중요하다.

사회적 요인 역시 청결을 향한 문화적 경향성 속에 명백하게 존재하는데, 이것은 위생적 고려에 의해 사후적으로 정당화되었지만, 그러한 발견 이전에도 이미 나타났다. 청결에 대한 동기부여는 감각 지각에 불쾌하게 느껴지는 배설물을 치우려는 충동에서 비롯되었다. 그러나 유년기에는 상황이 다르다는 점을 우리는 알고 있다. 아이들에게 배설물은 혐오감을 불러일으키지 않는다. 그들에게 배설물은 몸에서 나와서 사라지는 자기 신체의 일부로서 소중하게 여겨진다. 이 대목에서 양육은 특별한 에너지를 투자해 앞으로 전개될 발달과정을 채근하는데, 배설물은 이제 무가치하고, 구역질나며, 몹시 싫고 혐오스러운 것이 된다. 만약 몸에서 제거된 물질이 그 강렬한 냄새 때문에 인간이 직립 자세를 취한 이후에 후각적 자극이 겪었던 운명을 똑같이 겪지 않았더라면 이러한 가치의 전복은 가능하지 않았을 것이다. 그러므로 항문 성애는 문명으로 향한 길을 준비하는 '생리적 억압'에 우선 굴복한다. 항문 성애의 추가적인 변형을 유도하는 사회적 요인에 대한 증거는, 모든 진화 과정에도 불구하고 인간은 타인의 배설물이 아닌 **자기 자신의** 배설물 냄새는 불쾌하게 느끼지 않는다는 사실이다. 그러나 자신의 배설물을 숨기지 않는 더러운 사람은 타인을 불쾌하게 만든다. 그는 타인을 고려하지 않는 것이다. 그리고 이 사실은 우리가 사용하는 가장 강력하고 품위 없는 욕설에서 확인된다. 인간이 동물 세계에서 가장 충실

단적 의지는 어떤 제약도 받지 않는다. 나는 『토템과 터부』[49]에서 이런 가족이 어떻게 형제들 무리라는 형태의 공동체적 삶의 단계로 이어지는가를 설명하고자 했다. 아들들은 자신들의 아버지를 힘으로 압도하면서 무리가 한 개인보다 더 강하다는 사실을 발견했다. 토템 문화는 아들들이 이 새로운 존재 양식을 유지하기 위해 서로에게 부과한 제약에 기초한다. 터부의 준수란 최초의 '올바름' 혹은 '법'을 의미한다.[50] 그러므로 인간의 공동체적 삶은 두 가지 기초를 갖는다. 그 하나는 외부적 필요성에 의해 요구되는 노동의 강제이고, 다른 하나는 남자에게는 자신의 성적 대상을 뺏기지 않도록 노력하게 만들고, 여자에게는 몸에서 나온 자신의 일부분인 자식과 떨어지지 않게 만드는 사랑의 힘이다. 에로스(사랑)와 아난케(운명)는 이처럼 인간 문명을 낳는 부모가 되었다. 문명의 첫 번째 영향은 이제 꽤 큰 규모의 사람들이 공동체를 이루어 함께 살게 되었다는 것이다. 그리고 이 두 거대한 힘들이 여기에 함께 작용하고 있기 때문에, 문명은 이후에 외부 세계를 더 잘 통제하고 공동체에 속하는 구성원 수를 더 확장하는 방향으로 보다 수월하게 발전하리라 기대할 수 있었다. 그러나 이 문명이 도대체 어떻게 해서 그 구성원들에게 행복의 원천으로 결코 작

한 친구인 개(dog)의 이름을 욕으로 사용하는 것은 만약 그 동물이 두 가지 특성으로 인해 그의 경멸을 불러일으키지 않았더라면 도무지 이해하기 어려울 것이다. 즉, 개는 그 주된 감각이 후각인 동물이며, 배설물에 대한 공포가 없고 성적인 기능을 부끄러워하지 않는다.

49 * 프로이트가 여기에서 '원시적 가족(primitive family)'이라고 칭하는 것은 그가 더 자주 언급하는 '원초 군집(primal horde)'이다. 이 명칭은 앳킨슨(Atkinson, 1903)이 '키클롭스적 가족(Cyclopean family)'이라고 명명한 것에서 영향을 받았다.

50 * 독일어 'Recht'는 '옳음'과 '법'을 동시에 의미한다.

용할 수 없었던가를 이해하기란 쉽지 않다.

혼란이 어디에서 유래했는가를 묻기 전에, 사랑이 문명의 기초 중 하나라는 인식이 우리가 앞선 논의에서는 다루지 않았던 이론적 균열을 보완할 수 있기 때문에 여담으로는 괜찮을 듯 싶다. 성적(성기적) 사랑이 가장 강력한 만족을 주며, 실제로 모든 행복의 원형을 제공하기 때문에, 인간은 성적 관계의 경로를 따라 삶의 행복 충족을 추구해야 하고, 성기적 사랑을 삶의 중심으로 삼아야 함을 알게 된다고 앞서 언급한 바 있다. 그렇게 함으로써 인간은 외부 세계의 특정 부분, 즉 자신이 선택한 사랑의 대상에 가장 위험한 방식으로 의존하게 되며, 만약 그 대상이 자신을 거부하거나 부정(不貞) 또는 죽음으로 인해 그 대상을 잃게 된다면 우리는 극단적인 고통에 자신을 노출시킨다고 계속해서 주장했다. 그러한 이유로 모든 시대의 현자들은 이러한 삶의 방식을 가장 단호하게 경고했다. 그렇지만 그것은 대단히 많은 사람들에게 여전히 매력적이다.

어떤 어려움에도 불구하고 소수의 사람들은 그들의 타고난 본성으로 인해 사랑의 길에서 행복을 찾을 수 있다. 그러나 이것이 가능하기 위해서는 사랑의 기능이라는 측면에서 폭넓은 심리적 변형이 필요하다. 이들은 사랑받는 것에서 사랑하는 것으로 그 주된 가치를 변화시켜 사랑의 대상에 순응하는 것으로부터 자신들을 독립시킨다. 그리고 그들은 자신들의 사랑을 단일한 대상에서 인류 전체로 확대함으로써 대상 상실로부터도 스스로를 보호한다. 또 성적인 목표에서부터 자신들의 욕동을 '목적이 금지된' 충동(zielgehemmte Regung)으로 변형시켜 성기적 사랑에 수반되는 불확실성과 실망을 피한다. 이런 방식으로 그들은 공평하게 균형 잡히고, 굳건하며 다정한 감정 상태를 달성하는데, 이 상태는 비록 그것이 성기적 사랑에서 유래했지만 그것의 격렬한 흥분과는 외견상 닮은 점이 거의 없다. 아마도 아시시의 성 프란체스코(St. Francis of Assisi)[51]는 이처럼 내적 행복감을 얻는 데에 사랑을 가장 많이 활용한 인물일 것이다. 나아가 우리가 쾌락 원칙을 달성하기 위한 기법의 하나로 알고 있는 것이 종교와 흔하게 연결되는데, 이런 연관성은 자아와 대상 혹은 대상들 자체의 구분이 무시되는 외딴 구역들에서 발견된다. 그 심오한 동기가 곧 명백하게 드러나게 될 윤리적 관점에 따르자면, 인류와 세계를 보편적으로 사랑하고자 하는 이러한 기꺼움은 인간이 도달할 수 있는 최고의 경지이다. 논의의 초기 단계이지만 나는 이러한 견해에 대해 두 가지 반대 의견을 밝히고 싶다. 나에게 무차별적인 사랑은 그 대상을 부당하게 다룸으로써 그 가치의 일부를 상실하는 것처럼 보이며, 둘째로 모든 사람이 사랑할 가치가 있는 것은 아니다.

가족을 성립시킨 사랑은 문명 속에서 계속해서 작동한다. 한편으로 그것은 직접적인 성적 만족을 거부하지 않는 원래의 형태를 유지하고, 다른 한편으로 목적이 금지된 애정이라는 변형된 형태를 취한다. 각각의 형태에서 그것은 적지 않은 수의 사람들을 한데 결합시키는 기능을 수행하는데, 이는 공동 작업의 이익에 기초해 결속이 이루어질 때보다 더 강력하다. 언어가 '사랑'이라는 단어를 부주의하게 사용하는 방식은 발생론적으로 정당화된다. 사람들은 그들의 성기적 욕구가 가족을 형성하도록 유도하는 남녀 관계에 '사랑'이라는 이름

---

51 **{역주}** 아시시의 성 프란체스코(1181/82-1226)는 가톨릭 수도사로 청빈 운동을 비롯해 교회 개혁을 주도했다.

을 부여한다. 그러나 동시에 그들은 부모와 자식, 가족 내의 형제자매 간의 긍정적인 감정에도 '사랑'이라는 이름을 붙인다. 비록 우리가 이를 '목적이 금지된 사랑' 혹은 '애정'이라고 묘사할 수밖에 없지만 말이다. 실제로 목적이 금지된 사랑은 본래 전적으로 관능적인 사랑이었고, 인간의 무의식 속에서는 여전히 그러하다. 전적으로 관능적인 사랑과 목적이 금지된 사랑은 모두 가족 밖으로 확장되며, 이전에는 낯선 관계였던 사람들을 새롭게 결합시킨다. 성기적 사랑은 새로운 가족을 형성하고, 목적이 금지된 사랑은 예컨대 배타성과 같은 성기적 사랑의 한계를 뛰어넘기 때문에 문명의 차원에서 중요한 '우정'을 만들어 낸다. 그러나 발달 과정에서 사랑이 문명과 맺는 관계의 명료성은 상실된다. 한편으로 사랑은 문명의 이익에 반하게 되고, 다른 한편으로 문명은 대규모의 제약을 통해 사랑을 위협한다.

이러한 양자 사이의 불화는 불가피한 것처럼 보이지만, 그 이유는 즉시 포착되지 않는다. 처음에 그것은 개인이 속해 있는 가족과 더 큰 공동체 간의 갈등으로 표현된다. 우리는 이미 문명의 주요한 노력 중 하나가 사람들을 커다란 공동체로 만들기 위한 것임을 알고 있다. 그러나 가족은 개인을 포기하려 들지 않는다. 가족 구성원들이 서로에게 더 긴밀하게 애착심을 가질수록, 그들은 타인으로부터 자신들을 더욱 자주 분리시키고, 삶의 더 넓은 집단으로 편입하기가 어려워진다. 이렇게 함께 사는 삶의 방식은 계통 발생적으로 더 오래된 것이며, 아동기에만 유일하게 존재하는 것이다. 그리고 이 방식은 이후에 습득되는 문명화된 삶의 방식으로 대체되는 것에 저항한다. 자신의 가족으로부터 분리되는 일은 모든 젊은이가 직면해야 할 과제가 되고, 사회는 종종 사춘기라는 과정과 성인식을 통해 이 문제를 해결하도록 돕는다. 우리는 이러한 것들이 모든 심리적—본질적으로는 유기체적—인 발전에 내재된 어려움이라는 인상을 받게 된다.

나아가 여성들은 애초에 사랑을 선택함으로써 문명의 기초를 놓았지만, 그들은 곧바로 문명화 과정(process of civilization, Kulturprozeß)[52]과 갈등하게 되고, 그것을 지연시키고 제약하는 힘을 발휘한다. 여성은 가족과 성적인 삶을 지지한다. 반면에 문명화 과정은 점차 남성의 일이 되며, 그 과업은 그들로 하여금 더욱 어려운 임무를 떠맡게 하고 욕망의 승화라는 힘든 일을 강제한다. 한데 이 일은 여성의 기호에 부합하지 않는다. 남성은 무제한적인 양의 심리적 에너지를 가진 것이 아니므로, 자신의 리비도를 적절한 방식으로 배분함으로써 주어진 임무를 달성해야 한다. 그는 문명이 요구하는 목적을 달성하기 위해 여성 및 성적인 삶으로부터 매우 큰 거리를 두게 된다. 타인들과의 부단한 교제, 그리고 이 관계에 대한 의존 때문에 그는 남편과 아버지로서의 임무를 더욱 소홀히 한다. 그러므로 여성은 문명의 요구로 인해 자신이 뒷전으로 물러앉는다는 점을 알게 되므로, 그것에 대해 적대적인 태도를 취하게 된다.

문명이 성생활을 제약하려는 경향은 문명 내부의 공동체들을 확장시키려는 경향만큼이나 명백하다. 문명의 첫 번째 국면인 토템적 단계에서는 이미 성적 대상의 선택에서 근친상간이 금지되는데, 아마도 이것은 역사에서 인간의 성생활에 가해진 것 중에서 가장 극

52 **{역주}** '문명의 과정'으로도 옮길 수 있다. 이 과정이 지속적이며 점진적인 발전을 내포하고 있으며, 인간의 욕동 충족과 맺는 관계에서도 계속적인 변화를 가져온다는 점에서 '문명화 과정'으로 옮겼다.

적인 제약이다. 터부, 법률 그리고 관습은 남녀 모두에게 영향을 끼치는 추가적인 제약이다. 이 점에서 모든 문명이 똑같은 입장을 취하는 것은 아니며, 사회의 경제적 구조 역시 남아 있는 성적 자유의 양에 영향을 미친다. 주지하다시피 이 대목에서 문명은 경제적 필요성의 법칙에 따르는데, 이는 문명이 자신의 목적을 위해 사용하는 심리적 에너지의 많은 양이 성(sexuality)에서 유래하기 때문이다. 이 점에서 한 민족이나 그 구성원들의 일부 계층이 그들이 복속시킨 타인들을 착취하듯이 문명은 성에 대해 동일한 태도를 취하며, 억압된 요소들이 야기할 반항에 대한 두려움 때문에 더욱 엄격한 예방 조치들을 촉구한다. 서구 유럽 문명은 그 점에서 높은 수준에 도달했다. 문명 공동체가 아동들의 성생활이 표현되는 것을 금지하기 시작한 것은 심리학적으로 완벽하게 정당화된다. 왜냐하면 아동기에 그 바탕이 마련되지 않는다면, 성인의 성적 갈망을 제어할 가망성이 없어지기 때문이다. 그러나 실제로 쉽사리 입증될 수 있고 대단히 두드러진 이런 현상을 문명화된 사회가 **부정**하는 것은 결코 정당화될 수 없다. 성적으로 성숙한 개인에게 대상 선택은 반대 성에 국한되며, 성기(性器) 외의 만족은 도착(倒錯) 행위로 금지된다. 모든 사람에게 단 한 가지 종류의 성생활만이 가능하다는 이러한 금지는 태생적이건 혹은 문화적으로 습득된 것이건 간에 인간의 성적 본성 차원에서 발현되는 차이를 무시한다. 이는 많은 사람들에게서 성적인 즐거움을 박탈하며, 심각한 불의(不義)의 근거가 된다. 본성적으로 방해받지 않는 보통 사람의 경우 그러한 금지 수단은 그들의 모든 성적 관심이 손실되지 않고 열려 있는 경로로 흘러들어가는 결과를 낳는다. 그러나 탈법적인 것으로 간주되지 않는 이성 간의 성기적 사랑 역시 합법성과 일부일

처제 같은 추가적인 규제에 의해 제약된다. 현대 문명은 한 남자와 한 여자 사이의 유일하고 파기할 수 없는 결합에 근거한 성적 관계만을 허용한다는 점을 분명히 한다. 그리고 문명은 성이 쾌락의 타고난 원천이라는 주장을 반기지 않으며, 다른 대안이 존재하지 않기 때문에 오직 인류를 번식시키는 수단이라는 점에서만 이를 용인해 줄 따름이다.

물론 이는 극단적인 견해이다. 우리 모두는 심지어 짧은 기간만이라도 이를 실행하는 것이 불가능하다는 점을 안다. 오직 약자들만이 그들의 성적 자유에 가해지는 이러한 광범위한 침해에 굴복하며, 더 강한 영혼들은 나중에 언급하게 될 보상적인 상황을 요구한다. 문명화된 사회는 그 규율에 따라 처벌해야만 할 많은 위반 행위를 묵인해 줄 수밖에 없다. 그렇다고 반대로 생각하는 실수를 저질러서는 곤란하다. 즉, 문명이 자신의 목표를 달성하기 위해 무엇이든 하는 것은 아니므로, 사회의 그러한 태도가 전적으로 무해한 것이라고 가정해서는 안 된다. (문명의 금지가 지속적으로 실행되는 것이 아님에도 불구하고) 문명화된 인간의 성생활은 심각하게 손상되므로 마치 기관으로서 우리의 치아나 머리카락이 그러하듯이 기능의 관점에서 쇠퇴 과정에 있다는 인상마저 준다. 성생활이 행복감의 원천이자 삶의 목표 달성 수단으로서 갖는 중요성이 현저하게 위축되었다고 가정해도 될 듯하다.[53] 때로 우리는 단지 문명의 압력이 아니라 기능의 본성 중에

53 예민한 영국 작가이자 오늘날 널리 인정받는 존 갤스워시(John Galsworthy)의 작품 중에는 내가 일찍이 높이 평가한 단편이 하나 있다. 「사과나무(The Apple-Tree)」라는 작품인데, 그것은 우리에게 문명화된 현대인의 삶이 어떻게 두 인간 사이의 단순하고 자연스러운 사랑을 철저하게 외면하게 만드는지를 절실하게 느끼게 한다.

어떤 것이 완전한 충족을 막고 우리로 하여금 다른 경로를 택하게 만든다는 사실을 알아차리게 되는 것처럼 보인다. 이 견해가 틀릴 수도 있겠지만 단정하기는 힘들다.[54]

---

54 위에서 언급된 견해는 다음 고찰에 의해 뒷받침된다. 인간이 (여타 존재들처럼) 양성적인 성향을 지닌 동물이라는 점은 의심의 여지가 없다. 개인은 두 개의 대칭적인 절반이 결합한 것이며, 몇몇 연구자들에 따르면 그것들 중 하나는 순수하게 남성적이고 다른 하나는 여성적이다. 그 각각의 절반이 원래는 동등하게 자웅동체였을 수도 있다. 성이란 심리적 삶에서도 특별히 중요하지만, 동시에 심리학적으로 파악하기 힘든 생물학적 실재이다. 우리는 흔히 모든 인간이 남성적/여성적인 본능적 충동과 요구, 속성을 동시에 드러낸다고 말한다. 물론 해부학적으로 남성성과 여성성의 특징을 지적할 수 있는 것이 사실이지만, 심리학은 그렇지 않다. 심리에서 성차는 희석되어 능동성과 수동성으로 변화된다. 그리고 우리는 쉽사리 능동성을 남성성과, 수동성을 여성성과 동일시하는데, 이 견해는 동물의 세계에서는 결코 보편적으로 검증되지 않는다. 양성성에 대한 이론은 여전히 불확실한 점이 많고, 아직까지 욕동 이론과의 어떤 연결성도 발견되지 못했기 때문에 정신분석학의 심각한 난점으로 인식되고 있다. 그러나 사정이 이렇지라도 우리가 각 개인이 자신의 성생활에서 남성적이거나 여성적인 소망을 만족시키기를 원한다는 점을 가정한다면, 우리는 이러한 (두 종의) 욕구가 동일한 대상에 의해 충족될 수 없으며, 서로 분리되지 않는 한 그것들이 서로를 방해하며 각각의 욕구는 그것에 적합한 통로로 흘러가게 되는 가능성을 수용할 준비가 되어 있다. 또 다른 어려움은 간혹 순수하게 공격적 성향의 일부가 가학적 요소 외에도 성애적인 관계와 연결되는 상황에서 등장한다. 남편이 자신을 일주일이나 때리지 않았기 때문에 자신을 더 이상 사랑하지 않는다고 불평하는 농사꾼 부인이 보여 주는 것처럼 사랑의 대상(love-object)이 이러한 복잡한 관계를 항상 이해심과 인내로 바라보는 것은 아니다.

더욱 깊이 있는 추측은 내가 99페이지에 제시한 각주에서 출발한다. 이는 인간의 직립 자세와 후각에 대한 가치가 절하된 결과로 인해 항문적 성애만이 아니라 자신의 성 전체가 근본적인 억압의 희생물이 되었다는 것이다. 이러한 이유로 성적 기능은 더 이상 설명될 수 없는 반감을 불러일으켰고, 그것은 욕동의 완전한 만족을 가로막고, 욕동을 성적인 목표에서부터 승화와 리비도적 교체를 가져오게 만들었다. 나는 블로일러(Bleuler, "Der Sexualwiderstand," *Jahrbuch für psychoanalytische und psychopathologische Forschungen* V, 1913)가 성생활에 대한 이러한 원초적인 거부 태도를 지적한 적이 있다는 사실을 알고 있다. 다른 많은 사람들과 함께 모든 신경증 환자들은 우리가 오줌과 똥 사이에서 태어났다는 사실에 이의를 제기한다. 성기 역시 사람들이 견디기 힘든, 그리고 성교를 망쳐놓는 강한 냄새를 풍긴다. 그러므로 우리는 문명과 함께 발전하는 성적 억압의 가장 깊은 뿌리는 인간이 초기의 동물적 존재에서 직립 보행으로 획득하게 된 삶의 새로운 양식이 갖는 유기체적 방어라는 점을 알아야만 한다. 이러한 과학적 연구 결과는 놀랍게도 흔히 듣는 평범한 편견과도 일치한다. 그럼에도 불구하고, 현재로선 이러한 사실들은 과학적인 확증이 결여된 검증되지 않은 가능성일 따름이다. 또 후각적 자극의 명백한 평가절하에도 불구하고, 유럽 사람들 중에는 매우 역겨운 성기의 강렬한 냄새를 성적 자극제로서 높이 평가하고, 그것의 포기를 거부한다는 사실을 잊어서는 안 된다.〔성생활에서 냄새가 갖는 의미에 관한 이완 블로흐(Iwan Bloch)의 설문 작업에서 수합된 민담 모음집을 참조하라. 이 책은 프리드리히 크라우스(Friedrich S. Krauß)의 *Anthropophyteia*의 다른 책으로 출판되었다.〕

V

정신분석학적 작업은 이러한 성생활의 좌절이야말로 우리가 신경증 환자라고 부르는 사람들이 인내할 수 없는 것이라는 사실을 보여주었다. 신경증 환자들은 그들의 증상을 통해 자신들을 위한 대리만족들을 만들어 내지만, 이러한 것들은 그들에게 고통을 주거나 주변 환경 또는 사회적 관계에서 어려움을 야기함으로써 고통의 원인이 된다. 후자는 쉽게 이해할 수 있지만, 전자는 새로운 난문(難問)을 제기한다. 어찌 되었든 문명은 성적인 만족 외에도 다른 희생을 요구한다.

우리는 문명 발달의 어려움을 리비도의 관성(inertia), 즉 이전의 위치를 새로운 것에 내주지 않으려는 경향성에서 기인하는 것으로 간주함으로써 발달의 일반적인 어려움으로 다루었다. 문명은 대단히 많은 수의 인간관계에 의존하는 반면, 성적인 사랑이란 제삼자가 거추장스럽거나 방해의 대상이 되는 두 사람의 관계라는 점에서 문명과 성(sexuality) 사이의 대립을 유추해 낼 때 우리는 거의 같은 사실을 지적하고 있다. 사랑의 관계가 정점에 이를 때 연인들은 그들의 주변 세계에 아무런 관심도 갖지 않는다. 그들은 자족적인 한 쌍으로서 행복해지겠다는 목적 때문에 심지어 아이를 갖는 것도 원하지 않는다. 에로스는 복수(複數)의 관계에서 하나를 만들어 내려 하는 자기 존재의 본질을 여기에서 가장 분명하게 드러낸다. 그러나 에로스는 속담이 표현한 것처럼 두 사람을 사랑에 빠뜨리는 목적을 달성하면 그 이상 나아가려 들지 않는다.

지금까지 우리는 리비도적으로 충족된 한 쌍의 인간들로 구성되고, 공동 작업과 공통의 이해관계로 연결되어 있는 문명 공동체를 상상해 왔다. 만약 사정이 그러하다면 문명은 성으로부터 어떠한 에너지도 전횡할 필요가 없을 것이다. 그러나 이와 같은 바람직한 상태는 과거나 현재에 존재한 적이 없다. 현실은 문명이 지금까지 자신에게 허용된 결합관계에 만족하지 않음을 보여 준다. 문명은 활용 가능한 모든 방법을 동원해 공동체의 구성원을 리비도적으로 결합하려 시도할 뿐만 아니라, 그 목적을 달성하는 어떤 수단이라도 지지하며, 우애의 관계를 통해 공동체의 유대를 강화시키기 위해 목적이 금지된 리비도를 대규모로 동원한다. 목적을 성취하기 위해서는 성생활의 제약이 불가피하다. 그러나 우리는 어떤 필요가 문명으로 하여금 이 경로를 채택하게 만들고, 무엇이 문명으로 하여금 성에 대해 적대적인 태도를 취하게 만드는지 알지 못한다. 여기에 우리가 아직 발견하지 못한 혼란스러운 요인이 있음에 분명하다.

우리가 문명화된 사회의 이상적인 요구들이라고 부르는[55] 것 중 하나가 우리에게 그 단서를 제공할 수 있다. "네 이웃을 너 자신처

---

55 * 이 책의 91쪽을 보라. 또 「'문명적' 성도덕과 현대인의 신경병」(1908)을 참고하라.

럼 사랑하라."가 바로 그것이다. 전 세계에 널리 알려져 있는 이 선언이 이를 가장 자랑스러운 덕목이라고 선언하는 기독교보다도 오래되었다는 점에는 의심의 여지가 없다. 그러나 역사 시대(historical time)에 들어선 후에도 사람들이 이를 낯설게 여긴다는 사실로 미루어 보아 아주 오래된 것은 분명히 아니다. 이것을 마치 처음 들어보는 사람처럼 순진한 태도로 접근해 보면 우리는 놀라움과 당혹감을 감출 수 없게 된다. 왜 우리는 이런 방식으로 행동해야 할까? 그것은 우리에게 어떤 유익을 줄까? 그리고 무엇보다 우리는 어떻게 그런 방식으로 행동할 수 있을까? 어떻게 그것이 가능할까? 내 사랑이란 내가 가치 있게 여기는 것이며, 무책임하게 방기해서는 안 된다. 사랑은 나에게 의무를 부과하며 이 의무들을 수행하기 위해서 나는 기꺼이 희생을 치를 준비가 되어 있어야 한다. 만약 내가 타인을 사랑한다면 그는 어떤 식으로든 그럴 만한 자격이 있어야 한다. (나는 그가 나에게 갖는 효용이나, 성적인 대상으로서 갖는 중요성을 무시할 것이다. 이 두 가지 종류의 관계는 내 이웃을 사랑하라는 명령과 아무런 관련이 없기 때문이다). 만약 그가 어떤 중요한 측면에서 나와 매우 닮아 있다면 나는 그 사람 속에 있는 내 자신을 사랑할 수 있으므로, 그는 사랑받을 만하다. 만약 그가 나보다 훨씬 완벽하다면 나는 그에게서 발견되는 나의 이상적인 모습을 사랑할 수 있다. 그가 만약 내 친구의 아들이라면 나는 그를 사랑해야만 한다. 왜냐하면 그의 아들에게 어떤 곤경이 닥칠 경우 내 친구가 느낄 고통이 곧 나의 고통이며, 나는 그것을 공유해야 하기 때문이다. 그러나 만약 그가 낯선 사람이고, 또 그 자신 스스로의 가치나 그가 나의 정서적 삶에서 갖는 중요성의 차원에서 내게 매력적이지 않다면 그를 사랑하기란 어렵다. 내가 그를 사랑하는 것은 실로 잘못된 일이다. 왜냐하면 내 사랑이란 그들에게 품는 내 선호의 징표로 내 가족이나 친구들에게 주어지는 것이며, 낯선 사람을 그들과 동등하게 여기는 것은 그들에게 불공평하기 때문이다. 그러나 그 사람이 곤충이나 지렁이 혹은 뱀처럼 이 지상의 피조물이라는 이유로 내가 그를 보편적인 사랑에 입각해 사랑해야 한다면, 그에게 부여되는 사랑의 양은 극히 적을 것이며, 그것도 나의 이성적 판단이 내 자신에게 할당하라고 권고한 것보다도 훨씬 적을 것임에 분명하다. 만약 그 실현이 이성적인 것으로 권고되지 못한다면, 그토록 진지한 명령의 목적은 무엇이란 말인가?

더 꼼꼼히 살펴보면 더욱 많은 어려움이 드러난다. 이방인은 사랑받기 아주 힘들 뿐만 아니라 고백컨대 나의 적의(敵意), 심지어 증오의 대상이 되기 십상이다. 그는 나에게 일말의 사랑도 품고 있지 않으며, 나에 대한 배려라고는 그에게서 찾아볼 수 없다. 만약 그에게 유리하다면, 그는 주저하지 않고 나에게 해를 끼치며, 그가 얻을 이익의 양이 나에게 끼칠 손해와 상응하는지 묻지 않는다. 실제로 그가 이익을 얻을 필요도 없다. 즉, 그가 이런 방식으로 행동해 어떤 욕구든 충족시킬 수 있다면, 그는 나를 놀리거나 모욕하거나 비방하는 것, 혹은 자신의 힘을 과시하기 위한 수단으로 나를 이용하는 것도 개의치 않으리라. 그가 더 안전하게 느끼고, 내가 더 무기력해질수록, 그가 나에게 이렇게 행동하리라는 점을 나는 더 확신할 수 있다. 만약 그가 이방인인 나에게 다른 방식으로 처신하고, 나를 배려와 관용으로 대한다면, 나 역시 어떤 경우에도 아무런 명령이 없더라도 그를 똑같은 태도로 대할 준비가 되어 있다. 이 숭고한 계율이 만약 "네 이웃이 너를 사랑하는 것처럼, 너도 네 이웃을 사랑하라."였다면 나는 전혀 이의를 제기하지 않을 것이다. 훨씬 더 이해하기 힘들고 나에게 더 격렬한 반발심을 불러일으키는 계율이 하나 더 있다. 그것은 "네 원수를 사랑하라."이다. 그러나 곰곰이 생각해 보면 내가 그것을 더 위대한 가정으로 생각하는 것은 잘못이다. 양자는 근본적으로 차이가 없기 때문이다.[56]

그러나 나는 이제 나를 꾸짖는 위엄 있는 목소리를 듣는다. "너는 그를 너 자신처럼 사랑하라. 네 이웃이 사랑스럽지 않아서가 아니라, 오히려 바로 그가 네 원수이기 때문에." 나는 이것이 '불합리하기 때문에 믿는다(*Credo quia absurdum*)'의 또 다른 사례임을 알게 된다.[57]

내 이웃 역시 나를 그 자신처럼 사랑하라고 요구받는다면 아마도 나와 똑같이 반응할 것이며, 같은 이유로 나를 거부할 것이다. 나는 그가 나와 동일한 객관적 근거를 대지는 않더라도, 나와 같은 마음일 것이라 예상한다. 그럴지라도 인간의 행위는 그 차이가 확정적인가의 여부와 무관하게 윤리학이 '좋다'거나 '나쁘다'라고 구분하는

---

56 상상력이 있는 위대한 작가는 심각한 반발을 불러일으킬 심리학적 진실을 적어도 농담으로라도 표현한다. 예컨대 하이네(Heine)는 고백한다. "나는 참으로 온화한 성품을 가지고 있다. 내 소원은 좋은 침대, 맛있는 식사, 가장 신선한 우유와 버터가 준비된 소박한 초가지붕의 오두막이다. 유리창 앞에는 꽃이 있고, 문 앞에는 몇 그루의 멋진 나무가 있기를 바란다. 그리고 만약 신이 나의 행복을 완전하게 만들어 주고 싶어 하신다면, 신은 그 나무들에 예닐곱 명의 내 원수들이 매달려 있는 광경을 지켜볼 수 있는 즐거움을 내게 허락하리라. 그들이 죽기 전에 나는 감동받아 그들이 나에게 저질렀던 잘못들을 용서할 것이다. 그렇다. 우리는 자신의 원수들을 용서해야만 한다. 다만 그들이 교수형에 처해 죽기 직전에만."(Heinrich Heine, *Gedanken und Einfälle*)

57 * 프로이트는 155쪽에서 네 이웃을 자신처럼 사랑하라는 계명의 문제로 다시 돌아간다.

차이를 드러낸다. 이러한 부인할 수 없는 차이에도 불구하고 높은 수준의 윤리적 요청에 복종하는 것은 문명의 목적을 손상시킨다. 왜냐하면 복종이 그릇된 행위에 직접적인 보상을 제공하기 때문이다. 이와 관련해 우리는 프랑스 의회에서 사형에 관한 논란이 한창 진행되던 와중에 발생한 사건을 떠올리지 않을 수 없다. 한 연사가 사형의 폐지를 정열적으로 호소하고 열렬한 박수를 받았는데, 바로 그때 집회장에서 한 목소리가 터져 나왔다. "살인자들이 먼저 그렇게 하라구!(*Que messieurs les assassins commencent!*)"

많은 사람들이 이 모든 점들을 부인하겠지만, 인간은 사랑받기를 원하는 유순한 존재가 아니며, 기껏해야 공격 받았을 때에만 자신을 보호한다는 사실과는 반대로 많은 양의 공격성을 본능적 자질로 가지고 있다. 그 결과 이웃은 잠재적인 조력자나 성적 대상일 뿐만 아니라 그들의 공격성을 표출하고, 보상 없이 노동을 착취하고, 동의 없이 성적으로 이용하고, 소유물들을 강탈하고, 모욕하거나 고통을 주고, 고문하고 죽이는 대상이 된다. "인간은 다른 인간에게 늑대이다(*Homo homini lupus*)."[58] 누가 감히 인간 삶의 경험과 역사 앞에서 이 주장을 반박할 수 있을까? 통상 이 잔인한 공격성은 도발되기를 기다리거나 혹은 보다 온건한 수단에 의해서도 달성될 수 있는 목적을 성취하기 위해 활용되기도 한다. 만약 상황이 허락하거나, 일반적으로 그 작용을 금지하는 심리적인 억제력이 작동하지 않으면, 공격성은 저절로 발현되며, 인간이 동족을 고려하지 않는 야만인이라는 사실이

---

58 * Plautus, *Asinaria* II, iv, 88.

여실히 드러난다. 민족의 이동 과정에서 자행된 야만 행위, 훈족의 침입이나 징기스칸과 티무르의 지휘를 받은 몽골인들, 신심 깊은 십자군의 예루살렘 정복, 혹은 세계대전의 공포를 실제로 기억하는 사람들이라면 이 사실을 겸허하게 받아들일 수밖에 없다.

우리가 우리 자신에게서 발견하며, 타인들 역시 가지고 있으리라 정당하게 추정할 만한 이 공격성이 바로 이웃과의 관계를 악화시키고, 문명이 더 많은 에너지를 소모하도록 강제한다. 타인을 향한 인간의 이러한 원초적인 적대감 때문에 문명은 끊임없이 해체의 위험을 겪는다. 공동 작업의 이익이 문명을 결합시킬 수는 없다. 욕동에서 파생되는 열정은 이성적인 이해관계보다 더 강력하다. 문명은 인간의 공격성을 통제하기 위해 최대한 노력해야 하며 심리적 반응을 형성함으로써 공격 욕동(agressive instincts, Aggressionstrieb)이 표출되는 것을 통제해야 한다. 그러기 위해 문명은 사람들로 하여금 자신들을 타인과 동일시하고 목적이 금지된 사랑의 관계를 맺으며, 성생활의 제약과 더불어 네 이웃을 너 자신처럼 사랑하라는 이상적인 계율을 받아들이도록 고무하는 수단들을 사용한다. 한편 이 계율은 실제로 그것이 인간의 본성에 가장 강력하게 위배된다는 사실 때문에 정당화된다. 그러나 여기에 투입된 모든 노력들, 즉 문명적 시도는 지금껏 많은 것을 성취하지 못했다. 문명은 범죄자에게 폭력을 행사할 권리를 획득함으로써 야만적인 폭력의 노골적 과잉을 방지하려 한다. 그러나 법은 인간의 공격 욕동이 보다 세련되고 조심스럽게 표출되는 것을 통제할 수 없다. 사람들은 자신의 삶이 타인들의 악의에 의해 얼마나 어렵고 고통스럽게 변했는가를 알아차리는 젊은 시절의 어느 즈음에 그들이 타인에게 강요하는 동일한 기대를 환상으로 여겨 비로소 포기하게 된다. 그러나 문명이 인간들의 행위에서 다툼과 경쟁을 제거하려 시도한다고 비판하는 것은 정당하지 않다. 다툼과 경쟁이 불가결하다는 것은 분명하지만, 대립이 반드시 적의(敵意)인 것은 아니며, 단지 대립이 적의의 사례로 오용될 따름이다.

공산주의자들은 인간을 죄악에서 구제하는 방법을 찾아냈다고 믿는다. 인간은 명백하게 선하고 이웃에게 호의를 품는 존재인데, 그 본성이 사유재산제도에 의해 타락했다는 것이다. 재산의 소유는 개인에게 힘과 더불어 이웃을 학대하려는 유혹을 부여했고, 소유권으로부터 배제된 사람들은 누구나 압제자에게 적대적이며 그에 대항할 수밖에 없다. 사유재산이 사라지고, 재화가 공동소유를 통해 모두에게 향유된다면, 인간 사이의 적의와 증오는 사라질 것이다. 모든 요구가 충족될 터이므로 아무도 타인을 자신의 적으로 볼 이유가 없고, 모든 사람이 필요한 노동을 기쁜 마음으로 수행하리라는 견해이다. 나는 공산주의 체제에 대한 경제적인 비판에는 관심이 없다. 사유재산의 폐지가 권고할 만한 것이자 이로운 것인지 나로선 알 수 없다.[59] 그러나 그 심리학적 전제가 지지할 수 없는 환상에 불과하다는 것은 알 수 있다. 사유재산의 폐지는 인간의 중요한 도구 중 하나인 우리가 선호하는 공격 성향을 상실하게 만든다. 그 도구는 강력하지만 가

59 젊은 시절에 빈곤의 비참함을 겪고, 부유한 자들의 무관심과 오만함을 경험한 사람이라면 누구든 그 사람이 부의 불균형과 그것이 야기하는 모든 것들에 맞서려는 최근의 노력에 공감하거나 우호적일 것이라는 점을 쉽사리 짐작할 수 있다. 그러나 만약 이 투쟁이 정의의 이름으로 모든 사람의 평등을 달성하겠다는 추상적인 요구에 호소하려 든다면, 이에 대한 반론은 너무도 명확하다. 자연은 개인에게 매우 불공평한 육체적인 자질과 정신적인 능력을 부여함으로써 치유할 수 없는 불공평을 도입했기 때문이다.

장 강력한 것은 분명히 아니다. 우리는 공격성이 남용하는 힘과 영향력의 측면에서 아무런 차이도 만들지 못했고, 그것의 본성도 전혀 변화시키지 못했다. 소유물이 공격성을 만든 것이 아니다. 공격성은 소유물이 극히 부족했던 원시 시대부터 이미 무제한에 가깝게 세력을 떨쳤다. 심지어 소유물이 본래의 항문기적 형태를 그대로 유지하고 있는 육아실에서부터 이미 공격성은 드러난다. 공격 욕동은 인간들 사이에서 발견되는 모든 애정과 사랑의 관계에서 기본이 되는데, 그 유일한 예외는 아마도 어머니와 어린 남자아이의 관계일 것이다. 우리가 만약 물질적 재화를 소유할 개인적 권리를 빼앗는다 하더라도 성적 관계에 내재하는 특권은 여전히 존재하며, 이것은 다른 모든 측면에서 동등한 인간들 사이에서 가장 커다란 악의와 격렬한 적의를 불러일으키는 원천이 될 것이다. 만약 우리가 전면적인 성적 자유를 허용해 문명의 기원인 가족 제도를 폐지함으로써 이 불공평을 제거하더라도, 문명이 어떤 새로운 발전 경로를 밟아나갈 것인가를 예견하는 일은 실질적으로 불가능하다. 그러나 한 가지 사실만은 확신할 수 있다. 즉, 문명이 어디로 향하든 간에 인간 본성의 파괴 불가능한 특성은 그 뒤를 쫓아갈 것이라는 점이다.

인간들이 공격 욕동의 충족을 포기하기가 쉽지 않다는 점은 명백하다. 포기하려는 시도는 그들을 불편하게 만든다. 우리는 외부인을 향한 적대라는 형태로 공격 욕동의 방출을 허락함으로써 꽤 작은 규모의 문명 집단(cultural group)이 누리게 되는 이득을 과소평가해서는 안 된다. 만약 타자가 공격의 표적으로 남아 있다면, 많은 수의 사람들을 사랑으로 결합시키는 것은 언제나 가능하다. 나는 지리적으로도 인접할 뿐 아니라 다른 점에서도 밀접한 관계를 맺고 있는 공동체들—예컨대 스페인인과 포르투갈인, 북부 독일인과 남부 독일인, 영국인과 스코틀랜드인 등—이 끊임없는 반목과 상호 조롱을 일삼고 있다는 사실을 논의한 적이 있다. 나는 이 현상을 그 이름이 그것을 제대로 설명하지는 못하지만, '작은 차이에서 비롯된 나르시시즘'이라고 불렀다. 이것은 공격 성향을 충족시키고 공동체 내부의 결속을 다지는 데에 유용하며 상대적으로 무해한 방식으로 간주될 수 있다. 이 점에서 전 세계에 흩어진 유대인들은 그들이 정착한 나라의 문화에 귀중한 공헌을 했다. 중세에 자행된 모든 유대인 학살이 기독교인들에게 그 시대를 더 안전하고 평화롭게 만들어 주는 데에는 불행하게도 실패했다. 그리고 사도 바울이 보편적인 형제애를 기독교의 초석으로 삼은 후에, 아웃사이더에 대한 기독교의 극단적인 불관용은 불가피한 결과가 되었다. 비록 종교가 국가적 관심사로서 사회 전반에 깊이 스며들어 있었지만, 공동체 설립의 기초가 사랑이 아니었던 로마인들에게 종교적 불관용은 매우 낯선 것이었다. 또한 세계 지배라는 독일의 꿈이 그 보완물로 반유대주의를 유발했다는 점은 불가해한 우연이 아니다. 그리고 러시아에서 새로운 공산주의적 문명을 건설하려는 시도가 부르주아들의 탄압에서 그 심리적 지지를 찾는 것 역시 이해할 만하다. 단지 우리는 러시아인들이 그들의 유산자 계급을 일소한 후에 무엇을 하게 될지를 염려할 따름이다.

만약 문명이 그토록 큰 희생을 인간의 성뿐만 아니라 인간의 공격 욕동에도 강제하고 있다면, 우리는 왜 인간이 문명 속에서 행복해지기가 그처럼 어려운가를 더 잘 이해할 수 있게 된다. 원시인들은 그들의 욕동이 제한받지 않았기 때문에 실제로 더 행복했다. 그러나 이 사실은 원시인들이 이 행운을 오랫동안 향유하기가 힘들었다는 점으로 보완되어야 한다. 문명인들은 행복해질 가능성의 일부를 약간의 안전성과 맞바꾸었다. 그러나 원시적 가족에서는 그 우두머리만이 자신의 욕동을 전적으로 충족시켰고, 다른 구성원들은 노예적인 압제 속에서 살았다는 점을 잊지 말아야 한다. 그러므로 문명의 초기 단계는 그 이익을 향유했던 소수와 그것들을 누릴 수 없었던 다수 사이의 극단적인 대조를 보여 준다. 보다 자세한 연구는 우리가 현대에도 존재하는 원시적인 사람들의 본능적 삶을 거기에 수반되는 자유 때문에 부러워할 이유가 전혀 없음을 보여 준다. 그들의 삶은 아마도 현대의 문명인에게 부과된 것보다 훨씬 더 가혹한 다른 종류의 제약을 받고 있기 때문이다.

현대 문명이 행복을 보장하는 삶의 계획에 대한 요청을 적절하게 만족시키지 못하며, 또 피할 수 있는 고통을 심하게 겪게 만든다고 정당하게 비판할 때, 그리고 이러한 불완전함의 뿌리를 드러내기 위해 가차 없이 질책을 가할 때, 우리는 정당한 권리를 행사하고 있으며 우리를 문명의 적으로 만드는 것이 아님에 분명하다. 우리는 우리의 욕구를 더 잘 충족시키고 이러한 질책을 피할 수 있는 문명의 변화가 점진적으로 일어나기를 희망할 수 있다. 그러나 우리는 또한 문명의 본성에는 어떠한 개혁 시도에도 굴복하지 않는 타고난 어려움이 아마 존재하리라는 생각에 더 익숙해져야 할지 모른다. 우리가 수용할 준비가 되어 있는 욕동의 제약이라는 과제에 덧붙여, 우리는 이른바 '대중의 심리적 곤경'이라는 위험 상황과 마주하고 있다. 이 위험은 사회적 유대 관계가 주로 구성원들의 상호 동일시에 의해 확보되지만, 지도적 계층의 개인들이 집단 형성 과정에서 그들이 당연히 가져야 할 중요성을 획득하지 못하는 곳에서 가장 위협적이다.[60] 미국 문명의 현재 상태는 문명에 가해지는 위협적인 손상에 관해 연구할 수 있는 좋은 기회를 제공한다. 그러나 나는 미국식 방법을 내 스스로가 사용한다는 인상을 주고 싶지 않기 때문에 미국 문명을 비판하지는 않겠다.

60 『집단 심리학과 자아 분석』(1921)을 참조하라.

VI

내가 기술하는 내용이 상식이며, 명백한 사실을 설명하기 위해 종이와 잉크, 그리고 결국에는 식자공과 인쇄공의 노동과 자원을 낭비하고 있다는 점을 그 어떤 집필 과정에서보다 이 글을 쓰면서 강하게 느끼고 있다. 이런 이유 때문에 특수하며 독립적인 공격 욕동이 정신분석학적 욕동 이론을 수정하는 것으로 보인다면 기꺼이 그 문제에 달려들고 싶다.

사실은 그렇지 않고, 이는 단지 오래전에 있었던 변화에 명확하게 집중하여 그 결과를 충실하게 수용하는 문제일 따름이라는 점을 알게 될 것이다. 천천히 발달한 분석 이론 중에서도 특히 욕동 이론은 가장 힘겹게 발전해 왔다. 그럼에도 불구하고 이 이론은 전체 구조에 꼭 필요한 부분이므로 그 자리는 반드시 채워져야만 했다. 초창기에 완전히 혼란을 겪은 부분에서 나는 시인이자 철학자인 실러의 "굶주림과 사랑이 세상을 움직인다."[61]라는 주장에서 첫 번째 단

---

61 *『세상의 현자들(*Die Weltweisen*)』.

서를 찾아냈다. 굶주림은 개체를 보존하는 여러 욕동들을 표현하는 것으로 간주되는 데 반해 사랑은 대상을 추구한다. 그리고 자연이 모든 방식을 통해 지지하는 사랑의 주된 기능은 종의 보존이다. 그러므로 처음에는 자아 욕동(ego-drive, Ichtrieb)과 대상 욕동(object-drive, Objekttrieb)을 대립시켰다. 후자의 에너지, 특히 그것만을 순전히 표현하기 위해 나는 '리비도'라는 용어를 도입했고, 이로 인해 자아 욕동과 광의의 차원에서 대상을 향해 있는 사랑의 '리비도적' 욕동 사이에 구분이 생겼다. 후자 중에서 가학적인 욕동은 그 목적에 사랑이 철저하게 결여되어 있다는 점에서 다른 것들과 분명하게 구분된다. 나아가 가학적인 욕동은 어떤 점에서 자아 욕동에 분명하게 연결되어 있다. 즉, 그것은 지배를 목적으로 하고 리비도적 목적이 전혀 없는 욕동과 밀접한 연관성을 드러내지 않을 수 없었다. 그러나 이 불일치는 극복할 수 있는 것으로 밝혀졌는데, 결국 가학성이란 잔인성이 애정을 대체할 수 있는 성생활의 한 부분임에 분명하기 때문이다. 신경증은 자기 보존의 관심과 리비도의 요구 사이에 존재하는 투쟁의 결과인 것처럼 보인다. 그 싸움에서 자아는 승리하지만, 심대한 고통과 희생을 대가로 치를 수밖에 없다.

모든 분석가들은 심지어 오늘날에도 이 견해가 오래전에 폐기되어 버린 실수로 들리지 않는다는 점을 인정할 것이다. 그렇지만 우리의 연구가 억압된 것에서 억압의 주체로, 그리고 대상 욕동에서 자아로 진전되면서 수정이 불가피해졌다. 여기에서 발전을 향한 결정적인 도약은 나르시시즘 개념의 도입, 다시 말해 자아 그 자체에 리비도가 투입되어 있고, 실제로 자아가 리비도의 고향이며, 어느 정도 그 근거지로 남아 있다는 인식이었다. 이 자기애적 리비도는 대상을 향하면 대상 리비도(object-libido)가 되기도 하고, 그 방향을 바꾸면 자기애적 리비도로 한 번 더 변화할 수 있다. 나르시시즘의 개념으로 인해 우리는 트라우마적인 신경증과 더불어 정신병(psychoses) 그 자체, 그리고 그것과 연관된 다른 많은 질환을 분석적으로 이해하게 되었다. 우리가 전이 신경증을 자아가 성으로부터 자신을 보호하려는 시도로 해석하는 것을 반드시 포기할 필요는 없었지만, 리비도의 개념은 위험에 처하게 되었다. 왜냐하면 자아 욕동 역시 리비도적이므로 칼 융(Carl G. Jung)이 일찍이 주장했던 것처럼 리비도가 욕동 에너지 전체와 일치해야 한다는 견해가 한동안 불가피한 것으로 보였기 때문이다. 그럼에도 불구하고 확실하게 설명할 수는 없지만, 욕동이 단일한 종류일 수 없다는 일종의 확신이 나에게는 여전히 존재했다. 나의 다음 입장은 『쾌락 원칙을 넘어서』(1920)에서 표현되었는데, 이 시점에 이르러 나는 반복 강박과 욕동의 보수적인 성향에 주목하게 되었다. 생명의 기원과 생물학적 대비에 대한 추론에서 출발해, 나는 생명체를 보존하고 그것을 더 큰 단위로 결합하는 욕동과 더불어,[62] 그 힘에 맞서 이 개체들을 붕괴시켜 태초의 비유기체 상태로 되돌리려는 힘이 명백하게 존재한다는 결론에 도달했다. 이제 에로스와 더불어 죽음의 욕동이 존재하며, 이 둘의 상호작용과 반작용이 삶의 현상을 설명할 수 있게 되었다. 그러나 이렇게 추정된 죽음 욕동의 활동을 논증하는 것은 쉽지 않았다. 에로스의 현현은 뚜렷하고 충분히

62 그러므로 확장을 지향하는 에로스의 부단한 경향성과 욕동의 일반적인 보수적 성향 사이에서 등장하는 대립은 뚜렷하며, 이는 추가적 문제들을 연구하기 위한 출발점이 될 수 있다.

떠들썩하다. 죽음 욕동이 생물체 속에서 그것의 해체를 향해 은밀하게 활동한다고 추정할 수는 있었지만, 물론 이는 입증 가능한 것은 아니었다. 보다 도움이 되는 견해는 그 욕동의 일부가 외부 세계를 향하고, 이후에 공격과 파괴를 지향하는 욕동으로 나타난다는 것이다. 이런 방식으로 죽음 욕동은 유기체로 하여금 그 자신이 아닌 여타 생물과 무생물을 파괴하도록 만든다는 점에서 에로스를 위해 봉사하게 된다. 반대로 외부를 향한 공격성이 제한되면, 어떤 경우에도 지속되고 있는 자기 파괴의 정도를 증가시키게 된다. 동시에 이 사례에 근거해 우리는 두 종류의 욕동이 좀처럼—아마도 결코—분리되어 나타나는 법이 없으며, 매우 다른 비율로 다양하게 혼합되는 탓에 우리가 제대로 알 수 없다고 결론 내릴 수 있다. 오랫동안 성적 욕동의 한 부분으로 인식되어 온 사디즘(sadism)에서 특히 우리는 사랑의 갈망과 파괴의 욕동이 강력하게 결합되어 있는 혼합물을 접하게 된다. 반면 그 대응물인 마조히즘(masochism)은 내부 지향적인 파괴성과 성(sexuality)의 결합물인데, 이 결합을 통해 다른 경우에는 감지하기 어려운 경향성이 현저하게 드러난다.

죽음 욕동(Todestrieb) 혹은 파괴 욕동(Destruktionstrieb)이 존재한다는 가정은 정신분석학계 내부에서조차 반발을 불러왔다. 사랑에 포함된 위험하고 적대적인 요소는 무엇이든 간에 사랑의 본성에 내재한 양극성에서 비롯된다고 보려는 광범위한 경향을 나는 알고 있다. 내가 여기에서 발전시킨 견해는 당초에는 가설로서 제안되었지만, 시간이 경과하면서 나를 확고하게 사로잡아 더 이상 다른 방식으로 생각하기 어렵게 되었다. 내 생각에 그것들은 가능한 여타 대안들보다 훨씬 더 유용한 이론으로서, 과학적 활동이 열렬하게 추구하고 있는, 사실을 무시하거나 훼손하지 않는 명료한 답을 제공한다. 우리가 항상 사디즘과 마조히즘을 (외부나 내부를 향해 있는) 에로티시즘과 뒤섞여 있는 파괴 욕동의 현현으로 간주해 왔다는 사실을 나는 알고 있다. 그러나 우리가 어떻게 비성적(非性的)인 공격성과 파괴 성향의 편재성을 간과하고, 또 삶을 해석하는 과정에서 그것의 적절한 위치를 부여하는 데 실패했는지는 참으로 이해하기 어렵다. (**내부를 향한** 파괴 욕구는 그것이 에로티시즘의 색채를 띠지 않으면 대부분 우리 눈에 띄지 않는다.) 나는 파괴 욕동이 정신분석학 문헌에 처음 등장했을 때 내 자신이 어떻게 그 개념에 저항했으며, 내가 그것을 수용하는 데에 얼마나 오랜 시간이 필요했는지를 기억한다. 다른 사람들 역시 그 개념을 거부했으며, 아직도 거부하고 있다는 사실은 나에게 놀랍지 않다. 인간의 타고난 '사악함'인 공격과 파괴를 향한 성향, 그리고 잔혹함에 대한 논의를 "어린아이들은 좋아하지 않는다."[63] 신이 인간을 자신의 완벽한 형상대로 창조했다는 이유로, 우리는 그 존재를 부인할 수 없는 악과—크리스천 사이언스[64]의 항의에도 불구하고—신의 무한한 힘과 선(善)을 조화시키는 것이 얼마나 어려운지를 생각하려 들지 않는다. 악마는 신을 위한 가장 좋은 변명거리이며, 아리안(Aryan) 족의 이상적인 세계에서 유대인이 짊어진 것과 같은 경제적인 방출 수단이라는 역할을 담당할 것이다. 그럼에도 불구하고 우리는 신이 악마의 존

63 * "Denn die Kindlein, Sie hören es nicht gerne." 괴테의 시 'Die Ballade vom vertriebenen und heimgekehrten Grafen'에서 인용됨.

64 **{역주}** 매리 베이커 에디(Mary Baker Eddy, 1821-1910)가 1879년 미국에 세운 기독교 교단. 성립 과정에서 최면술(mesmerism)과 강령술(spiritualism) 등의 영향을 받았으며 죄, 악, 죽음, 질병 등의 존재를 강력히 부인한다.

재와 악마가 구현하는 악에 책임을 져야 한다고 요구할 수 있다. 이런 어려움을 고려할 때 우리 각자는 적절한 시점에 인간의 깊은 윤리적 본성에 심심한 경의를 표하는 편이 나을 것이다. 왜냐하면 그럴 경우 우리는 대체로 좋은 평판을 얻게 되고, 우리의 많은 것들이 용서될 터이므로.[65]

'리비도'라는 단어는 에로스의 힘이 발현되는 것을 죽음 욕동의 에너지와 구분해 지칭하기 위해서도 사용될 수 있다.[66] 죽음 욕동이 훨씬 더 파악하기 힘들며, 에로스에 의해 남겨진 잔여물로서만 식별이 가능하고, 에로스와 섞이지 않고서는 우리에게 포착될 수 없다는 사실은 인정되어야만 한다. 성적인 갈망을 온전하게 충족시키면서도

---

65 괴테의 메피스토펠레스에서 우리는 악의 원리와 파괴적 욕동의 매우 드물지만 설득력 있는 동일시를 발견한다.

> 공허로부터 나온 모든 것들은
> 파괴될 만한 가치를 지니며
> 그리하여 당신이 죄로 평가한 모든 것들은
> 파괴, — 악과 섞인 그 어떤 것이라도
> 이것이 나의 올바른 천성

악마 스스로 자신의 적이라고 지칭한 것은 신성하거나 선한 것이 아니라, 자연의 창조하고 번식시키는 힘, 즉 에로스이다.

> 물, 땅, 그리고 펼쳐지는 공기로부터
> 천 개의 싹이 터 자란다
> 마르고 축축하고 그리고 따스하고 차가운
> 만약 내가 불꽃을 진정 간직하지 않았다면
> 내가 보여 줄 나만의 특별한 것은 없다.

* 두 구절은 괴테의 『파우스트(*Faust*)』 1장 3막에서 인용하였다.

66 이 관점은 리비도가 욕동의 모든 현현에 일정한 몫을 차지하고 있지만, 현현된 모든 것이 리비도인 것은 아니라는 문장으로 개략적으로 표현될 수 있다.

그 성적인 목적을 자기 방식으로 변형시키는 사디즘의 사례에서 우리는 죽음 본능의 본성과 함께 그것과 에로스의 관계를 가장 명확하게 파악할 수 있다. 그러나 죽음 본능이 맹목적인 파괴적 분노에 사로잡혀 아무런 성적인 목적 없이 표현되는 곳에서조차 그 욕동의 충족에 매우 높은 수준의 자기애적 즐거움이 수반된다는 사실은 분명한데, 그런 충족이 전능성에 대한 오랜 소망 성취를 자아에게 제공하기 때문이다. 조절되고 순화된, 즉 목적이 금지된 파괴 욕동이 대상을 지향하면 자아는 자연에 대한 통제와 더불어 중대한 욕구의 충족을 획득할 것이 분명하다. 죽음 욕동의 존재에 대한 가정이 주로 이론적 바탕 위에 기초하고 있기 때문에, 이 사실이 이론적 반박에 대한 완전한 반증은 될 수 없다는 점을 인정해야만 한다. 미래의 연구와 숙고가 의심할 바 없이 결정적인 설명을 제시할 터이지만, 이것이 우리가 아는 범위 내의 현재 상황이다.

그러므로 이하에서 나는 공격성이 인간에게 내재된 고유의 욕동적 특성(Triebanlage)이라는 관점을 취하며, 그것이 문명의 가장 큰 장애물로 기능한다는 종전의 내 견해로 돌아가겠다. 조사 과정의 한 시점에서 우리는 문명이 인류가 겪고 있는 일종의 특별한 과정이라는 점을 알게 되었으며, 나는 아직 이 생각의 영향을 받고 있다. 나는 이제 문명이란, 개인들과 가족들 그리고 부족과 민족들 그리고 국가들을 하나의 거대한 통합체, 즉 인류 공동체로 결합하는 것을 목적으로 하는 에로스에 봉사하는 과정이라는 견해를 덧붙이고자 한다. 왜 이러한 일이 일어나야만 하는지 우리로선 알 수 없지만, 그것이 바로 에로스의 일이다. 이 다수의 인간들은 서로에게 리비도적으로 결합되어야만 한다. 필요성이나 공동 작업의 이익만으로는 그들을 결합시키지 못한다. 그러나 인간의 타고난 공격 욕동과, 전체에 대한 개개인의 적의, 그리고 개개인에 대한 전체의 적의는 문명의 이러한 계획에 반한다. 이 공격 욕동은 에로스와 나란히 존재하며 세계를 함께 지배하는 죽음 욕동의 파생물이자 주요한 대행자이다. 내 생각에 이제 문명의 발달이 의미하는 바는 우리에게 더 이상 모호하지 않다. 이 발달은 그것이 인류 속에서 구현되는 방식과 동일하게 에로스와 죽음 간의, 삶의 욕동과 파괴 욕동 사이의 투쟁으로 드러나야만 한다. 이 투쟁은 모든 생명의 본질이다. 그러므로 문명의 발달은 바로 인류의 생존을 위한 투쟁으로 요약될 수 있다.[67] 그리고 우리의 보모(保姆)가 천국을 노래하는 그들의 자장가로 달래고자 하는 것이 바로 이 거인들의 투쟁이다.[68]

67 그리고 아마도 우리는 명확성을 위해서 다음과 같이 덧붙여야 할 것이다. "그 생존을 위한 투쟁은 아직 발견되어야만 하는 특정한 사건을 닮은 형태를 취할 수밖에 없다."

68 * '*Eiapopeia vom Himmel.*' Heine, *Deutschland*, Caput I.

VII

왜 우리의 친척뻘인 동물들은 그러한 문명적 투쟁을 보여 주지 않는 것일까? 우리는 그 이유를 모른다. 벌, 개미, 흰개미와 같은 그들 중 일부는 오늘날 우리들이 경탄하는 군집 제도, 분업, 개체에 대한 제약을 아마도 수천 년 동안 투쟁을 통해 발전시켰으리라. 이러한 종류의 동물 군집 속에서 혹은 그 개체들에게 부과된 임무에 우리가 행복해할 수 없으리라는 점을 느낌으로 안다는 사실이 우리의 현재 상태를 보여 주는 특징적 지표이다. 또 다른 동물 종들의 경우에는 환경적인 영향과 내부의 충돌하는 욕동 사이에 일시적인 타협이 이루어져 더 이상의 발달이 이루어지지 않았을 수도 있다. 원시인의 경우에는 리비도에 대한 새로운 통로가 파괴 욕동을 다시 폭발적으로 활동하도록 추동시켰을 수도 있다. 많은 질문이 가능하지만 아직 그 해답은 없다.

또 다른 질문은 우리와 더욱 밀접하게 관련된다. 문명은 그것이 직면한 공격성을 금지하고 무해한 것으로 만들거나, 가능하다면 아예 제거하기 위해 어떤 수단을 채택할까? 우리는 이미 이런 수단의 일부를 인식하고 있지만 가장 중요해 보이는 한 가지에 대해서는 그렇지 못하다. 우리는 개인의 발달사에서도 이것을 연구할 수 있다. 공격 욕망(desire for aggression, Aggressionslust)을 무해한 것으로 만들기 위해서 개인 속에서 어떤 일들이 벌어질까? 여태껏 우리가 추측하지는 않았지만, 그럼에도 불구하고 매우 놀랄 만하며 명백한 사실이 있다. 공격성은 내부로 투사되고 내면화되며, 실제로 그것이 유래했던 곳으로 되돌아간다. 즉, 그것은 개인의 자아로 향한다. 거기에서 공격성은 자아의 일부에 의해 점유되어, 초자아(super-ego, Über-Ich)로서 자아의 위에 자리 잡는다. 그리고 그것은 타인을 향했을 바로 그 맹렬한 공격성을 이제 '양심(conscience, Gewissen)'이라는 형태로 자아에게 행사할 준비를 갖춘다. 엄격한 초자아와 그것에 복종하는 자아 사이의 긴장이 바로 우리가 죄의식(consciousness of guilt, Schuldbewußtsein)[69]이라 일컫는 것이다. 이것은 자신을 처벌하려는 욕구로 나타난다. 이런 방식으로 문명은 개인을 약화시키고 무장해제하며, 마치 점령된 도시의 요새처럼 개인을 감시하는 권위를 내면에 만듦으로써 개인의 위험스러운 공격 욕동을 정복한다.

정신분석가 역시 죄책감(sense of guilt, Schuldgefühl)의 근원을 설명하는 것이 쉽지는 않지만, 그들은 다른 심리학자들과 다른 견해를 가지고 있다. 무엇보다 인간이 어떻게 죄책감을 가지게 되는가를 묻는다면, 우리는 논란의 여지가 없는 답변을 얻는다. 즉, 우리는 '악하다'고 인식하는 것을 행하면 (경건한 사람들이 '죄스럽다'라고 말하는) 죄책

69 **{역주}** 프로이트는 이 글에서 '죄의식'과 '죄책감'을 구분하지 않고 사용한다. 두 단어는 의미상 차이가 없다. 이 책에서는 프로이트가 사용한 바대로 각각 죄의식과 죄책감으로 번역했다.

감을 느낀다. 그러나 우리는 이 답변이 얼마나 부족한지를 실감한다. 잠시 주저한 후에 아무런 잘못도 **저지르지** 않은 사람조차 자신 속에서 나쁜 행위를 하려는 **의도**를 발견하는 것만으로도 죄스럽게 느낀다고 덧붙일지 모른다. 이 경우 왜 의도가 행위에 필적할까라는 질문이 제기된다. 두 경우 모두 나쁜 것은 질책당할 것이며 실행되어서는 안 된다는 점을 우리가 알고 있다고 전제한다. 우리는 어떻게 이런 판단을 내리게 되었을까? 우리는 선과 악을 구별하는 타고난, 즉 자연스러운 능력의 존재를 거부할 수도 있다. 악이란 종종 자아에 해롭거나 위험한 것과는 거리가 먼 것이기 쉽다. 심지어 악은 자아가 반기고 자아에게 기쁨을 주는 것일 수도 있다. 그러므로 여기에는 외부적 영향력이 작용하며, 이것이 선과 악이라고 불리는 것을 결정한다. 그 자신의 감정이 이 경로를 밟도록 유도한 것일 리 없기 때문에, 그는 외부의 영향력에 순종하고자 하는 동기를 가졌음이 분명하다. 이런 동기는 그의 무력감과 타인에 대한 의존감 속에서 발견되며, 사랑의 상실에 대한 두려움으로 가장 잘 묘사될 수 있다. 만약 그가 자신이 의존하고 있는 사람의 사랑을 잃는다면, 그는 더 이상 여러 가지 위험으로부터 보호받을 수 없다. 무엇보다 그는 더 강한 이 사람이 그를 벌줌으로써 자신의 우월함을 드러내는 위험에 노출된다. 그러므로 애초에 악이란 사랑의 상실로 인해 우리를 위협에 빠뜨리는 모든 것을 의미한다. 그 상실의 두려움 때문에 우리는 악을 피해야 한다. 이것이 우리가 그릇된 일을 이미 했든지, 아니면 단지 의도만 있었는지 여부가 차이를 만들지 않는 이유이다. 어느 경우에나 권위자가 그것을 발견할 때 위험이 발생하며, 권위자는 항상 같은 방식으로 행동할 것이다.

우리가 '양심의 가책(bad conscience, schlechtes Gewissen)'이라 부르는 이러한 마음 상태는, 죄의식이 이 단계에서는 사랑의 상실에 대한 명백한 불안, 즉 '사회적' 불안에 불과하므로 실제로 그 명칭을 가질 법하지 않다. 어린아이에게 있어 그것은 다른 형태가 될 수 없지만, 많은 성인들에게 변화는 단지 아버지 혹은 부모가 차지했던 자리가 더 큰 인간 공동체에 양도된다는 점이다. 그러므로 그런 사람들은 권위자가 그 사실을 모르거나 그것을 책망할 수 없다고 확신하는 한 그들에게 기쁨을 주는 나쁜 행위를 주기적으로 저지른다. 그들의 유일한 불안은 발각되는 것이다.[70] 이것이 바로 현대 사회가 일반적으로 고려해야 할 사정이다.

권위가 초자아의 형성을 통해 내면화되었을 때에만 중대한 변화가 발생한다. 양심의 현상은 새로운 수준에 도달하는데, 이제야 비로소 우리는 정당하게 양심과 죄책감을 언급할 수 있게 된다.[71] 이 시점에 이르면 발각될까 봐 불안해하는 것은 끝이 나고, 나아가 일탈 행위와 나쁜 일을 하려는 의도 사이의 차이는 사라진다. 왜냐하면 그 어떤 것, 심지어 개인의 생각도 초자아에게 숨길 수 없기 때문이다.

---

70 이는 루소가 얘기한 유명한 중국 고위 관료(mandarin) 중 한 명을 떠올리게 한다. **{역주}** 멀리 떨어진 곳에서도 자신의 의지만으로 중국 고위 관료인 늙은 만다린을 죽이고 부자가 될 수 있다면 그 일을 하겠는가라는 인간의 윤리적 본성에 대한 이야기이다. 들키지만 않는다면 악행도 저지를 수 있는가를 묻는다는 점에서 본문과 연결된다.

71 분별력이 있는 사람은 누구나 이 요약문이 현실에서 점진적으로 발생하는 사안의 경계를 분명하게 설정하고 있으며, 초자아의 **존재** 문제가 아니라 그것의 상대적 힘과 영향력의 범위를 구분하는 것에 대한 논의라는 점을 이해하고 고려할 것이다. 나아가 위에서 언급된 양심과 죄책감에 대한 모든 것들은 상식이며 논란의 여지가 거의 없다.

새로운 권위인 초자아는 우리가 아는 한 자신과 긴밀하게 연결되어 있는 자아를 학대할 동기를 가지지 않으므로 실제적인 관점에서 상황의 심각성은 사라진다. 그러나 과거의 것이자 이미 극복된 것들이 존속하도록 만드는 발생론적 영향력(genetic influence)은 사물들이 근본적으로 처음의 모습을 그대로 유지한다는 사실에서 여전히 확인된다. 초자아는 죄가 있는 자아를 똑같은 불안으로 괴롭히며, 외부 세계를 통해 자아를 처벌할 기회를 호시탐탐 노린다.

발달의 이러한 두 번째 단계에서 양심은 첫 번째 단계에서는 없었던 더 이상 설명하기 곤란한 특성을 드러낸다. 보다 덕이 높은 사람일수록 그의 양심은 더욱 엄격하고 의심이 많기 때문에, 가장 높은 수준의 성스러움에 도달한 사람이야말로 종국에는 자신들을 가장 큰 죄인으로 비판한다. 이는 약속된 보상의 일부를 덕이 박탈하는 것을 의미한다. 유순하고 절제하는 자아는 그 조언자의 신뢰를 얻지 못하며, 그것을 획득하려는 시도는 헛수고에 그치는 것처럼 보인다. 그런데 이러한 어려움들이란 인위적으로 고안된 것이며, 더 엄격하고 부단히 경계하는 양심은 윤리적 인간의 특징이라는 반박이 즉각 제기된다. 나아가 만약 성인(聖人)들이 스스로를 죄인이라 부른다면 그들이 겪게 될 욕동 충족이라는 관점에서 이는 크게 틀린 말이 아니다. 왜냐하면 유혹이란 주지하다시피 지속적인 좌절에 의해서만 강해지며, 잠깐일지라도 간헐적인 충족을 통해서는 감소되기 때문이다. 불운, 즉 외부적 좌절이 초자아의 양심을 매우 강화시킨다는 점은 윤리라는 문제로 가득한 분야가 우리에게 보여 주는 또 다른 사실이다. 모든 일이 잘 풀릴 때에, 인간의 양심은 모든 방식에서 순종적이며 자아에 관대하다. 그러나 불운이 닥치면 인간은 그의 영혼을 찾고, 자신의 죄를 인정하며, 그의 양심적 요구를 드높이 세우고, 자신에게 고난을 부여하면서 고행을 통해 스스로를 벌한다.[72] 모든 사람들은 이렇게 행동해 왔으며 여전히 그러하다. 그러나 이 사실은 양심의 초기 발생 단계를 참조하면 쉽게 설명되는데, 양심은 초자아로 내사(內射, introjection)된 이후에도 폐기되지 않으며, 그것과 함께 그리고 그 배후에 여전히 존재한다. 마치 운명이 부모의 권위를 대신한 것처럼 보인다. 만약 우리가 불운을 겪는다면 이는 우리가 더 이상 지고의 힘에 의해 사랑받지 않기 때문이며, 사랑의 상실이라는 위협에 직면하면 우리는 운이 좋아서 행복할 때에는 무시했던, 실제로는 부모의 권위인 초자아에 다시 굴복하게 된다. 만약 그가 엄격한 종교적 관점을 취하고 운명을 단지 '신적 의지'의 표현으로 간주하면 이 사실은 특히 명백해진다. 이스라엘인들은 자신들을 신의 총애하는 자식이라고 여겼다. 그리고 그 위대한 아버지가 여러 가지 불운을 연달아 그들 민족에게 비처럼 퍼부었을 때에도 그들은 신과의 관계를 결코 의심하지 않았으며, 신의 권능과 정의에 의문을 표시하지도 않았다. 대신 그들은 자신들의 죄스러움을 면전에서 꾸짖고, 죄의식에 기초해 사제

---

72 불운이 도덕성을 제고하는 효과는 마크 트웨인(Mark Twain)의 유쾌한 단편 소설인 『내가 훔친 첫 번째 멜론(*The First Melon I ever Stole*)』에서 잘 그려지고 있다. 그 첫 번째 멜론은 마침 설익은 것이었다. 나는 마크 트웨인이 공개된 낭독회에서 그 얘기를 직접 하는 것을 들었다. 제목을 말한 후에 그는 잠시 멈추고 뭔가 확실치 않은 듯이 자문했다. "그게 정말 첫 번째였던가?" 이 표현은 모든 것을 얘기해 준다. 그 첫 번째 멜론은 분명히 유일한 것은 아니었다. * 마지막 문장은 1931년에 추가되었다. 1898년 2월 9일에 플리스(Fliess)에게 보낸 편지에서 프로이트는 바로 며칠 전에 있었던 마크 트웨인의 낭독회에 참석했다고 밝히고 있다.(Freud, 1950a, Letter 83)

종교의 과도할 정도로 엄격한 계율을 만들어 낸 예언자들을 배출했다.[73] 미개인들이 이와는 얼마나 다르게 행동하는가는 놀랄 만하다. 불운에 직면했을 때 그들은 자신이 아니라 주물(呪物)에 그 책임을 돌리고, 스스로를 벌하는 대신에 그것을 채찍질한다.

이로써 우리는 죄책감의 두 가지 기원을 알게 되었다. 하나는 권위에 대한 불안이며, 나중에 등장하는 또 다른 하나는 초자아에 대한 불안이다. 전자는 우리에게 욕동의 충족을 포기하게 만들고, 금지된 소망의 존속이 초자아에게 숨겨질 수 없기 때문에 후자는 처벌을 고집한다. 우리는 또한 초자아의 엄격함, 즉 양심의 요구가 어떻게 이해되어야 하는지도 알게 되었다. 이 엄격함은 바로 초자아가 계승하고 일부는 대체하게 되는 외부적 권위의 지속에 다름 아니다. 우리는 이제 욕동의 부인(Triebverzicht)이 어떻게 죄의식과 연결되는지를 인식하게 된다. 애초에 이러한 부인은 외부 권위에 대한 불안에서 비롯되었다. 즉, 우리는 사랑을 잃지 않으려고 특정한 욕동의 충족을 거부한다. 이처럼 욕망을 자제하면 권위자로부터 풀려나고 죄책감은 전혀 남지 않을 것이다. 그러나 초자아의 공포에 관해서는 사정이 다르다. 욕구가 존재하고 그것이 초자아로부터 숨겨질 수 없기 때문에 욕동의 부인만으로는 더 이상 충분하지 않다. 우리가 거부하는 데에도 불구하고 이제 죄책감이 등장하는데, 초자아의 정립이나 양심의 형성이라는 측면에서 이는 큰 경제적 불리함을 초래한다. 욕동을 부인하는 것은 이제 더 이상 해방의 효과를 전적으로 발휘하지는 못한다.

---

73 * 이스라엘 민족과 그들의 신과의 관계에 관한 훨씬 더 긴 설명은 프로이트의 『인간 모세와 유일신교』(1939)에 실려 있다.

고결한 절제는 더 이상 사랑의 보증으로 보상받지 못한다. 외부의 위협적인 불행, 즉 사랑의 상실과 외부적 권위자에 의한 처벌은 죄의식의 긴장이라는 내면의 지속적인 불행으로 변한다.

이 연관 관계는 아주 복잡할 뿐만 아니라 매우 중요하므로 반복의 위험은 있지만 다른 각도에서 접근해 보고자 한다. 시간적 선후 관계는 다음과 같다. 우선 '외부적' 권위에 의해 공격받는 불안(사랑이란 징벌적인 공격성에 대한 방어이므로, 이것은 사랑의 상실에 대한 불안과 동일하다)으로 발생하는 욕동의 포기가 있다. 그리고 이 권위와 양심에 대한 두려움에서 생겨나는 '내면적' 권위의 확립과 그에 따른 욕동의 포기가 뒤따른다. 이 두 번째 상황에서는 악한 행위가 악한 의도와 동일하다. 그러므로 죄의식과 처벌의 욕구가 등장한다. 양심의 공격성은 외부적 권위의 공격성을 지속시킨다. 이제 여러 가지 사실이 분명해졌다. 그러나 양심을 강화하는 (외부로부터 부과되는 욕동의 포기라는) 불운의 영향력이나, 가장 선량하고 온순한 사람들에게서 발견되는 양심의 터무니없는 엄격함은 이 대목에서 어떻게 설명될 수 있을까? 우리는 이미 양심의 이러한 두 가지 특성에 대해 설명했지만, 여전히 우리의 설명이 문제의 핵심에 도달하는 데에는 실패했고 설명하지 못한 것들이 남아 있다는 인상을 받는다. 이제 마침내 우리의 일상적인 사고방식에는 낯설지만 전적으로 정신분석학에 속하는 견해가 등장한다. 이 견해는 우리에게 이 주제가 왜 그토록 혼란스럽고 명료하지 않은가를 이해하게 만들어 준다. 이 견해에 따르면 처음에 우리에게 욕동을 포기하게 만드는 것은 양심(혹은 나중에 양심이 되는 두려움)이지만, 이 인과 관계는 나중에 뒤집어진다. 모든 욕동의 포기는 이제 양심의 역동적인 원천이 된다. 모든 새로운 포기 활동은 양심의 엄격함과 불관용성을 강화한다. 그리고 만약 이 사실을 양심의 발생사에 관해 우리가 이미 알고 있는 것과 잘 조화시킨다면, 우리는 양심이 욕동의 포기에서 유래한다거나 혹은 (외부로부터 우리에게 강제되는) 욕동의 포기가 양심을 만들어 내고, 그 양심이 다시 추가적인 포기를 요구한다는 역설적인 주장을 방어하고 싶어질 것이다.

이 주장과 우리가 양심의 기원에 대해 얘기했던 것 사이의 모순은 그리 크지 않으며, 우리는 그것을 더 경감시킬 방법을 찾아낼 수 있다. 보다 쉽게 설명하기 위해 공격 욕동을 예로 들고, 문제가 되는 포기가 언제나 공격성의 포기(Aggressionsverzicht)라고 가정해 보자(물론 이것은 일시적인 가정일 뿐이다). 이럴 경우 욕동의 포기가 양심에 미치는 효과는 우리가 그 충족을 포기하는 모든 공격 욕동이 초자아에 의해 점유되고 초자아의 (자아에 대한) 공격 성향을 점증시키는 것으로 나타난다. 이 사실은 양심 고유의 공격성이 외부 권위의 엄격성을 보존하며, 그러므로 포기와는 아무런 관련이 없다는 견해와 부합하지 않는다. 그러나 만약 초자아의 최초 공격성이 또 다른 원천을 가지고 있다고 가정하면 이 불일치는 제거된다. 그 박탈이 무엇이든 간에 최초의 (그럼에도 불구하고 가장 중요한) 충족들을 앗아가는 권위에 반발하는 상당한 양의 공격성은 어린 시절에 발달했음이 분명하다. 그러나 어린아이는 이 보복적인 공격 욕동의 충족을 포기해야만 한다. 아이는 익숙한 과정의 도움으로 경제적으로 곤란한 상황에서 빠져나오는 길을 찾아낸다. 동일시(identification, Identifizierung)의 방법으로 그는 공격할 수 없는 권위를 자신의 내부로 받아들이고, 이제 그것은 초자아가 되어 그가 아동기에 그것을 향해 발산하고 싶어 했을 공격성을 모두 넘겨받는다. 어린아이의 자아는 그런 식으로 강등

된 권위자(아버지)의 불행한 역할에 만족해야만 한다. 흔히 그러하듯 '현실의' 상황은 뒤집어졌다. "만약 내가 아버지이고 당신이 자식이라면, 나는 당신을 심하게 다루었을 텐데." 초자아와 자아의 관계는 아직 분리되지 않은 자아가 외부 대상과 맺는 실제적 관계가 소망에 의해 왜곡되어 재현된 것이 된다. 이 역시 전형적이다. 그러나 본질적인 차이는 초자아의 본래적인 엄격성이 우리가 대상으로부터 경험했거나 그에게 부여했던 것이 아니거나, 엄격성이 그 정도까지는 아니라는 점에 있다. 오히려 그것은 우리 자신이 아버지에 대해 지닌 공격성을 나타낸다. 만약 이것이 옳다면 우리는 양심이란 애초에 공격 욕동의 억압을 통해 발생하며, 같은 종류의 억압에 의해 지속적으로 강화된다고 정당하게 주장할 수 있다.

이 두 견해 중에서 어떤 것이 옳을까? 발생학적으로 명백한 전자일까, 아니면 기꺼이 받아들일 만한 방식으로 이론을 잘 완성시키는 후자일까? 직접적인 관찰은 물론 증거도 양자가 모두 정당함을 보여 준다. 그것들은 서로 상충하지 않으며, 어린아이의 보복적인 공격성은 그가 자신의 아버지로부터 예견하는 징벌적인 공격성의 양에 따라 어느 정도 결정된다고 주장하는 대목에서는 심지어 일치하기까지 한다. 그러나 경험은 아이가 발달시키는 초자아의 엄격성이 그 자신이 겪는 처우의 엄격함과 결코 상응하지 않음을 보여 준다.[74] 전자의 엄격성은 후자와 독립적인 것으로 보인다. 심지어 매우 관대한 양육에도 불구하고 아이는 아주 엄격한 양심을 갖게 될 수 있다. 그러

---

74 멜라니 클라인(Melanie Klein)과 다른 영국 저자들이 이 점을 적절하게 강조했다.

나 이러한 독립성을 과장하는 것 역시 잘못된 일이다. 엄격한 양육이 또한 아이의 초자아 형성에 강력한 영향을 미칠 것이라는 사실을 설득하기가 그리 어렵지 않기 때문이다. 이는 초자아의 형성과 양심의 출현에 있어 타고난 기질적 요인이 실제 환경의 영향과 함께 작용한다는 의미이다. 이는 전혀 놀라운 일이 아닌데, 실로 이것은 그러한 모든 과정에 보편적으로 해당되는 원인론적 상황이다.[75]

만약 어린아이가 처음 경험한 욕동의 극심한 좌절에 대해 과도한 공격성과 그에 상응하는 초자아의 엄격성으로 반응한다면, 그는 계통 발생적 모델을 따르고 있는 것이며, 일반적으로 정당화될 수 있는 반응을 넘어선 것이다. 왜냐하면 선사시대의 아버지는 의심할 바 없이 끔찍했을 것이고, 극단적인 양의 공격성이 그에게서 유래했을 것이기 때문이다. 그러므로 우리가 만약 개체 발생에서 계통 발생적 발달로 주의를 옮긴다면 양심의 발생에 관한 두 견해 사이에 존재하는 차이는 훨씬 더 줄어들게 된다. 한편 이 두 발달 과정 간의 새롭고

---

75 프란츠 알렉산더(Franz Alexander)는 『전 인격의 정신분석학(*Psychoanalyse der Gesamtpersönlichkeit*)』(1927)에서 아이크혼(Aichhorn)의 비행 청소년에 관한 연구(* *Wayward Youth*, 1925)와 관련지어 병을 초래하는 두 가지 주요한 양육법인 과도한 엄격함과 응석을 받아주는 태도를 정확하게 평가하고 있다. '과도하게 관대하고 멋대로 하게 만드는 아버지'는 아이들이 지나치게 엄격한 초자아를 형성하는 원인이다. 왜냐하면 그들이 받은 사랑의 영향으로 그들은 자신들의 공격성을 표출할 돌파구를 찾지 못해서 그것을 내부로 향하게 만들기 때문이다. 사랑을 받지 못하고 자란 비행 아동의 경우에는 자아와 초자아 사이의 긴장이 결여되며, 그들의 모든 공격성은 외부를 향한다. 그러므로 존재하리라 추정되는 체질적인 요인 외에도 엄격한 양심은 두 가지 요인의 결합에서 발생한다고 말할 수 있다. 즉, 그 하나는 공격성을 방출하는 욕동의 좌절이며, 다른 하나는 공격성을 내부로 향하게 만들고 그것을 초자아에 양도하는 사랑받은 경험이 그것이다.

도 중요한 차이가 드러난다. 우리는 죄책감이 오이디푸스 콤플렉스에서 유래했으며, 형제들이 무리를 지어 아버지를 죽일 때 획득되었다는 가정에서 벗어날 수 없다.[76] 그 시점에 공격 행위는 억압되지 않고 실행되었다. 그런데 아동기에 억압되는 이 공격 행위가 죄의식의 원천이 된다. 만약 이 대목에서 격앙된 독자가 다음과 같이 주장하더라도 나는 놀라지 않을 것이다. "그렇다면 어느 경우에라도 우리가 죄책감을 가질 것이므로, 우리가 자신의 아버지를 살해하는가의 여부는 중요하지 않단 말인가! 여기에서 우리는 외람되지만 몇 가지 의구심을 제기한다. 죄책감이 억압된 공격성에서 유래한 것이 아니거나, 아니면 원부 살해의 전체 이야기는 허구이며 요즈음의 자식들이 그렇게 하지 않는 것처럼 원시 시대의 자식들도 자신들의 아버지를 살해하지는 않았다는 것이 사실이리라. 게다가 만약 그것이 허구가 아니라 개연성 있는 역사의 한 부분이라면, 이는 모든 사람에게 일어나리라 기대하는 사례이자, 정당화될 수 없는 일을 그가 저질렀으므로 죄책감을 느끼게 된 경우일 따름이다. 그리고 결국 날마다 발생하는 그런 사건들에 대해 정신분석학은 우리에게 어떤 설명도 제시하고 있지 않다."

이는 옳은 말이며, 우리는 빠진 부분을 해결해야만 한다. 그리고 거기에는 어떠한 커다란 비밀도 없다. 만약 우리가 악행을 저지른 후에 죄책감을 느낀다면, 우리가 이미 그것을 저질렀으므로 이 감정은 오히려 '후회'라고 불려야 할 것이다. 비록 행위를 하기 전에도 죄

76 ＊『토템과 터부』(1913).

책감을 느낄 '양심'이 있어야 한다는 사실을 전제로 하지만, 후회는 오로지 이미 일어난 행위에만 연관된다. 그러므로 이런 종류의 후회는 결코 우리가 양심이나 통상적인 죄책감의 기원을 발견하게 만들 수 없다. 이러한 일상적인 경우에 통상적으로 발생하는 상황은 다음과 같다. 즉, 욕동이 촉발한 욕구는 양심을 이길 만큼 충분한 힘을 얻고 충족을 성취한다. 결국 양심은 그 힘에 한계가 있기 때문이다. 그리고 일단 충족되면 그 욕구는 자연스럽게 약해지고 과거 시점의 힘의 균형이 회복된다. 그러므로 그것이 아무리 자주 일어나고 그 실제적인 중요성이 크다 할지라도 정신분석학이 후회에서 비롯되는 죄책감의 사례를 현재의 논의에서 배제하는 것은 타당하다.

그러나 만약 인간의 죄책감이 원초적인(primary) 부친 살해로 거슬러 올라간다면, 이것 역시 '후회'의 사례에 해당한다. 그렇다면 앞서 전제했던 것과는 달리, 우리는 양심과 죄책감이 행위가 이루어지기 전에는 없었다고 가정해야 할까? 만약 그렇지 않다면 후회는 어디에서 유래하는 것일까? 의심할 바 없이 이 경우가 죄책감의 비밀을 해소하고, 우리의 당혹스러움에 종지부를 찍어 줄 것이다. 나는 그럴 수 있다고 본다. 이 후회는 아버지를 향한 원초적인 감정적 양가성의 결과였다. 아들들은 그를 증오했지만 동시에 그를 사랑했다. 그들의 증오심이 공격 행위로 일단 충족되자, 그들의 사랑은 자신들이 그 행위에 대해 느끼는 후회의 형태로 나타났다. 이러한 사랑은 아버지와의 동일시를 통해 초자아를 형성했고, 마치 그에게 저질러진 공격 행위를 비난하는 것처럼 초자아에 아버지의 힘을 부여했으며, 공격 행위의 재발을 막기 위한 제약을 만들어 냈다. 그리고 이어지는 세대에서도 아버지를 향한 공격성이 반복되었으므로 죄책감 역시 보존되었고, 공격성이 억압될 때마다 죄책감은 강화되고 초자아로 전이되었다. 내 생각에 이제 우리는 마침내 두 가지 사실, 즉 양심을 출현시키는 데에 있어 사랑이 하는 역할과 죄책감의 숙명적인 불가피성을 명확히 파악하게 되었다. 자신의 아버지를 죽였는가 혹은 그 행위를 하지 않았는가의 여부는 결정적이지 않다. 왜냐하면 죄책감이란 양가적 감정의 투쟁과 에로스와 파괴적 욕동(또는 죽음 욕동) 사이의 끝없는 투쟁의 표현이므로, 어느 경우에나 우리는 죄책감을 느끼도록 되어 있기 때문이다. 이 투쟁은 사람들이 더불어 살아야 하는 과제를 맡게 되는 순간 더욱 격화된다. 가족이 유일한 공동체적 삶의 형태일 때에는 이 투쟁은 양심과 원초적인 죄책감을 만들어 내는 오이디푸스 콤플렉스 형태로 표현된다. 공동체를 확장하려는 시도가 이루어질 때, 같은 투쟁이 과거에 의존해 지속된다. 그리고 그것은 격화되며 죄책감의 강화로 이어진다. 문명은 인간들을 긴밀하게 엮인 공동체로 결합하게 만드는 내면적인 성애적 충동에 복종하기 때문에, 죄책감을 부단하게 강화함으로써만 공동체 형성이라는 목표를 달성할 수 있다. 이제 아버지와의 관계에서 시작된 것이 집단과의 관계에서 결실을 맺는다. 만약 문명이 가족에서 인류 공동체로 향하는 필연적인 발전 과정이라면, 아마도 개인이 견디기 힘들 정도로 죄책감이 증가한다는 사실은 양가성의 타고난 투쟁의 결과이자, 에로스와 죽음 충동 간의 영원한 투쟁의 결과로서 문명과 불가분하게 연결되어 있다. 우리는 한 위대한 시인이 '천상의 권능'을 신랄하게 고발한 것을 기억한다.

당신은 우리를 지구, 이 진저리나는 지구로 이끌었고
우리가 죄 짓는 것을 개의치 않고,
격렬한 후회가 우리를 뒤틀어대도록 방치한다.
순간의 죄는 곧 영원한 고통이다.[77]

그리고 우리와 같은 다수가 고통스러운 불확실성 속에서 부단하게 더듬거리며 나아갈 때, 소수의 사람들이 별다른 노력 없이도 그들의 격동하는 감정의 소용돌이에서 가장 심오한 진리를 발견할 수 있다는 생각은 우리로 하여금 안도의 한숨을 내쉬게 만든다.

---

77 괴테의 『빌헬름 마이스터(*Wilhelm Meister*)』에 나오는 하프 연주자의 노래. * 첫 두 줄은 프로이트의 짧은 책 『꿈에 대하여』(1901) 표준판, 5권, 637쪽과 639쪽에 꿈과 연관해 등장한다.

VIII

여행의 종착점에 도달했을 때 저자는 독자들에게 좀 더 훌륭한 안내자가 되지 못하고, 지루한 길과 지치게 만드는 우회로를 겪게 만든 점에 대해 용서를 빌어야 할 것이다. 더 잘할 수 있었으리라는 사실은 분명하다. 이제 나는 마지막에 이르러 몇 가지를 수정하고자 한다.

우선 죄책감에 대한 논의가 지나치게 많은 지면을 차지해, 그 주제와 항상 긴밀하게 연결되는 것은 아닌 나머지 주제들이 한편으로 밀려났고, 그로 인해 글의 구성이 왜곡되었다는 인상을 독자들이 가질까 염려스럽다. 이 사실이 연구의 얼개를 혼란스럽게 만들었을 수도 있지만, 죄책감이 문명의 발달에서 가장 중요한 문제이며, 강화된 죄책감에서 비롯되는 행복의 상실을 우리가 문명의 진보를 위한 대가로 치르고 있다는 점을 보여 주겠다는 연구의 목적과는 전적으로 부합한다.[78] 우리 연구의 최종 결론인 이 발언에 관해 아직 이상하

---

78 "그러므로 양심은 우리 모두를 겁쟁이로 만든다." 현대의 청소년 교육이 청소년의 삶에서 성이 담당하는 역할을 그들에게 숨기고 있다는 것이 우리가 제기해야 할 유일한 비판은 아니다. 교육의 또 다른 죄악은 그들이 그 대상이 될 수밖에 없는 공격성에 대해 젊은이들을 대비시키지 않는다는 점이다. 잘못된 심리적 훈육을 마친 후

게 들리는 대목은 아마도 죄책감과 우리 의식 간의 매우 독특한 관계로 거슬러 올라갈 수 있는데, 이 부분에 대한 설명이 전혀 없었던 것은 아니다. 우리가 정상적이라고 여기는 후회라는 일반적인 사례에서, 이 감정은 의식에 분명하게 인식된다. 실제로 우리는 자주 '죄책감(sense of guilt)' 대신에 '죄의식(consciousness of guilt)'이라고 언급한다.[79] 정상적인 것이 무엇인가를 이해하는 데에 가장 귀중한 지침들을 제공한 신경증 연구는 다수의 모순점들을 드러나게 만들었다. 이러한 질병 중 하나인 강박신경증에서 죄책감은 의식에 자신을 뚜렷하게 인식시킨다. 그리고 죄의식은 치료 상황과 환자의 삶을 지배하고, 다른 어떤 것도 그것과 함께 드러나는 것을 허락하지 않는다. 그러나 다른 대부분의 신경증들에서는 죄책감이 전적으로 무의식적이다. 그렇지만 그 이유 때문에 죄책감이 야기하는 결과가 덜 중요해지는 것은 결코 아니다. 환자들에게 '무의식적인 죄책감'을 가지고 있다고 말해 주면 그들은 믿지 않는다. 조금이라도 이해를 돕기 위해서 우리는 그들에게 죄책감이 표현되는 방식으로 처벌에 대한 무의식적인 욕

에 그들을 삶 속으로 내보내면서, 교육은 마치 극지방을 탐사할 사람에게 여름옷과 이탈리아 호수 지도를 쥐어 주는 일을 하고 있다. 이 점에서 그릇된 윤리적 요구가 이루어지고 있다는 사실은 분명하다. 만약 교육이 다음과 같이 말한다면 그러한 요구의 엄격함은 큰 해를 끼치지는 않을 것이다. "이것이 바로 행복해지고, 타인을 행복하게 만들기 위해 인간이 되어야 할 바이다. 그리고 너희는 왜 이렇게 되지 못하는가에 대해 심사숙고해야만 한다." 그 대신 젊은이들은 다른 모든 사람들이 이러한 윤리적 요구를 성취한다고, 즉 모든 사람들이 덕스럽다고 믿도록 만들어진다. 젊은이들이 덕스러워져야 한다는 요구는 바로 이 사실에 근거를 두고 있다.

79 * 'Schuldbewußtsein'이 'Schuldgefühl' 대신 사용되었다. 프로이트는 이 단어 중 후자를 주로 사용했다. 그 단어들은 문자적 의미를 제외하곤 동의어이며, 이번과 같은 예외적인 경우를 빼고는 두 단어 모두 영어로 'sense of guilt'라고 번역된다.

구를 언급한다. 그렇지만 죄책감과 신경증의 한 유형 사이에 존재하는 관련성이 과장되어서는 안 된다. 왜냐하면 강박신경증의 경우에서조차 아예 죄책감을 의식하지 못하거나, 그들에게 특정한 행동을 금했을 때에 죄책감을 단지 괴로운 불편함, 즉 일종의 불안으로 경험하는 유형의 환자들이 있기 때문이다. 언젠가는 이러한 것들도 이해할 수 있을 터이지만, 현재로선 그렇지 못하다. 현 시점에서는 죄책감이 이후에 **초자아에 대한 불안**과 완벽하게 부합하는, 본질적으로 불안의 다양한 주제 중 하나에 다름 아니라는 점을 지적하는 것이 유용할 것이다. 불안이 의식과 맺는 관계 역시 같은 종류의 놀라운 다양성을 보인다. 불안은 어떤 방식으로든 모든 증상의 어느 곳 혹은 이면에 존재한다. 물론 어떤 경우에 불안은 의식 전체를 요란스럽게 장악하기도 하고, 또 다른 때에는 완벽하게 숨어 있어서 우리가 무의식적인 불안이라고 불러야 하며, 또는 우리가 심리학적으로 보다 명확한 양심을 가지고 싶다면, 불안이 처음에는 단지 느낌에 불과하므로 불안의 가능성이라고 말해야만 한다. 그러므로 문명이 발생시킨 죄책감이 있는 그대로 인식되지 않고, 매우 높은 정도로 무의식적이거나 '불편함(uneasiness, Unbehagen)'[80] 또는 불만족으로 드러난다는 점은 이해할 만하다. 그러나 사람들은 이것에 대해 다른 동기를 찾으려 한다. 어떤 경우에도 종교는 죄책감이 문명에서 수행하는 역할을 간과

80 * 'Unbehagen'은 이 책의 제목에 등장한다. **{역주}** '불편함' 혹은 '불만'으로 번역될 수 있다. 프로이트의 견해에 따르면 문명화된 인간은 에로스와 죽음 욕동의 즉자적이며 전면적인 충족을 달성할 수 없다. 그러므로 문명화 과정은 필연적으로 개인에게 욕동의 좌절에서 오는 불편함 또는 불만을 초래할 수밖에 없으며, 이의 적절한 해소가 문명의 존립 여부를 결정짓는다는 것이다.

한 적이 없다. 나아가 내가 다른 곳[81]에서 이 점을 제대로 논의하지 못했지만, 종교는 그들이 죄라고 부르는 이 죄책감에서 인류를 구원해 주겠노라고 주장한다. 기독교의 구원 성취 방식, 즉 한 사람의 희생적 죽음을 통해 그 자신이 모든 사람들의 죄를 대속한다는 사례에서 우리는 문명의 첫 기원인 이 원초적 죄의식이 획득되는 원형을 발견하게 된다.[82]

'초자아', '양심', '죄책감', '처벌에 대한 욕구' 그리고 '후회'와 같은 다소 느슨하고 상호 교환이 가능하게 사용되었던 용어들의 의미를 설명하는 것은 아주 긴요하지는 않겠지만 전적으로 불필요하지도 않을 것이다. 그 개념들 모두는 하나의 동일한 관계에 적용되면서, 각기 다른 측면들을 보여 주고 있다. 초자아는 우리가 추론해 낸 작인(作因, agency)이다. 양심이란 우리가 다른 것들과 함께 초자아에 부여한 것으로, 자아의 행동과 의도를 감독하고 평가하며 일종의 검열을 행하는 기능이다. 그러므로 죄책감이나 초자아의 엄격성은 양심의 엄격함과 동일하다. 죄책감은 그러한 방식으로 감독받는다는 자아의 인식이자, 자아의 갈망과 초자아의 요구 사이에 존재하는 긴장에 대한 자아의 판단이다. 이 비판적 작인에 대한 불안(모든 관계의 이면에 존재하는 불안), 즉 처벌에 대한 욕구는 가학적인 초자아의 영향 아래에서 피학적이 된 자아의 욕동이 발현된 것이다. 다시 말해 초자아는 자아가 초자아와 에로틱한 유대를 형성하기 위해 내향적인 파괴성으로 할당한 욕동의 일부이다. 우리는 초자아가 명백하게 존재하기 전

81 『환상의 미래』(1927).

82 『토템과 터부』(1913).

에는 양심을 언급해서는 안 된다. 우리는 죄의식이 초자아에 선행하므로 양심보다 먼저 존재한다는 점을 인정해야 한다. 이 초기 단계에서 죄책감은 외부적인 권위에 대한 직접적인 두려움의 표현이자, 자아와 그 권위 사이에 존재하는 긴장에 대한 인식이다. 또 죄의식은 사랑받겠다는 자아의 욕구와 욕동 충족을 향한 충동—이것의 억압이 공격성을 유발하는—사이에 존재하는 갈등의 직접적인 파생물이다. 하나는 **외부적** 권위에 대한 두려움에서, 또 다른 하나는 **내면적** 권위에 대한 두려움에서 기인하는 죄책감의 두 층위가 중복되는 점은 우리가 양심이 개입되는 관계를 이해하는 데에 큰 곤란을 야기했다. 후회란 죄책감과 연루되는 상황에서 자아가 보여 주는 반응을 지칭하는 일반적인 개념으로, 죄책감의 이면에서 작동하는 불안의 감각적 재료를 거의 변화시키지 않은 상태로 포함하고 있다. 그것은 그 자체로 징벌이자 처벌의 욕구를 포함하므로 역시 양심보다 오래된 것일 수 있다.

연구 과정에서 우리를 잠시 혼란스럽게 했던 모순들을 검토하는 것은 해가 되는 일이 아니다. 죄책감은 한 시점에서는 실제로 공격 행위가 자제된 결과였지만, 다른 시점(보다 정확히는 그것이 역사적으로 시작된 시점인 태곳적 아버지를 살해한 때)에서는 실행된 공격 행위의 결과였다. 그러나 우리는 이 어려움에서 벗어나는 돌파구를 찾아냈다. 내면적 권위인 초자아의 확립이 바로 이 상황을 획기적으로 변화시킨 것이다. 그 이전에 죄책감은 후회와 동일했다(덧붙이자면 '후회'는 공격성 때문에 촉발된 행위가 이루어진 다음에 수반되는 반응을 묘사하기 위해 도입된 개념이었다). 그리고 그 이후에는 초자아의 전지성(全知性)으로 인해 의도된 공격성과 실행된 공격성 사이의 구분이 그 의미를 잃었다. 이제 죄책감은 (우리 모두가 아는 바대로) 실제로 수행된 난폭한 행위에서 기인할 뿐만 아니라, (정신분석학이 발견한 대로) 의도된 행위만으로도 발생할 수 있다. 심리학적 입장이 이렇게 변화했어도 근원적인 두 가지 욕동 사이에서 발생하는 양가성의 투쟁은 여전히 같은 효과를 만들어 낸다. 이 대목에서 우리는 죄책감이 의식과 맺는 관계가 변화하는 문제를 해결하고자 하는 유혹을 느낀다. 즉, 악한 **행위**(evil *deed*)를 후회하는 데에서 비롯되는 죄책감은 언제나 의식적이어야 하는 반면, 악한 **충동**(evil *impulse*)에서 촉발되는 죄책감은 무의식적일 수 있다. 그러나 해답은 그렇게 단순하지 않다. 강박신경증은 분명히 이 견해와 상충한다.

두 번째 모순점은 우리가 초자아에 부여한 공격적인 에너지와 관련된다. 혹자의 주장에 따르면 그 에너지는 외부적 권위자의 징벌적인 에너지를 그대로 유지한 채 의식 속에 보존된다는 것이다. 또 다른 주장에 따르면 그것은 반대로 자아가 사용하지 않은 공격적 에너지로 구성되며, 이제 금지하는 권위자에 맞서려 한다는 것이다. 전자의 견해는 죄책감의 **역사**와, 후자의 주장은 죄책감 **이론**과 더 잘 부합하는 것처럼 보인다. 심사숙고한 결과 명백하게 상충되어 보이는 모순점 역시 거의 해결되었다. 공통되는 본질적인 요소는 우리가 두 가지 사례에서 모두 내면화된 공격성을 다룬다는 점이다. 나아가 임상적인 관찰은 초자아에 속한다고 여겨지는 공격성의 두 가지 기원을 우리가 실제로 구분하게 만들어 준다. 주어진 대부분의 경우에는 그중 하나가 더 강한 힘을 발휘하지만, 그 두 힘이 함께 작용하는 것이 일반적이다.

내가 조금 전에 잠정적으로 수용하기를 권고했던 주장을 보다 진지하게 고려할 적절한 시점에 접어든 것 같다.[83] 최근의 분석학적 문헌들은 모든 종류의 좌절, 즉 모든 욕구의 만족이 꺾일 때 죄책감이 실제로 강화되거나, 혹은 강화될 수 있다는 견해를 옹호하는 것으로 나타난다.[84] 우리가 만약 이 견해를 수용해 **공격** 욕동에만 적용한다면 중요한 이론적 단순화도 이루어지고, 이 가정과 모순되는 것은 거의 없을 것이다. **성적인** 욕구가 충족되지 않았을 때 죄의식이 증가하는 현상을 역동적이고 경제적인 관점에서 어떻게 설명할 수 있다는 말인가? 결국 다음과 같은 우회적인 경로, 즉 성적인 만족의 금지가 여기에 관련된 누군가를 향한 공격성을 촉발하고, 이 공격성이 억압되어야 하는 상황을 가정할 때에만 비로소 이 현상이 가능해 보인다. 그리고 이때에 공격성은 억압되고 초자아로 전이되어 죄책감으로 변환된다. 만약 죄책감의 기원에 관한 정신분석학의 발견이 공격욕동에만 국한된다면, 확신컨대 우리는 많은 과정들을 보다 단순하고 분명하게 기술할 수 있을 것이다. 이 경우 임상적 자료의 검토도 명확한 답변을 제시해 주지 않는다. 이는 우리의 가설과도 부합하는데, 즉 대부분의 경우 두 종류의 욕동이 상호 분리되어 순수한 형태로 등장하지는 않기 때문이다. 그러나 극단적인 사례의 연구는 의심할 바 없이 내가 예견한 방향을 보여 줄 것이다.

---

83 * 앞서 언급한 이 권고를 밝히는 것이 이 시점까지 가능하지 않았다.

84 특히 어니스트 존스(Ernest Jones), 수잔 이삭스(Susan Issacs), 멜라니 클라인(Melanie Klein)이 이런 입장을 취하고 있다. 내가 이해하기로는 라이키(Reik)와 알렉산더(Alexander)도 그러하다.

나는 더 제한적인 이 견해를 억압의 과정에 적용함으로써 최초의 이점을 끌어내고자 하는 유혹을 받는다. 우리가 발견한 대로, 근본적으로 신경증의 증후는 성취되지 못한 성적 욕구의 대리 만족이다. 우리는 놀랍게도 분석 작업 중에 아마도 모든 신경증이 일정한 정도의 무의식적 죄책감을 숨기고 있으며, 신경증은 죄의식을 일종의 징벌로 사용함으로써 증상을 오히려 강화시킨다는 사실을 발견했다. 다음과 같이 정식화하는 것은 그럴듯하다. 즉, 욕동이 억압되면 그것의 리비도적 요소는 증상으로, 공격적 요소는 죄책감으로 전환된다. 비록 이 주장이 진실의 근사치라 할지라도 여전히 우리의 관심을 끌 만하다.

일부 독자들은 에로스와 죽음 욕동의 투쟁이라는 표현을 너무 자주 듣는다고 느낄지도 모르겠다. 이 표현은 인류 전체가 겪는 문명화 과정을 포함하여, 개인이 경험하는 발달 특성을 묘사하기 위해 사용되었으며, 나아가 유기체적 생명 전체가 갖는 비밀을 드러낸다. 우리는 이 세 과정이 어떻게 서로 연결되는가를 조사하지 않을 수 없다. 만약 우리가 인간 문명의 발달과 개인의 발달이 모두 생명 과정이며, 그러므로 가장 넓은 의미에서 생명의 특징을 공유하고 있다는 점을 고려한다면, 앞선 주장의 반복은 곧바로 정당화될 것이다. 다른 한편으로 이 특성이 지닌 보편성 그 자체는 만약 특수한 상황으로 논의가 좁혀지지 않는다면 그러한 일반적 특성 때문에 이 과정들을 서로 구분하는 데에 증거로서 아무런 도움이 되지 않는다는 사실을 뜻한다. 그러므로 우리는 문명화 과정이라는 것이 아난케(Ananke, 현실의 절박함)에 의해 부추김을 받는 에로스가 부여한 임무, 즉 공동체의 분리된 개인들을 리비도적 유대로 묶어야 하는 임무의 영향을 받는,

공동체가 겪어야 하는 생명 과정의 특수한 변형이라고 언급하는 데에 만족해야 한다. 그러나 만약 우리가 인류 문명이 개인의 발달 혹은 양육과 맺는 관계를 살펴본다면, 비록 그 두 과정이 종류가 다른 두 대상에 적용된 하나의 동일한 과정은 아닐지라도 매우 흡사하다는 결론을 크게 주저하지 않고 내릴 것이다. 인간의 문명은 당연히 개인의 발달보다 더 높은 추상의 단계에 속하기 때문에 구체적인 개념을 통해 이해하기가 더 어려우며, 유사성의 탐색이 지나치게 강박적으로 추구되어서는 안 된다. 그러나 두 과정의 목적—즉, 한 경우는 분리된 개인을 하나의 인간 공동체로, 다른 경우는 다수의 개인들로 구성된 하나의 통일된 집단의 창조라는—의 유사성이라는 관점에서 채택되는 방법과 도출되는 현상이 흡사한 것은 놀랍지 않다.

두 과정 사이의 한 가지 차이점은 그 특별한 중요성으로 인해 가급적 빨리 언급되어야 할 것이다. 행복의 달성을 목표로 삼는 쾌락 원칙의 강령은 개인의 발달에서 가장 으뜸이 된다. 공동체로의 통합이나 적응은 거의 불가피한 조건이며, 행복이라는 목표가 달성되기 위해서는 충족되어야만 한다. 만약 그러한 조건 없이도 행복의 달성이 가능하다면 더 바람직할 것이다. 환언하자면 개인의 발달은 두 가지 충동, 즉 우리가 통상적으로 '이기적(egoistic)'이라고 부르는 행복을 향한 충동과 '이타적(altruistic)'이라고 부르는 협력을 향한 충동이 상호 작용한 결과이다. 그러나 이 두 개념은 문제의 핵심을 포착하고 있지 못하다. 우리가 언급한 바대로 개인의 발달에서는 주로 행복을 향한 이기적인 충동이 강조되는 반면에, 우리가 '문화적'이라고 일컫는 과정은 제한을 부과하는 역할을 기꺼이 떠맡는다. 문명화 과정에서는 사정이 다르다. 여기에서는 개별적인 인간들로 하나의 통합된 전체를 형성하는 목표가 가장 중요하다. 행복이라는 목표가 여전히 존재하는 것은 사실이지만, 그것은 배경으로 밀려난다. 만약 개인적인 행복을 고려할 필요가 없다면 하나의 거대한 인간 공동체의 창조는 가장 성공적으로 이루어질 것이다. 그러므로 개인의 발달에는 문명화 과정에서 발견되지 않는 독특한 특징이 있는 듯하다. 문명화 과정은 그 목적이 개인을 공동체에 통합시키는 한에서만 개인의 발달 과정과 부합한다.

행성이 태양 주위를 돌면서 동시에 지축 위에서 자전하는 것처럼, 개인도 자신의 삶을 살면서 동시에 인류의 발달에 참여한다. 우리의 무딘 눈에는 천상에서 이루어지는 힘의 작용들이 불변하는 질서 속에서 고정된 것처럼 보이지만, 우리는 유기체적 생명의 장에서 그 힘들이 어떤 방식으로든 여전히 서로 다투며, 그 투쟁이 어떻게 변화무쌍한 결과를 만들어 내는지를 목격한다. 모든 개인들의 내면에서도 개인의 행복과 타인과의 결합을 향한 두 가지 충동은 같은 방식으로 서로 투쟁하며, 개인적인 과정과 문명적 발달 역시 갈등하면서 서로의 영역을 확보하려 다툴 수밖에 없다. 그러나 개인과 사회 사이의 이 충돌은 에로스와 죽음이라는 근원적인 두 욕동의 화해할 수 없는 적대관계에서 유래한 것이 아님에 분명하다. 그것은 리비도의 분배를 둘러싸고 자아와 대상 사이에서 벌어지는 충돌에 비교될 수 있는 리비도의 경제학이라는 영역의 싸움이다. 그리고 개인 내부에서도 결국에는 조정이 이루어지듯이, 문명이 개인의 삶을 오늘날 아무리 억압한다 하더라도 문명 속에서도 최종적인 화해가 이루어지리라 희망할 수 있다.

문명화 과정과 개인의 발달 경로가 지닌 유사성은 한 가지 중요한 점에서 확장될 수 있다. 우리는 공동체 역시 초자아를 발달시키고, 문명의 발달도 그 영향 아래에서 진행된다고 주장할 수 있다. 다른 여러 문명에 정통한 사람이라면 그 누구라도 이 유사성을 더 자세하게 추구하는 일을 매력적으로 여길 것이다. 나는 몇 가지 두드러진 점에만 주의를 집중하겠다. 문명 시기의 초자아는 개인의 그것과 다르지 않은 기원을 갖는다. 그것은 위대한 지도자들(영적 혹은 지적으로 큰 힘을 소유하거나, 인간의 갈망이 가장 강하고 순수하며, 그리하여 흔히 가장 한쪽으로 치우쳐 구현되는 사람들)의 인격이 남긴 인상에 기초를 둔다. 많은 경우에 그 유사성은 여기서 멈추지 않는데, 이들은 항상 그런 것은 아니지만 마치 태고의 아버지가 살해된 지 한참이 지나 신성을 획득한 것처럼, 자신의 생애 동안 흔히 다른 사람들에 의해 조롱당하거나 매도되며, 심지어 잔인하게 살해되기도 한다. 예수 그리스도는 만약 그가 태곳적 사건의 희미한 기억에 의해 환기되어 만들어진 신화의 일부가 아니라면, 이 중대한 관련성을 보여 주는 가장 흥미로운 사례이다. 문명적 초자아와 개인의 초자아 사이에 존재하는 또 다른 일치점은 문명의 초자아가 개인의 초자아처럼 엄격한 이상적 요구를 설정하며, 이에 대한 불복종이 '양심의 불안(Gewissensangst)'으로 처벌된다는 것이다. 우리는 여기에서 참으로 호기심을 유발하는 현상과 마주친다. 즉, 연관된 심리 과정이 개인이 아닌 집단 속에서 관찰될 때 그것들이 실제로 우리에게 더 익숙하게 느껴지고 의식에도 더 잘 포착된다는 점이다. 개인 속에서 긴장이 발생할 때 초자아의 공격성만이 질책이라는 형태로 명백하게 드러나는데, 반면에 그것의 실제적인 요구는 흔히 배경에 머물러 의식조차 되지 못한다. 그것들이 의식의 전면에 등장했을 때에야 비로소 우세한 문명적 초자아가 요구하는 계율과 일치한다는 사실이 드러난다. 이 지점에서 집단의 문명적 발달과 개인의 사적 발달이라는 두 과정은 언제나 맞물린다. 그런 연유로 초자아의 발현과 속성은 개인의 행동보다는 문화적 집단의 행동에 의해 보다 쉽게 인식된다.

문명적 초자아는 그 이상을 발전시킨 후, 그것을 요구 사항으로 설정한다. 그중에서도 인간들 사이의 상호 관계와 관련된 요구들은 집합적으로 윤리라고 알려져 있다. 마치 그것이 아주 중요한 공헌을 하기로 되어 있는 것인 양, 우리는 윤리에 항상 높은 가치를 부여해 왔다. 그리고 실제로 윤리는 모든 문명에서 가장 취약한 부분으로 여겨질 수 있는 주제를 다룬다. 이 점에서 윤리는 초자아의 명령이라는 수단을 통해 다른 어떤 문화적 행위로도 여태껏 달성이 불가능했던 어떤 것을 성취하려는 치료적 시도로 간주될 수 있다. 주지하다시피 문제는 문명에 가장 큰 걸림돌이 되는, 서로를 향한 인간의 타고난 공격 욕동을 어떻게 제거하는가이다. 바로 이런 이유로 우리는 문명적 초자아의 아마도 가장 최근 계율인 "네 이웃을 너 자신처럼 사랑하라."에 특별히 주목한다. 신경증의 연구와 치료는 개인적인 초자아를 다음의 두 가지 측면에서 비판하도록 만들었다. 초자아는 계율과 금지의 엄격함이라는 점에서 자아의 행복에 대해 거의 관심을 기울이지 않고, 또 자아로 하여금 초자아에게 불복하게 만드는 이드의 본능적인 힘과 실제 환경에서 발견되는 어려움들 역시 충분히 고려하지 않는다. 그러므로 우리는 치료를 위해서 종종 초자아에 반기를 들고 그것의 요구를 낮추려고 시도해야만 한다. 우리는 문명적 초자아의 윤리적 요구에 대해서도 아주 유사한 반대를 제기할 수 있다. 문명적 초자아 역시 인간의 심리적 기질을 충분히 고려하지 않으며, 그 성취 가능성을 묻지 않은 채 명령을 내린다. 문명적 초자아는 우리의 자아가 요청받는 어떤 것도 심리적으로 수행할 수 있고, 자아가 이드에 대해 절대적인 통제력을 갖는다고 가정한다. 이것은 실수다. 우리가 정상적이라고 부르는 사람들조차 특정한 한계를 넘어서 이드를 통제할 수 없다. 그 이상을 요구하는 것은 개인에게 반발 또는 신경증을 불러일으키거나, 그 사람을 불행하게 만든다. "네 이웃을 너 자신처럼 사랑하라."라는 계율은 인간의 공격 욕동에 대한 가장 강력한 방어물이자, 문명적 초자아가 취하는 반심리학적 조치의 훌륭한 사례이다. 이 계율을 지키는 것은 불가능할뿐더러, 사랑을 그처럼 거대하게 확장하는 것은 어려움을 해결하기는커녕 그 가치를 낮출 따름이다. 문명은 이러한 사실들을 모두 도외시하며, 다만 계율이 지키기 어려울수록 그 준수가 더욱 가치가 있다는 점만을 우리에게 상기시킨다. 그러나 오늘날 그 계율을 지키려 하는 사람들은 그것을 무시하는 사람들과의 '관계에서' 불리한 입장에 처하게 된다. 만약 공격 욕동에 대한 방어가 공격성 자체만큼이나 큰 불행을 야기한다면 공격 욕동이란 얼마나 강력한 문명의 장애물인가! 이러한 상황에서 우리가 '자연' 윤리(natural ethics)라고 부르는 것은 다만 우리가 남들보다 낫다는 자기애적 만족만을 줄 수 있을 뿐이다. 이 대목에서 종교에 기초를 두는 윤리가 내세의 더 나은 삶이라는 약속과 함께 전면에 등장한다. 만약 덕이 이곳 지상에서 보답받지 못한다면 윤리란 헛된 설교를 하는 것이라고 나는 믿고 싶다. 또한 나는 소유물과 맺는 인간의 관계가 실제로 변화하는 것이 어떠한 윤리적 계율보다 더 분명하게 도움이 되리라 생각한다. 그러나 인간 본성에 대한 새로운 이상주의적 오해로 인해 사회주의자들 사이에서는 이런 사실의 인식이 희미해졌고, 실제적인 목적에도 무용해졌다.

문명 발전이라는 현상에서 초자아가 담당하는 역할을 추적하려는 시도가 새로운 발견을 가져다주리라 나는 믿는다. 이제 서둘러 끝마쳐야 하겠지만 내가 회피할 수 없는 한 가지 문제가 여전히 남아 있다. 만약 문명의 발달이 개인의 발달과 대단히 흡사하고, 나아가 동일한 수단을 활용한다면 우리가 문명적 추동의 영향력으로 인해 일부 문명이나 문명의 특정 시기, 혹은 인류 전체가 '신경증'을 가지게 되었다고 진단하는 것이 정당화될 수 있을까?[85] 이러한 신경증에 대한 분석적 조사는 실질적인 가치가 큰 치료법을 제안하는 것으로 이어질 수 있다. 나는 정신분석학을 문명 공동체에 적용하려는 그러한 시도가 터무니없거나 무익한 일이 될 것이라고 말하지 않겠다. 그러나 우리가 결국 비유를 다루고 있으며, 인간의 경우가 그러하듯 개념 역시 그것을 만들어 내고 발전시킨 영역에서 분리되는 것이 위험하다는 사실을 기억하고 유의해야 한다. 나아가 공동체의 신경증에 대한 진단은 한 가지 특수한 어려움을 갖는다. 개인의 신경증의 경우 환자와 그의 '정상적인' 환경 간의 대조가 첫 번째 단서로 작용한다. 그러나 개인들로 이루어진 집단의 경우에는 모두가 같은 질환에 의해 영향을 받기 때문에 그러한 배경이 존재하지 않는다. 그러므로 그 배경은 다른 곳으로부터 차용되어야 한다. 그리고 우리가 얻은 지식을 치료적으로 활용하는 문제에서, 만약 대중이 이 치료를 받도록 할 권위를 어느 누구도 가지고 있지 않다면, 사회적 신경증을 가장 정확

85 『환상의 미래』(1927)의 구절들을 참고하라.

하게 분석한들 무슨 소용이 있겠는가? 그러나 이러한 모든 어려움에도 불구하고 미래의 어느 시점에, 그 누군가가 문화적 공동체에 대한 병리학적 연구를 용감하게 시도하리라고 예견할 수 있다.

여러 가지 이유로 나는 인간 문명에 대해 어떠한 가치 판단도 제시하고 싶지는 않다. 나는 우리의 문명을 우리가 소유하거나 획득할 수 있는 가장 귀중한 것이라 여기거나, 문명의 진로가 여태 꿈꾸지 못했던 완벽함을 우리에게 필연적으로 달성하게 만들 것이라는 열정적인 편견으로부터 나 자신을 방어하기 위해 줄곧 애써 왔다. 문명의 노력과 문명이 취하는 수단들을 살펴볼 때 그러한 모든 노력이 수고를 감내할 만한 가치가 없으며, 그 결과가 오로지 개인이 견디기 힘든 상황으로 귀결되리라 믿는 사람들의 비판을 나는 적어도 분개하지 않고 경청할 수 있다. 나는 그러한 문제에 대해 거의 아는 바가 없기 때문에 공정해지기 쉽다. 내가 확실하게 알고 있는 유일한 사실은 인간의 가치 판단이란 행복을 달성하겠다는 자신의 소망에 의해 분명하게 인도되며, 따라서 그 판단이라는 것이 논쟁을 통해 자신의 환상을 옹호하려는 시도라는 점이다. 만약 누군가가 인간 문명이 밟아갈 진로의 불가피성을 지적하고, 예컨대 자연 선택을 대가로 지불하면서, 성생활을 제한하고, 인도주의적 이상을 진작시키려는 경향이 피하거나 우회할 수 없는 발전의 추세이자, 그 추세가 마치 자연의 필연성인 양 우리가 거기에 순응하는 것이 최선이라 주장하는 것은 나로선 참으로 이해할 만하다. 또한 나는 이처럼 극복 불가능하다고 여겨지는 경향이 인류 역사에서 종종 다른 경향들에 의해 폐기되거나 대체되었다는 반대 의견 역시 알고 있다. 그러므로 나는 감히

스스로 동료들 앞에 예언자로 나설 수 없으며, 극렬한 혁명론자건 가장 처신이 바르고 경건한 신도이건 그들 모두가 근본적으로 열렬히 원하는 위안을 내가 제시할 수 없다는 비판을 겸허하게 받아들인다.

내가 보건대 인류에게 가장 숙명적인 질문은 공격과 자기 파괴를 향한 인간의 충동으로 야기된 혼란을 문명의 발달이 극복할 수 있는지 여부와 어느 정도나 성공할 수 있는가 하는 것이다. 아마도 이러한 맥락에서 현대는 특별히 주목을 받을 만하다. 인간은 자연의 힘을 통제하는 데 있어서 큰 진보를 이룬 탓에 이 힘의 도움으로 별다른 어려움 없이 인류의 최후 한 사람까지 전멸시킬 수 있게 되었다. 우리는 이 사실을 알고 있으며, 바로 그 때문에 우리는 현재 불안하고 불행하며 근심스럽다. 그리고 이제 두 '천상의 힘' 중 또 다른 하나인 영원한 에로스가 자신처럼 불멸하는 맞수와의 투쟁에서 자기를 당당하게 드러내기를 기대한다. 그러나 어느 편이 승리하고 그 결과가 무엇일지 누가 예견할 수 있겠는가?[86]

86 * 마지막 문장은 히틀러의 위협이 명백해지기 시작한 시점인 1931년에 덧붙여졌다.

문명과 종교

■해설

이 글은 『문명 속의 불만』과 프로이트의 종교심리학을 이해하는 데에 도움을 주기 위해 추가되었다.[1] 글은 크게 두 부분으로 구성되어 있다. 첫 부분은 프로이트의 종교심리학을 '승화(sublimation, Sublimierung)'와 '대양적 느낌(oceanic feeling, ozeanisches Gefühl)'[2]이라는 두 개념을 중심으로 설명했다. 그의 종교심리학을 개괄적으로 살펴보고, 심리적 환원론(psychological reductionism)이라는 통상적인 비판이 아니라 새로운 해석 가능성에 주목하는 것이 주된 목적이다. 나아가 '대양적 느낌'을 신비주의와 연관시켜 그 의미와 등장 배경을 살펴봄으로써 프로이트 종교심리학에 내재된 다차원성을 짚어 보고자 했

---

1 이 글은 필자의 두 논문을 기반으로 재구성되었다. 두 논문의 내용에 일부 중복이 있지만 이해하는 데 크게 걸림돌이 되지 않을 것이다. 참고한 논문은 다음과 같다. 「프로이트 종교심리학과 비교(comparison)의 정신: 승화(sublimation) 및 대양적(大洋的) 느낌(oceanic feeling) 개념을 중심으로」, 『종교학연구』 27(2008); 「프로이트 정신분석학과 탄트라의 종교 사상 비교: 욕망과 욕망의 승화 개념을 중심으로」, 『종교연구』 54(2009).

2 『문명 속의 불만』(열린책들, 2003)을 번역한 김석희는 'ozeanisches Gefühl'을 '망망대해 같은 느낌'으로, 『문화에서의 불안』(지식을 만드는 지식, 2008)의 번역자 강영계는 '망망대해와 같은 느낌'으로, 『문화의 불안』(박영사, 1974)을 번역한 김종호와 『프로이트와 종교를 말한다』(집문당, 2007)의 저자 이경재는 '대양적 감정'으로 옮기고 있다.

다. 아울러 문명의 형성과 관련해 정신분석학에서 가장 중요한 개념 중 하나로 손꼽히는 승화의 의미와 중요성을 살펴보았다. 해설의 첫 부분에서는 프로이트의 종교심리학을 심리적 환원론으로 단정하기 전에 그의 문제의식을 보다 충실하게 파악할 필요가 있다는 점을 강조하고 싶었다. 또 프로이트 종교심리학을 입체적으로 이해하기 위해 당대의 중요한 인물인 윌리엄 제임스(William James)와 칼 융(Carl G. Jung)의 사상과도 간략하게 비교했다.

글의 전반부가 프로이트 심리학의 얼개 및 승화와 대양적 느낌이라는 개념에 주로 초점을 맞추었다면, 두 번째 부분은 프로이트 종교심리학의 발전적인 해석 가능성을 규명하려는 응용적 측면이 강하다. 특히 프로이트 정신분석학과 힌두 탄트라(tantra)를 욕망과 욕망의 승화 개념을 중심으로 비교해 보았다. 정신분석학이 종교적 세계관과 거리가 있는 것은 분명하지만, 프로이트가 인간 욕망의 핵심적인 역할과 함께 성적 욕망의 승화를 강조한다는 점에서, 시공간의 거리에도 불구하고 인도에서 발전한 종교 사상인 탄트라와 흥미로운 유사성을 드러낸다. 두 번째 부분은 첫 부분에서 다룬 승화 개념의 의미와 한계를 포함해, 대양적 느낌과 신비주의의 상호 연관성을 보다 명확하게 이해하도록 도와주리라 믿는다.

추가된 해설이 그리 길지 않은 탓에 프로이트 종교심리학의 전모를 설명하기는 어려울 것이다. 그러나 이 글을 통해 『문명 속의 불만』에서 프로이트가 처음으로 언급한 대양적 느낌을 비롯해 욕동의 승화, 신비주의와 같은 개념들이 프로이트 종교심리학에 환원론적 차원만이 아니라 새로운 해석의 가능성이 내포되어 있음을 보여 주기를 기대한다.

프로이트의 종교심리학과 승화 및 대양적 느낌

프로이트와 종교심리학

종교 현상에 대한 심리학적인 접근, 다시 말해 심리적 지식을 활용해 종교와 인간의 종교성을 이해하려는 일련의 방법론과 지식 체계를 종교심리학이라 칭할 경우, 그 시작은 근대적 심리학의 성립과 궤를 같이한다. 그렇다면 종교심리학의 역사를 이해하기 위해 심리학을 근대 학문의 한 분과로 만드는 데에 크게 기여한 인물들, 예컨대 프로이트나 칼 융, 그리고 윌리엄 제임스 같은 사상가들을 주목하는 것은 자연스럽다.

그중에서도 프로이트는 정신분석학을 확립하여 심리학을 근대적 학문으로 출발시킨 인물이다. 그는 평생 종교에 지대한 관심을 가졌고, 『강박 행동과 종교 행위』(1907), 『토템과 터부』(1913), 『환상의 미래』(1927), 『문명 속의 불만』(1930), 『인간 모세와 유일신교』(1939)와 같은 저작을 통해 종교 현상을 정신분석학적으로 해석하고자 했다. 그는 이런 작업을 거쳐 종교를 인류의 '집단적 강박증'[3]이자 문명 유지에 불가결한 '환상'으로 규정했으며,[4] 그의 견해는 이후의 종교 이해에 지대한 영향을 끼쳤다. 그런 점에서 화이트헤드(Alfred N. Whitehead)가 서양 철학사를 플라톤에 대한 일련의 각주 작업이라 말한 것처럼, 종교심리학의 역사 역시 프로이트를 언급하지 않고서는

---

3 『강박 행동과 종교 행위』, 20쪽; 『환상의 미래』, 214쪽. 해설 부분에서의 프로이트 저작 인용은 『문명 속의 불만』을 제외하고는 프로이트 전집 신판(열린책들, 2003)을 따른다.

4 『환상의 미래』, 178쪽.

적절하게 다루어질 수 없다고 해도 과언이 아니다.

이 글에서는 프로이트 종교심리학의 전반적인 얼개를 포함해 '승화' 개념과 『문명 속의 불만』에 처음 등장한 '대양적 느낌'의 의미와 중요성에 주목하고자 한다. 프로이트 종교심리학의 타당성 여부가 아니라 그의 이론이 어떻게 구성되어 있는지와 중요 개념들의 의미를 살피는 것은 비판 이전에 그의 사상을 충실하게 파악하며, 다른 한편으로 정신분석학의 전체 얼개와 주요 이론이 계속 변화했다는 프로이트의 주장을 십분 반영하려는 시도이다.

프로이트의 정신분석학적 종교 해석

프로이트의 관심은 개인 심리구조의 이해와 정신질환의 치유에서 출발해 점차 거시적인 문명의 문제로 전환된다. 또 『강박 행동과 종교 행위』에서부터 『인간 모세와 유일신교』에 이르는 저작들은 종교가 실제로 그의 가장 큰 관심사였음을 보여 준다. 그렇다면 왜 그는 개인 심리의 연구와 정신질환의 치유라는 초기 관심에 머무르지 않고, 거대 담론의 영역인 종교와 문명의 비판에 나섰을까? 그것도 그가 누차 주장하듯이 세간의 숱한 비난과 오해를 감당하면서까지.

그 이유를 알기 위해서는 개인 심리와 정신질환에 대한 그의 견해를 먼저 살펴볼 필요가 있다. 프로이트는 리비도(libido)라는 개인의 심리적·육체적 에너지가 정상적으로 발달하지 못할 때 정신질환이 생긴다고 주장한다.[5] 그의 이론에 따르면 리비도의 발달은 구순기

5 리비도의 정상적인 발달 과정에 관해서는 프로이트의 『성욕에 관한 세 편의 에세이』,

(oral), 항문기(anal), 잠복기(latency)를 거쳐 성기(genital)라는 발달 경로를 밟는데, 이 과정이 왜곡될 경우 문제가 발생한다는 것이다. 가장 흔한 사례가 오이디푸스 콤플렉스의 비정상적인 해소이다. 즉, 이성의 부모에게 향한 자녀의 리비도가 과도하게 억압되고 사회적으로 용인된 형태로 해소되지 못하면, 억압은 다양한 유형의 강박신경증을 유발한다. 또 강박증은 본인이 그 정확한 의미를 의식하지 못하는 형태의 개인적인 의례, 예컨대 하루에도 수십 번씩 손을 씻는 행위와 같은 무의식적인 강박 행동으로 발현되기 십상이다.[6] 강박증을 포함한 여러 정신질환은 환자의 적절한 사회적 기능 수행을 저해하기 때문에 개인의 삶을 불행하게 만든다.

프로이트는 임상경험을 통해 알게 된 개인의 정신질환 기제를 집단적 종교 현상의 분석을 위해 확대 적용하며, 그 방법론적 확장을 『집단 심리학과 자아 분석』(1921)에서 자세하게 설명한다. 물론 그 이전에도 프로이트는 당시의 인류학적 연구 결과를 차용해, 토테미즘의 특징적 모습이 개인 심리의 발달 과정에서 나타나는 오이디푸스 콤플렉스와 밀접하게 관련되어 있다고 주장한 바 있다. 그러나 『집단 심리학과 자아 분석』은 개체 발생이 계통 발생을 되풀이한다는 헤켈(Ernst Haeckel)적 사고에 기반을 둔 그의 방법론을 가장 전형적으로 보여 준다. 프로이트는 개인의 심리 발달이 종(種)으로서 인류가 밟아 온 심리적 발달을 되풀이한다고 믿었다. 대우주와 소우주 사이의

96-118쪽(2. 유아기의 성욕, 3. 사춘기의 변화들)과 『정신분석 강의』, 432-457쪽(스물한 번째 강의: 리비도의 발달과 성적 조직들)을 참조하라.

6 강박 행동과 종교와의 관련성은 『강박 행동과 종교 행위』, 9-21쪽을 참조하라.

긴밀한 연관을 주장했던 여러 사상 체계처럼, 프로이트에게 개인 심리와 집단 심리의 유사성은 자명했다.[7]

그리하여 프로이트에게 개인의 오이디푸스 콤플렉스, 즉 전능한 부친에 대한 미움과 사랑, 두려움과 흠모라는 양가적인(ambivalent) 감정은 원시부족들의 토템에 대한 이중적인 태도와 자연스럽게 연결된다. 원시부족들은 특별한 날에 집단의 구성원들이 모여서 그들이 가장 신성하다고 여기는 토템을 죽여 나누어 먹는, 좀처럼 이해하기 힘든 의례를 가지고 있다. 토템에 대한 여러 가지 엄격한 금기(禁忌)에도 불구하고, 그들은 왜 특정한 날에 신성한 토템을 죽여 그 살을 나누어 먹는 걸까? 이 당혹스러운 질문에 대한 답변으로 프로이트는 무소불위의 권력을 휘두른 아버지를 살해한 자식들의 이야기, 이른바 오이디푸스 콤플렉스에 기초한 '시원적(始原的) 부친 살해'의 내러티브를 제안한다.[8] 동시에 토템이 부족 구성원의 족내혼, 즉 근친상간을 막는 강력한 금기를 의미하는 것 역시 오이디푸스 콤플렉스에서 발견되는 모친과 누이에 대한 억압된 근친상간적 욕구의 상징적 발현이라고 프로이트는 생각했다.[9]

---

7 희랍철학의 영향을 받은 서양의 비교적(秘教的, esoteric) 종교 전통, 그리고 인도의 탄트라 전통에서도 이와 같은 원리를 발견할 수 있다. 아울러 신의 이미지대로 만들어진 인간이라는 기독교의 명제 역시 상응성의 원리로 해석 가능하다. 개인 발생과 더 큰 집단 차원의 상응성은 『문명 속의 불만』에서 반복적으로 등장하고 있다. 특히 개인의 발달과 문명화 과정 사이의 유사성을 발견하려는 프로이트의 시도는 전형적인 사례이다.

8 『토템과 터부』, 213-221쪽.

9 『토템과 터부』, 34-53쪽.

그러나 그의 주장은 논리적 비약이라는 비판을 받았다. 우선 개인의 오이디푸스 콤플렉스가 토테미즘이라는 집단적 현상으로 발전했는지 여부는 그가 가장 중요한 방법론으로 삼는 개인 심리와 집단 심리 사이의 추정된 유사성만으로는 확증되기 힘들다. 또 부친 살해라는 태곳적 내러티브의 타당성 역시 역사적인 검증이 불가능하다. 그럼에도 불구하고 프로이트가 지적한 바대로 양가적 감정이 오이디푸스 콤플렉스와 토테미즘에 매우 흡사한 형태로 나타난다는 사실에 대해서는 분명한 해석이 필요하다. 프로이트는 바로 이 모순적이며 길항적인 감정의 쌍이 출현한다는 사실에 주목했으며, 이 기묘한 유사성을 개체 발생이 계통 발생을 거듭한다는 헤켈적 명제와 결합해 제도 종교의 기원에 관한 대담한 추론을 전개했던 것이다.

특히 프로이트는 인간에게 죽임을 당한 육화(肉化)된 신적 존재인 예수의 피와 살을 먹는 기독교의 성찬식(Eucharist)과, 성스러운 토템을 죽여 그 피와 살을 나누어 먹는 토테미즘 사이의 기묘한 유사성이 정신분석학을 통해서만 적절하게 해석될 수 있다고 주장했다.[10] 기독교인이 아버지인 신에 대해 품는 사랑과 두려움이라는, 즉 한편으로는 신에 대한 절대적인 복종을, 그러나 다른 한편으로는 독립과 반항을 갈구하는 양가적 감정 역시 오이디푸스 콤플렉스의 그것과 놀랍게 닮아 있다는 것이다. 그러므로 서양의 가부장적인 유일신 전통은 오이디푸스 콤플렉스의 발현인 집단 신경증이자 환상이며, 그러기에 치유되거나 발전적으로 해소되어야 한다는 사실은 그에게 논

10 『인간 모세와 유일신교』, 361쪽.

리적 귀결이 된다.[11]

프로이트는 기본적으로 구성원의 상호 이익을 위해 문명이 만들어졌다는 입장을 지지한다. 공익을 위해 개인이 자신의 무제한적인 욕망 충족을 통제하면, 사회는 보다 큰 행복을 구성원들에게 준다는 논지이다. 프로이트에 따르면 개인의 리비도는 문명의 형성 및 유지를 위해 제한되어야 한다. 달리 표현하자면 리비도의 무제한적이며 즉자적인 충족을 의미하는 '쾌락 원칙(pleasure principle)'은, 그 충족이 사회적으로 용인되는 방식을 따른다는 '현실 원칙(reality principle)'과 타협을 이루어야만 한다. 이 점에서 리비도의 즉자적이고 무제한적인 충족을 지향하는 '본능적 욕구'와 그것을 통제하겠다는 '문명적 요구' 사이에는 근본적인 갈등이 존재한다. 자아는 리비도와 내면화된 초자아(super-ego) 사이의 갈등을 해소해야 하며, 사회적 윤리 규범은 리비도라는 개인의 본능적 욕구를 통제하기 위해 문명적 요구가 초자아의 형태로 내면화된 것에 다름 아니다.

그리고 내면화된 규범 중에서 가장 강력한 것이 바로 종교적 규범이다. 프로이트는 현대 문명이 종교적 규범을 무차별적으로 적용해 개인의 욕동(慾動, drive)을 과도하게 억압하는 것이 심각한 문제라고 진단한다. 예를 들어 기독교는 신도들로 하여금 죄책감을 갖게 만듦으로써 성욕을 지나치게 억압하는 바람에 개인들의 리비도가 자연스럽게 해소되는 것을 막는다는 것이다. 억압된 욕망은 종교 의례를

11 문명의 유지를 위해 종교가 치유 또는 대체되어야 한다는 프로이트의 사상은 그의 중·후반기 저서에서 일관되게 주장된다. 특히 『환상의 미래』와 『문명 속의 불만』은 그 대표적인 저작이다.

통해 일시적으로 해소될 수 있지만, 종국에는 "억압된 것의 회귀(the return of the repressed)"라는 현상으로 귀결된다.[12] 억압된 것이 회귀할 때에는 억압의 정도에 비례해 파괴적이 되므로 혼란과 고통이 필연적으로 수반된다. 결국 종교라는 이름으로 사회 구성원에게 요구되는 욕망의 통제가 문명 유지의 수준을 넘어서 문명 자체를 위협할 정도로 과도해졌으며, 이로 인해 야기된 '문명 속의 불만'이 현대 문명을 더 큰 위험에 빠뜨리기 전에 해결책이 모색되어야 한다는 것이 프로이트의 주장이다.[13]

이런 이유 때문에 프로이트는 종교를 인간 문명 유지에 기능적으로 필요한 환상이라고 정의한다. 그러나 심각한 역기능 때문에 그 환상이 현실 원칙에 기반을 둔 과학에 의해 대체되어야만 한다고 역설한다. 환상인 종교와 달리 인간 심리와 욕동에 대한 과학적 이해를 바탕으로 개인치료, 문화의 해석이론, 나아가 문명 비판의 틀로 기능하는 정신분석학이야말로 억압으로 야기된 문명 속의 불만을 바람직한 방법으로 해소하는 현실적인 대안이라는 것이다. 즉, 프로이트에 따르면 정신분석학은 종교적 사제(司祭)를 대체할 수 있는 "세속적인 인간 영혼의 치유자"를 키우는 학문이다.[14] 그런 점에서 모세(Moses)

---

12 『인간 모세와 유일신교』, 421-428쪽.

13 『환상의 미래』, 204쪽; 『문명 속의 불만』, 155-159쪽(본서 참조). 융 역시 자연스러운 욕망에 대한 과도한 억압은 억압된 에너지의 폭력적이며 파괴적인 표출로 이어진다고 주장했다. 당시 가장 합리화된 유럽사회에서 시작된 두 번의 세계대전은 서양 문명이 억압한 무의식의 힘이 집단적이며, 파괴적으로 표현된 것이라는 입장이다. 칼 융, 『인간과 상징』(이윤기 옮김, 열린책들, 1996), 93-103쪽.

14 Sigmund Freud, *Psychoanalysis and Faith: Dialogues with the Reverend Oskar Pfister*, edited by E. Freud and H. Meng (New York: Basic Books, 1963), p. 126.

에 대한 프로이트의 개인적인 열광은 모세의 십계명(종교)을 과학적인 십계명(정신분석학)으로 대체하려는 노력으로도 해석될 수 있다. 달리 말해 프로이트가 정신분석학을 전파하려는 헌신은 역설적으로 그가 대체하려 했던 종교에서 쉽사리 발견되는 종교적 열의에 가깝다.[15]

프로이트에게 종교는 시종일관 부정적인 대상이었다. 신의 전지전능함이란 인간이 자신의 아버지에게 투사했던 오이디푸스적 감정의 잔재에 불과하다. 프로이트의 이런 견해는 인간이 종(種) 전체로서 소유하고 있는 여러 자질을 외부에 투사(投射)함으로써 신 개념을 만들었다고 역설한 포이어바흐(Ludwig Feuerbach)의 사상과 맞닿아 있다.[16] 포이어바흐에게는 신학이 인류학이었듯이, 프로이트에게 신학이란 곧 심리학이다.

비슷한 맥락에서 포이어바흐의 투사 개념을 수용한, 또 다른 '의심의 대가'인 마르크스(Karl Marx)에게 신학이란 실상 경제적인 하부구조가 만들어 낸 상부 구조이다. 그들 모두에게는 신에 대한 이야기(theos + logos)가 어떤 방식이로든 인간에 대한 이야기(anthropos + logos)일 따름이다. 요컨대 프로이트에게 종교란 인간의 심리가 투사된 환상에 불과하다. 즉, 신은 심리에 관한 이야기(psyche + logos)로 치환되어야 한다. 이 점에서 프로이트의 종교심리학은 심리적 환원론

15 프로이트의 종교적 열의는 여러 증언을 통해 밝혀진다. 자서전 『기억 꿈 사상』(조성기 옮김, 김영사, 2007)의 제6장 「지그문트 프로이트」(174-175쪽)에서 융은 프로이트의 성(性) 이론이 프로이트와 그의 추종자들 사이에서 종교적 도그마와 같은 위치를 점하게 되었음을 강조한다.

16 Ludwig Feuerbach, *The Essence of Christianity*, translated by George Eliot (New York: Prometheus Books, 1989), pp. 29-30.

의 특징을 갖는다.

그러나 정신분석학이 비판과 검증을 통해 수정이 가능하다는 프로이트의 주장[17]과 실제로 리비도 이론을 포함한 주요 이론을 지속적으로 그가 보완했다는 점을 고려한다면, '그의 종교심리학 역시 변화를 겪지 않았을까?'라는 의문을 제기할 수 있다. 즉, 그의 정신분석학적 종교 해석은 익히 알려진 것처럼 심리적 환원론의 측면만 갖는 것일까? 이 대목에서 우리는 『문명 속의 불만』에 등장하는 '승화'와 '대양적 느낌'에 주목할 필요가 있다. 일견 이 개념들은 그 불명확성으로 인해 당혹감을 줄 수 있지만, 그 불명료함이 오히려 프로이트 종교심리학의 새로운 해석 가능성으로 이어질 수 있기 때문이다.

욕동의 승화

비성적(非性的) 대상을 통해서도 리비도가 충족될 수 있음을 의미하는 승화 개념은 정신분석학에서 문명의 형성과 유지 과정을 설명하는 데에 긴요하다. 즉, 리비도는 예술·문학·과학 분야의 활동을 통해서도 충족될 수 있으며, 이러한 목적 선택과 충족의 유연성 때문에 문명 형성의 힘이 되기 때문이다. 그러나 프로이트 자신이 여러 차례 인정하듯이, 어떤 경우에 그리고 무슨 이유로 리비도가 성적 대상이 아닌 대상에서도 충족될 수 있는지는 끝내 당혹스러운 수수께끼로 남았다. 그는 다음과 같이 당혹감을 토로한다.

---

17 『환상의 미래』, 228-230쪽.

그 경로는 성본능의 힘들을 성 이외의 목적들로, 말하자면 성욕을 승화시키기 위해 끌어들이는 통로로 이용되는 것이 분명하다. 그러나 우리는, 비록 이러한 통로들이 존재하고 양쪽 방향에서 연결될 수 있다 하더라도, 아직 거기에 대해서 확실하게 알고 있는 것이 거의 없다는 고백으로 이 장을 마쳐야 할 것이다.[18]

그 답을 찾기 위해서는 무엇보다 리비도 개념을 자세하게 고찰해야 한다. 왜냐하면 승화란 근원적 욕동인 리비도의 작용이기 때문이다. 프로이트는 인간의 심리적·육체적 에너지를 지칭하기 위해 '갈망'이라는 뜻을 지닌 라틴어 '리비도(libido)'를 차용한다. 리비도는 당대의 많은 사람들에게 인간의 성욕과 동일한 것으로 간주되었고, 정신분석학은 성을 통해 모든 심리적·사회적 현상을 설명하는 범성욕론(汎性慾論)으로 비판받았다. 이러한 비판에 대해 프로이트는 리비도가 성욕으로 치환될 수 없으며, 오히려 그것은 플라톤의 에로스 개념에 가깝다고 주장했다.

사람들은 급기야 정신분석의 '범(汎)성욕론'이라는 말까지 만들어 내어 비난했으며, '모든 것'을 성으로 설명하려 한다는 무분별한 비난까지 서슴지 않았다 …… 그런데 더 우월한 위치에서 그것으로 인해 정신분석을 경멸하는 사람이 있다면, 그런 사람들은 정신분석의 확대된 성욕이 신성

18 『성욕에 관한 세 편의 에세이』, 106쪽. 승화 개념에 대한 보다 자세한 논의는 다음을 참조하라. Volney P. Gay, *Freud on Sublimation: Reconsideration* (New York: SUNY Press, 1992).

한 플라톤의 에로스에 얼마나 가까운가를 기억해야 할 것이다.[19]

> 나흐만존(M. Nachmansohn)과 피스터(O. Pfister)가 자세히 밝혔듯이, 철학자 플라톤이 말한 '에로스(Eros)'는 그 기원과 기능 및 성애와의 관계에서 정신분석학이 말하는 사랑의 힘, 즉 리비도와 정확히 일치한다.[20]

리비도와 리비도의 승화를 이해하려는 시도는 이처럼 우리를 플라톤에게로 안내한다. 플라톤의 에로스 개념은 프로이트에게 끝내 수수께끼로 남았던 승화 개념과 리비도의 정확한 이해를 위한 열쇠로 등장한다.[21] 왜 프로이트는 자신의 리비도 개념을 설명하기 위해 플라톤을 언급했을까? 그리고 플라톤의 에로스 개념은 무엇이었을까?

플라톤은 중기 대화편인 『향연(*Symposium*)』과 『파에드루스(*Phaedrus*)』에서 소크라테스의 입을 빌려 에로스의 의미와 역할을 열정적으로 설파한다. 소크라테스는 에로스가 풍요의 신(Poros)과 가난의 여신(Penia) 사이에서 태어났다는 신화를 들려준다.[22] 에로스는 부모의 기묘한 결합 때문에 완전한 풍요와 완전한 빈곤 그 어디에도 속하지 않는다. 그런 탓에 중간자(中間者)라는 인간 존재의 특성을 신화

---

19 『성욕에 관한 세 편의 에세이』, 16-17쪽.

20 『집단 심리학과 자아 분석』, 99쪽.

21 플라톤의 에로스와 프로이트의 리비도 개념에 대한 보다 자세한 비교는 다음을 참조하라. Gerasimos Santas, *Plato & Freud: Two Theories of Love* (New York: Basil Blackwell, 1988).

22 『향연』(203a-204a).

적으로 상징한다. 인간은 신도 짐승도 아니다. 즉, 인간은 신의 불멸성과 전지전능함을 완벽하게 가지고 있지 못하지만, 동물과는 달리 그러한 고귀한(sublime) 속성을 전적으로 결여하고 있지도 않다. 그러므로 인간은 자신 속에 있는 신성(神性)의 불충분함을 인식하고, 그것의 더 많은 소유를 갈구하는 태생적인 성향을 지닌다는 것이다. 다시 말해 에로스는 중간자인 인간 존재를 끝없이 움직이게 만드는 힘이다.

『향연』에서 플라톤은 만티네아(Mantinea)의 무녀(巫女)인 디오티마(Diotima)의 입을 빌려, 에로스란 성적인 행위를 포함해 인간의 모든 행위를 추동하는 힘(driving force)이라고 강조한다.[23] 디오티마에 따르면 에로스는 욕망 충족의 사다리를 밟아 발현되는데, 그 가장 아래에는 육체적 아름다움에 자극받아 성적 결합을 추구하는 단계가 자리한다. 대부분의 인간은 이 상태에 머무르지만 소수는 육체적 차원 너머에 존재하는 아름다움에 눈을 떠 예술적 창조와 학문적 탐구 등을 추구한다. 즉, 성적 결합을 원하는 충동이 소수에게는 추상적인 아름다움과 진리라는 숭고한 목적을 향한다는 것이다. 나아가 에로스는 여기에 멈추지 않고 '아름다움 그 자체'에 대한 관상(觀想, theoria)에서 최종적인 꽃을 피우려 한다.[24]

---

23 『향연』(210a-211e).

24 『향연』(210d-211e). 아름다움 그 자체와 하나가 되는 사건은 이후에 신비적 합일 체험을 의미하는 것으로 받아들여졌다. 플라톤의 후계자로 자처한 신플라톤주의의 창시자인 플로티누스(Plotinus)는 플라톤 철학을 신비주의적으로 해석한 대표적 인물이다. 동시에 플라톤 철학은 기독교 신비주의를 성립시킨 가장 중요한 원천 중 하나가 되었다. 기독교 신비주의에 대한 플라톤의 영향력은 다음을 참고하라. Bernard McGinn, *The Foundation of Mysticism: Origins to the Fifth Century* (New York: Crossroad, 1991).

한편 에로스의 상승은 불멸성의 추구로도 해석된다.[25] 성적 결합은 후손을 통해 존속하려는 육체적 차원의 불멸성 추구이다. 또 영웅적 위업을 통해 유명해지기를 원한다면, 그것은 사후에도 자신의 이름을 남기려는 불멸성에 대한 다른 형태의 욕구이다. 학문과 예술 역시 보편적인 진리와 아름다움이 갖는 불멸성을 획득하려는 시도에 다름 아니다. 궁극적으로 에로스는 영원한 초월적 아름다움과 결합함으로써 영혼의 불멸성을 인식하길 원한다. 그 점에서 플라톤에게 에로스는 성적 대상을 넘어서 예술과 학문, 나아가 초월적 아름다움을 추구하는 인간 영혼의 근원적인 힘을 상징한다. 에로스가 대상과의 결합을 추구하는 힘이라는 플라톤의 견해는 프로이트에게 전면적으로 수용된다.

> 나는 이제 문명이란, 개인들과 가족들 그리고 부족과 민족들 그리고 국가들을 하나의 거대한 통합체, 즉 인류 공동체로 결합하는 것을 목적으로 하는 에로스에 봉사하는 과정이라는 견해를 덧붙이고자 한다. 왜 이러한 일이 일어나야만 하는지 우리로선 알 수 없지만, 그것이 바로 에로스의 일이다.(127쪽) [26]

물리학적 의미에서 승화란 고체가 곧바로 기체로 변화하는 것을 의미한다. 나프탈렌의 기화(氣化)가 대표적인 사례이다. 즉, 물리적 차원의 승화는 통상적인 사물 변화의 원리, 예컨대 얼음이 액체

---

25 『향연』(207a-208b).

26 『문명 속의 불만』은 본서를 인용하였으며 인용 페이지는 괄호 안에 밝혔다.

상태인 물을 거쳐 수증기로 변화되는 것과는 다른, '건너뜀'을 그 특징으로 한다. 에로스가 성적 만족을 아예 건너뛰어 예술과 학문, 나아가 초월적 미와 같은 더 숭고한 목표로 도약하는 것은 플라톤에게 바람직한 일이었다. 에로스의 고차원적인 상승은 시공을 훌쩍 건너뛰어 프로이트에게서 되살아난다. 그는 리비도가 성적 욕망에 불과하다는 세간의 비난에 플라톤을 들어 반박한다. 그리고 이 반박은 타당하다. 왜냐하면 프로이트는 에로스 개념뿐만 아니라 비성적 대상을 통한 충족이라는 승화 개념 역시 받아들였기 때문이다. 프로이트가 밝힌 것처럼 플라톤은 가장 중요한 영감의 원천이었다.

그러나 두 사람 사이에는 결정적인 차이가 있다. 플라톤의 에로스는 초월적이며 신적인 차원의 추구라는 형이상학적인 목표를 지향한다. 에로스가 신적인 차원을 추구하는 이유는 인간 영혼이 그 세계에서 유래되었기 때문이다. 플라톤에 따르면 인간은 신적인 상태에서 육체를 입는 지상적 존재로 추락했고, 망각한 자신의 신성을 완전하게 자각할 때까지 끊임없이 이 지상에서 윤회를 거듭한다.[27] 플라톤에게 신적 본성의 완전한 회상이야말로 전생(轉生)하는 인간의 궁극적인 목적이다. 그의 중기 대화편에 등장하는 영혼의 신적 세계로의 귀환은 신적 본성의 자각으로 완성된다. 즉, 인간 영혼이 내부에 존재하는 에로스의 힘에 이끌려(driven) 신적인 차원으로 상승하는 것은 존재론적으로 당연하다. 이 과정에서 철학은 영혼 상승의 가장 강력한 수단으로 기능한다.[28] 플라톤에게 철학자란 에로스 신에 '접신

27 『파에드루스』(246c, 248a-249e).

28 『파에드루스』(249c-250c).

(接神)'되어 진리와 초월적 아름다움을 미친 듯이 추구하기 때문에 미쳤다고 오해받는 자들이다.[29]

반면 영혼의 신적인 본질, 달리 표현해 인간 무의식의 형이상학적 차원을 받아들이지 않는 프로이트에게 리비도의 종교적 승화란 불가능하다. 플라톤으로부터 에로스와 그것의 승화라는 개념을 받아들였음에도 불구하고, 초월 차원으로의 승화는 수용하지 않았던 것이다. 그러니 개인의 종교 체험이 종교성의 원천이라는 주장 역시 채택하기 어려웠다.

> 종교적 교리의 진실성이 그 진실성을 입증하는 내적 경험에 달려 있다면, 그런 희귀한 경험을 하지 못한 수많은 사람들은 어떻게 그 진실성을 믿어야 하는가? 모든 사람에게 타고난 이성을 활용하라고 요구할 수는 있지만, 극소수의 사람에게만 존재하는 동기를 근거로 하여 모든 사람에게 적용될 의무를 제정할 수는 없다. 한 사람이 황홀경에 빠져 종교적 교리의 진실성에 대한 확고한 믿음을 얻고 감동했다 해도, 그것이 다른 사람들에게 무슨 의미가 있겠는가?[30]

리비도가 관념적인 창조 활동으로도 전환된다는 점에서 종교 체계 역시 분명히 승화의 결과물이어야 한다. 그러나 종교를 문명적 초자아의 중요한 통제 수단이자 오이디푸스 콤플렉스에 근거한 환상이라 비판한 프로이트는 종교를 욕동의 승화 활동이라고 간주

---

29 『파에드루스』(249d).

30 『환상의 미래』, 195쪽.

하지 않았다. 실제로 그는 종교적 사상의 형성이 승화에 해당하는지 여부를 명확하게 기술하고 있지 않다. 정신분석학에서 비성적인 추상적 사고 활동이 승화에 해당하는 것은 분명하지만, 프로이트는 종교를 예외적인 영역으로 간주하고 싶었던 것이다. 게다가 정신분석학을 과학으로 정립하려 시도했던 프로이트에게 무의식의 형이상학적 차원은 더욱 받아들이기 어려웠다. 요컨대 프로이트는 에로스의 종교적 승화 가능성을 두고 플라톤과 결정적인 차이를 보인다.[31] 그리고 이 차이야말로 프로이트의 종교심리학을 이해하는 데에 참으로 중요한 지점이 된다.

그럼에도 불구하고 정신분석학에서 욕동의 승화는 긴요하다. 달리 표현하자면 인간 영혼의 형이상학적 차원을 플라톤에게서 제거하면, 우리는 오래된 프로이트적 리비도 이론을 만난다고 해도 과언이 아니다. 반대로 무의식의 형이상학적 차원과 리비도의 종교적 승화 가능성을 정신분석학에 덧붙이면, 우리는 현대적인 플라톤의 에로스 이론을 마주하게 된다.[32] 그러나 이 결정적인 차이는 『문명 속의 불만』에 등장하는 또 다른 수수께끼 같은 개념인 '대양적 느낌'과

---

31 『환상의 미래』, 195-196쪽.

32 융의 분석심리학은 이 점에서 프로이트보다 플라톤에 가깝다. 이후에 플라톤의 철학이 그러했던 것처럼 융의 심리학이 '종교로서의 심리학(psychology as religion)'으로 기능하는 것은 그런 점에서 자연스럽다. 융 심리학의 종교적 차원은 『융 심리학과 동양종교』(김성관 옮김, 일조각, 1995)와 이부영의 『분석심리학』(일조각, 1998)을 참조하라. 또 '종교로서의 심리학' 개념은 다음을 참고하라. William B. Parsons and Diane Jonte-Pace, "Introduction: Mapping Religion and Psychology," in *Religion and Psychology: Mapping the Terrain, contemporary dialogues, future prospects*, edited by Diane Jonte-Pace and William B. Parsons (New York: Routledge, 2001); "Psychology of Religion," *Encyclopaedia of Religion*.

연결시켜 되짚어 보아야만 한다.

대양적 느낌과 신비주의

프로이트는 『문명 속의 불만』에서 대양적 느낌을 처음으로, 그러나 자세한 전후 설명 없이 갑작스럽게 소개한다. 그러므로 프로이트의 저술에 익숙한 독자라 할지라도 이 개념이 과연 어떤 과정을 통해 등장하게 되었는지 이해하기 힘들다. 그렇다면 프로이트는 왜 이 개념을 갑자기 언급했을까? 그는 대양적 느낌과 신비주의를 연결시키는 논의를 왜 시작했을까? 그는 이 용어를 통해 무엇을 말하고 싶었던 것일까? 그리고 이 개념은 『토템과 터부』 이후 그가 지속적으로 추구해 왔던 정신분석학적 종교 해석과 어떤 연관성을 가질까?[33]

프로이트는 노벨문학상을 수상한 프랑스의 대문호이자 사상가였던 로맹 롤랑(Romain Rolland)과 1920년대 초반부터 서신을 교환한다. 그들은 오랜 기간 편지를 통해 서로에 대한 존경심과 우정을 키워 나갔다. 독실한 가톨릭 신도였던 롤랑은 제1차 세계대전 이후, 전쟁 중에 오히려 민족 간의 갈등을 조장했던 기독교에 크게 실망한다. 이후 그는 새로운 종교성의 원천을 찾기 위해 인도를 포함한 동양에 눈을 돌리며, 그 과정에서 라마크리슈나(Ramakrishna)와 같은 종교가들에게 심취한다.[34] 롤랑은 서양의 기독교가 종교로서 그 생명력을

---

33 '대양적 느낌'이 정신분석학에 갖는 함의는 다음을 참고하라. William B. Parsons, *The Enigma of the Oceanic Feeling: Revisioning the Psychoanalytic Theory of Mysticism* (New York: Oxford University Press, 1999).

34 롤랑은 라마크리슈나와 그의 제자 비베카난다(Vivekananda)에 대한 전기를 출판했으며, 간디에 관한 책을 내기도 했다. *The Life of Ramakrishna* (Calcutta: Advaita

이미 잃었다고 여기고, 그 대안으로 동양의 신비주의에 주목했던 것이다.

롤랑은 가부장적 서양 종교에 대한 불신과 비판이라는 점에서 프로이트와 같은 진영에 서 있었다. 그러나 인간 종교성의 가치를 여전히 인정했던 롤랑은 종교가 문명 유지를 위한 '환상'에 불과하다는 프로이트의 비판에 동의할 수 없었다. 롤랑은 서신을 통해 이 점을 지적하면서 종교성의 또 다른 근원을 모색해 볼 것을 프로이트에게 권고한다. 특히 체험을 통해 초월적 실재를 직접적으로 인식할 수 있다는 동양 종교의 주장에 보다 진지한 관심을 기울일 것을 조언한다.[35] 롤랑의 관심은 신비적 합일 체험을 목표로 삼는 신비주의에 있었던 것이다.[36]

Ashrama, 1965), *The Life of Vivekananda and the Universal Gospel* (Calcutta: Advaita Ashrama, 1988), *Mahatma Gandhi: The Man Who Became One with the Universal Being*, translated by C. Groth (New York: Century, 1924).

35 롤랑은 프로이트에게 보낸 1927년 12월 5일자 서한에서 『환상의 미래』를 잘 읽었음을 알린다. 동시에 프로이트에게 제도 종교로부터 독립되어 있는 종교적 감정을 찾을 것을 권고한다. "Your analysis of religions is a just one. But I would have liked to see you doing an analysis of spontaneous religious sentiment or, more exactly, of religious feeling, which is wholly different from religions in the strict sense of the word, and much more durable."(Parsons, *The Enigma of the Oceanic Feeling*, pp. 173-174)

36 신비주의는 다음과 같이 정의될 수 있다. "인간이 궁극적 실재와 합일되는 **체험**을 할 수 있으며, 의식을 변화시키는 **수행**을 통해 체험을 의도적으로 추구하고, 체험을 통해 얻어진 통찰에 기초해 궁극적 실재와 우주, 그리고 인간의 통합적 관계를 설명하는 **사상**으로 구성된 종교 전통"이다. 신비주의에 대해서는 다음 논문을 참고하라. 성해영, 「신비주의란 무엇인가?: 개념에 대한 오해와 유용성을 중심으로」, 『인문논총』 71(2014), 153-187쪽.

롤랑의 반응에 당혹감을 느낀 프로이트는 『문명 속의 불만』 서두에서 자신의 입장을 해명한다. 그는 우선 정신분석학으로 자신이 비판하려는 종교가 서구의 기독교이며, 그중에서도 이른바 '보통 사람들'의 종교에 국한되어 있다는 점을 분명하게 밝힌다.

> 『환상의 미래』라는 글에서 나는 종교적 감정의 가장 깊은 원천이 아니라 보통 사람이 자신의 종교라고 이해하는 것을 다루었다. 즉, 한편으로는 그에게 부러울 정도로 철저하게 이 세상의 수수께끼들을 설명해 주고, 다른 한편으로는 세심한 섭리가 그의 삶을 지켜보고 있으며, 이승에서 그가 경험한 어떠한 좌절도 내세에서는 보상된다는 가르침과 약속 말이다.(63쪽)[37]

나아가 그는 롤랑이 제안한 대양적 느낌이 전(前)-오이디푸스적(pre-oedipal)인 의식 상태와 관련되리라는 정신분석학적 해석을 덧붙인다(50-56쪽). 즉, 부친에 대한 오이디푸스적 감정에 근거를 둔 서양 종교와 달리 합일적인 의식 상태를 추구하는 동양 종교는, 모친과 하나가 되어 분리를 알지 못하는 상태이자 동시에 일차적 나르시시즘의 특성을 띤다는 것이다. 그렇지만 그 느낌이 종교의 참된 원천인지 여부는 자신도 확신할 수 없다는 유보적인 입장을 밝힌다(60-62쪽).

---

37 프로이트의 이 견해는 『환상의 미래』에도 분명하게 기술되어 있다: "지금까지 요약한 종교적 관념들은 물론 오랜 발전 과정을 거쳤고, 다양한 문명이 다양한 관점에서 그 사상을 신봉했다. 나는 그런 관점들 가운데 오늘날 백인 기독교 문명이 택한 마지막 형태와 대체로 일치하는 한 가지 관점만 추려서 살펴보았다."(185쪽)

그런데 프로이트는 『문명 속의 불만』을 집필한 지 몇 년 후 『새로운 정신분석 강의』(1933)라는 저술에서 뜻밖에도 신비주의적 수행(修行)이 무의식의 깊은 차원을 드러낸다는 점에서 정신분석학의 치료적 노력과 유사한 기능을 한다고 언급한다.

> 특정한 신비주의적 수행이 마음의 각기 다른 영역들 간의 정상적인 관계를 뒤집어, 다른 방식으로는 접근이 불가능했던 에고와 이드의 심층에서 일어나는 일들을 인식하게 만들어 줄 수 있다는 점을 쉽게 상상할 수 있다. 그러나 이 방법이 구원을 가능케 하는 궁극적인 진리로 우리를 안내할지는 의심하는 편이 보다 안전할 것이다. 그럼에도 불구하고, 정신분석학의 치료적 노력이 이와 유사한 경로를 취한다는 점은 인정될 수 있다.[38]

아쉽게도 이런 긍정적인 언급은 '대양적 느낌'의 구체적인 발전으로 이어지지는 못했다. 제2차 세계대전의 임박과 함께 유럽 전역을 휩쓴 반유대주의의 물결은 프로이트의 관심을 보통 사람의 종교에 더욱 집중하게 만들었던 것이다. 그런 이유로 '대양적 느낌'은 프

---

38 이 인용문은 필자의 번역이다. 스트레이치의 영어 번역문은 다음과 같다. "It is easy to imagine, too, that certain mystical practices may succeed in upsetting the normal relations between the different regions of the mind, so that, for instance, perception may be able to grasp happenings in the depths of the ego and in the id which were otherwise inaccessible to it. It may safely be doubted, however, whether this road will lead us to the ultimate truths from which salvation is to be expected. Nevertheless it may be admitted that the therapeutic efforts of psychoanalysis have chosen a similar line of approach." Sigmund Freud, *New Introductory Lectures on Psychoanalysis*, The Standard Edition of the Complete Psychological Works of Sigmund Freud, Vol. 22 (London: The Hogarth Press, 1964), pp. 79-80.

로이트의 종교심리학을 새롭게 해석할 수 있는 잠재력을 가졌음에도 불구하고 체계화되지 못했다. 그러나 정신분석학과 신비주의 사이의 기능적 유사성에 대한 언급은 프로이트 종교심리학이 '심리적 환원론'에 불과했다는 그간의 통념을 되짚어 볼 것을 요구한다. 그리고 새로운 해석의 가능성은 롤랑과의 교류를 통해 등장한 신비주의적 종교성에 대한 논의로 촉발된 것이었다.

프로이트는 롤랑과의 교류 이전에도 인간의 의식이 일련의 상태들로 구성되며, 그 상태들이 인간 심리의 심층적 이해에 불가결하다는 사실을 인지하고 있었음에 주목해야 한다. 최면은 (이 책의 해제에서 밝힌 것처럼) 프로이트가 표면적인 의식이 알지 못하는 의식의 심층 차원이 존재한다는 점을 명확하게 인식하게 된 계기였다. 또 그가 꿈, 텔레파시 등 여러 가지 다른 의식 상태와 그것들의 중요성을 진지하게 고려했음은 그의 저작에서 확인된다.[39] 더구나 프로이트는 그러한 의식 상태 중 하나로 후일 대양적 느낌으로 명명되는, 다시 말해 신비주의 전통이 추구하는 의식 상태가 있다는 사실 역시 분명하게 알고 있었다.[40]

이 사실은 프로이트가 동양 종교에 심취한 브루노 괴츠(Bruno Goetz)라는 시인과 1904년부터 1905년까지 주고받았던 서신에서도

---

39 『새로운 정신분석 강의』의 서른 번째 강좌는 '꿈과 심령학'이라는 주제로 꿈과 텔레파시, 영매 등에 대해 논의하고 있다(44-78쪽). 또한 『집단 심리학과 자아 분석』에는 최면이 자세하게 다루어지고 있다(81, 122, 127-130, 140-143, 162쪽).

40 『환상의 미래』, 192쪽. 후일 프로이트는 그리스 여행에서 자신이 이와 유사한 의식 상태를 경험했음을 어니스트 존스(Ernest Jones)에게 편지로 알리고, 이에 대해 롤랑과 구체적으로 의견을 나누기도 한다. Parsons, *The Enigma of the Oceanic Feeling*, pp.79-83.

확인된다. 그는 실러(Schiller)의 시 〈잠수부〉를 인용하면서, 충분한 준비 없이 개인의 무의식을 깊이 탐구할 때 생길 수 있는 위험을 젊은 괴츠에게 경고한다.[41] 이 서신들은 롤랑과의 교류 이전에도 프로이트가 '니르바나(nirvana)'와 같은 의식 변형 상태에 대한 지식을 이미 가지고 있었음을 보여 준다.[42] 실제로 그는 『쾌락 원칙을 넘어서』라는 저술에서 유기체의 소멸과 해체를 지향하는 공격 욕동이 '니르바나 원칙'에 입각해 있다는 주장을 펼친 바 있다.

이런 여러 정황을 고려할 때, 『환상의 미래』에서 그가 밝힌 대로 프로이트의 비판적 관심은 인간 무의식의 깊은 차원을 드러내는 예외적인 종교 경험보다는, 가부장적인 유신론적 종교가 개인의 리비도를 지나치게 억압함으로써 문명 자체를 위험에 빠뜨리는 측면, 즉 억압과 '억압의 회귀'라는 문제에 집중되어 있었음을 알 수 있다.[43] 다시 말해 그가 수차례 강조한 것처럼 소수 사람들의 체험에 근거한 종교가 아니라, 전능한 신에게서 섭리와 위안을 찾으려는 '보통 사람들'의 종교가 더 시급한 비판의 대상이라 생각했던 것이다.

---

41 실러의 〈잠수부〉는 『문명 속의 불만』 첫 번째 장의 말미에 정확하게 같은 맥락에서 인용되고 있다(62쪽). 괴츠와 프로이트 간의 서신 교환은 다음을 참고하라. Parsons, *The Enigma of the Oceanic Feeling*, pp. 48-52.

42 『쾌락 원칙을 넘어서』, 333쪽. 또한 데이비드 바칸(David Bakan)은 프로이트가 유대 신비주의 전통인 카발리즘(Kabalism)을 알고 있었으며, 그의 자유연상(free association) 기법이 카발리즘에서 영향 받았을 가능성에 대해 주장한다. 자세한 내용은 다음을 참고하라. David Bakan, *Sigmund Freud and the Jewish Mystical Tradition* (London: Free Association Books, 1990).

43 『환상의 미래』, 195-196쪽.

비록 '대양적 느낌'이 충분하게 발전하지 못했음에도 불구하고, 프로이트가 가부장적 신 개념에 기반을 둔 종교가 아닌, 신비주의적 종교성을 분명하게 알고 있었으며, 롤랑과의 교류를 통해 이를 더 깊게 사색했다는 점은 분명하다. 또 신비주의적 수행이 어떤 식으로든 인간의 무의식을 드러내는 계기가 될 수 있다는 사실을 그 이후에 밝혔다는 점 역시 주목할 만하다. 이처럼 승화와 대양적 느낌을 신비주의 개념과 연결시켜 고찰할 경우, 프로이트의 종교심리학을 그저 심리학적 환원론으로만 단정해서는 안 된다는 점이 분명하게 드러난다.

나아가 이런 관점은 정신분석학과 플라톤 철학의 연관성도 새롭게 비춰 준다. 즉, 영혼의 신성이 초월적 아름다움의 관상을 통해 인식된다는 플라톤의 주장은, 신비주의적 수행을 통해 인간 무의식의 깊은 차원이 드러날 수 있다는 프로이트 말년의 견해와도 희미하나마 접점이 모색될 수도 있다. 예컨대 플라톤의 종교적 차원을 더욱 발전시킨 플로티누스(Plotinus)의 기본 입장은 인간 영혼의 다차원성이 일자(一者)와의 합일 체험을 포함한 일련의 의식 변형 경험을 통해 알려진다는 것이었다.[44] 덧붙이자면 플라톤의 형이상학이 플로티

44 플로티누스의 형이상학과 심층심리학의 관계는 다음의 논문을 참고하라. Kevin Corrigan, "The Course of Plotinian Scholarship from 1971 to 1986," in *Rise and Decline of the Roman World. Principat*, Vol. 36.1, edited by Wolfgang Hasse and Hildegard Temporini (Berlin: Walter de Gruyter, 1987), p.592; Ruth Majercik, "Plotinus and Greek Mysticism," in *Mysticism and the Mystical Experience: East and West*, edited by Donald H. Bishop (Danvers: Associated University Press, 1995), p.49. 플라톤 사상의 종교적 측면은 다음을 참고하라. Michael L. Morgan, *Platonic Piety: Philosophy & Ritual in Fourth-Century Athens* (New Haven: Yale University Press,

누스를 통해 신플라톤주의(Neoplatonism)라는 이름으로 유신론적 종교 전통인 기독교, 이슬람, 유대교의 신비주의적 흐름에 지대한 영향을 미쳤다는 사실도 기억할 필요가 있다.[45]

신비주의는 가부장적 신 개념에 초점을 맞춘 보다 대중적인 종교와 때로 심각한 갈등을 일으켰는데, 프로이트식으로 표현하자면, 궁극적 실재와 합일을 지향하는 '전(前)-오이디푸스적' 종교와 신과 인간의 이원적 관계에 초점을 맞추는 '오이디푸스적' 종교 간의 긴장으로도 이해될 수 있다.[46] 이 점에서 대양적 느낌을 매개로 한 프로이트와 롤랑의 만남은 플라톤의 에로스가 지닌 종교적 차원을 다시 부각시킨다. 이처럼 프로이트의 종교심리학은 심리적 환원론으로 환원될 수 없는 다차원적인 측면을 분명하게 내포하고 있다.

프로이트 당대의 종교심리학

덧붙여 프로이트 당대의 심리학자들이 어떻게 종교를 이해했는지를 살펴보자. 이런 비교는 인간 의식과 종교성의 관계를 포함해 종교체험과 신비주의 개념을 중심으로 종교심리학의 발전을 재구성하

1990); "Plato and Greek Religion," *The Cambridge Companion to Plato* (Cambridge: Cambridge University Press, 1992).

45 플로티누스의 사상이 서양 종교에 미친 영향력은 다음을 참고하라. Dominic J. O'Meara, *Plotinus: An Introduction to the Enneads* (Oxford: Oxford University Press, 1995), pp. 111-119.

46 기독교와 이슬람에서 신과의 합일을 주장한 요하네스 에크하르트(Johannes Eckhart), 마가리테 포레테(Marguerite Forete), 알 할라지(al-Hallāj)와 같은 신비주의자들이 겪은 탄압이 그 생생한 사례이다. 그 점에서 오이디푸스적/전-오이디푸스적인 것의 구분은 종교를 해석하는 틀이 될 수 있다. 다음 책을 참고하라. 이경재, 『프로이트와 종교를 말한다』(집문당, 2007), 215-220쪽.

도록 만들어 준다. 윌리엄 제임스와 칼 융이 대표적인 동시대 인물이다.[47]

실용주의(pragmatism)의 중요한 사상가였던 윌리엄 제임스는 종교심리학 분야의 고전인 『종교적 경험의 다양성』을 집필했다. 그는 이 책에서 잠재의식(subliminal consciousness)을 드러내는 인간의 종교 체험에 주목한다. 신비주의를 종교의 핵심이라고 역설한 제임스는 동서양 종교 전통의 폭넓은 비교를 통해 신비 체험의 특징을 앎의 특성(noetic quality), 말로 표현할 수 없음(ineffability), 수동성(passivity), 일시성(transiency) 등 네 가지로 제시한다.[48] 제임스 역시 기독교를 포함한 당대의 제도화된 종교를 비판했다는 점, 일상 의식의 기저에 잠재의식이 있다고 주장했다는 점에서는 프로이트와 비슷하다. 반면 그는 종교적 교리나 의례가 아닌 개인의 종교 체험, 특히 신비주의를 종교성의 근원으로 평가했다는 점에서는 분명한 차이를 보인다.

견해 차이로 프로이트와 결별한 융 역시 동서양 종교 전통의 광범위한 비교를 통해 자신의 종교심리학을 발전시켰다. 융이 청소년 시절부터 초자연적 현상과 의식 변형 상태로서 개인의 종교 체험 등에 대해 남다른 관심을 가졌으며, 그 의미를 평생 탐구했다는 사실은 잘 알려져 있다.[49] 융은 프로이트와의 주된 결별 사유가

---

47 종교학에서 비교가 갖는 의미에 대해서는 윌리엄 페이든(William E. Paden)의 두 저서 『비교의 시선으로 바라본 종교의 세계』(이진구 옮김, 청년사, 2004)와 『성스러움의 해석』(이민용 옮김, 청년사, 2005)을 참고하라.

48 William James, *The Varieties of Religious Experience* (New York: Modern Libraries, 1994), pp. 413-416.

49 Deirdre Bair, *Jung: A Biography* (New York: Back Bay Books, 2003), pp. 39-54.

프로이트의 환원주의적 종교 해석에 대한 반발에서 비롯되었음을 밝히고 있다.[50] 프로이트와 달리 융은 분석심리학의 목표로 제시한 '개체화(individuation)' 과정에서 종교적 상징과 신화가 담당하는 결정적인 역할을 강조한다. 그리고 이 주장을 뒷받침하기 위해 그는 기독교와 같은 서양 종교 전통을 힌두이즘, 불교, 도교와 같은 동양 종교와 광범위하게 비교하는 작업을 수행했다.[51] 융 역시 제임스와 유사하게 종교성의 뿌리를 인간의 무의식에서 일어나는 개인의 종교 체험과 신비주의에서 찾으려 했으며, 프로이트, 제임스와 마찬가지로 당대의 기독교를 강하게 비판했다는 점을 기억할 필요가 있다.

융의 기독교 비판은 프로이트와 다른 시각에서 이루어진다. 융은 기독교가 애초에 지녔던 전체성을 잃었다고 비판하며 이의 회복을 주장한다. 그리고 그 회복은 삼위일체 교리가 아니라 여성 원리가 추가된 네 위격(位格)의 복구를 통해 이루어진다고 믿는다. 이를 위해 융은 영지주의, 연금술과 같은 주류 기독교 밖에 존재했던 비교(秘教, esoteric) 전통과 기독교 신비주의에 관심을 기울인다. 동시에 그는 서양인에게는 기독교적 영성이 여전히 중요하며, 동양적 영성이 그들에게 부합하지 않을 수 있음을 지적한다. 이 점에서 융은 동양 종교에서 대안을 찾으려 했던 롤랑이나, 기독교를 정신분석학으로 대체

---

50 융의 자서전 『기억 꿈 사상』을 참고하라. 특히 제6장 「지그문트 프로이트」에서 융은 자신과 프로이트의 만남과 결별에 대해 자세하게 기술하고 있다.

51 『기억 꿈 사상』, 195-228쪽. 이 외에도 『융 심리학과 동양종교』(김성관 옮김, 일조각, 1995)를 참고하라.

하려 했던 프로이트와는 달랐다.[52]

이처럼 심리학을 근대 학문으로 정립시키는 데에 결정적으로 기여한 프로이트, 제임스, 융에게 종교는 대단히 중요한 주제였으며, 그들은 종교가 인간 정신의 심층적 차원과 불가분의 관계를 맺는다고 보았다. 그리고 그들 모두는 인간의 표면 의식을 그 근저에 존재하는 더 깊은 차원의 의식(무의식 혹은 잠재의식)의 일부로 여겼다. 이 점에서 의식의 심층적 차원은 긍정적이건(제임스, 융) 혹은 부정적이건(프로이트) 제도화된 종교를 포함해 개인의 종교성과 불가분의 관련성을 갖는다고 주장했다. 요컨대 그들은 인간의 종교성과 제도 종교의 근거를 밝히기 위해 의식의 심층적 차원에 주목했던 것이다. 문제의식, 연구 정향, 해석 내용이 비록 달랐음에도 불구하고, 종교는 그들의 심리학에서 불가결한 연구 주제였다.

에로스의 승화와 종교

결국 프로이트 종교심리학의 다차원성은 '승화'와 '대양적 느낌'이라는 두 개념이 적절하게 고려될 때 비로소 파악된다. 그리고 이런 측면은 프로이트 사후에 점차 더 분명한 형태로 드러나게 된다.[53]

---

52 『기억 꿈 사상』, 229-230쪽.

53 대상관계이론(object-relation theory)을 주장한 멜라니 클라인(Melanie Klein), 로널드 페어베언(Ronald Fairbairn)과 같은 영국의 정신분석학자들은 부모와의 관계 등 타인과의 관계에 주목한다. 대상관계이론에 이르면 종교가 인간의 현실 적응력을 높여 주는 전환 대상(transitional object)으로서 긍정성을 획득한다. 이와 관련하여 도널드 위니콧(Donald W. Winnicott)의 『놀이와 현실』(이재훈 옮김, 한국심리치료연구소, 1997)을 참고하라. 애나-마리아 리주토(Ana-Maria Rizzuto)는 저서 『살아 있는 신의 탄생』(이재훈 외 옮김, 한국심리치료연구소, 2000)에서 인간이 맺는 초기

도널드 위니콧(Donald W. Winnicott)을 포함해 정신분석학을 계승한 후대의 심리학자들이 프로이트 사후에 종교를 긍정적으로 평가했다는 사실은 일견 프로이트의 환원주의적 종교관에 대한 반발이나 견해 차이로 비춰지지만, 오히려 앞서 살펴본 승화나 대양적 느낌과 같은 개념을 통해 프로이트가 물꼬를 터놓았던 새로운 가능성을 계승한 것으로도 해석될 수 있다.

특히 이 측면은 다음에서 드러나듯 인간의 성적 욕망과 신비주의적 합일 체험 간의 밀접한 관련성이라는 관점에서 더욱 두드러진다. 프로이트 정신분석학이 가장 중요하게 다루고 있는 인간의 성적 욕망이 뜻밖에도 신비적 합일 체험을 통해 종교적으로 승화될 수 있다는 것이다. 이 대목에 이르면 인간의 에로스가 성적인 충족이 아니라 승화를 거쳐 신적 차원으로 상승해야 한다는 플라톤의 에로스 이론과 프로이트의 리비도 이론의 경계는 한층 더 모호해진다. 특히 인간 성(性)의 성(聖)스러운 측면을 그 어떤 전통보다 강조한 탓에 동서양의 스캔들이 되었던 탄트라(tantra) 전통과 프로이트의 정신분석학은 여러 가지 점에서 기묘한 유사성을 우리에게 보여 준다.

대상관계가 신표상(god representation)으로 발전하며, 이후의 발달과정에서 중요한 상징적 기능을 수행함을 강조했다. 특히 코헛(Kohut)과 에릭슨(Erikson)에 이르면 종교가 더 이상 환상(illusion)으로 간주되지 않는다.

정신분석학과 탄트라: 욕망과 욕망의 승화 개념을 중심으로

프로이트와 탄트라, 그 기묘한 유사성

정신분석학과 힌두 탄트라는 인간 욕망과 성(性)의 강조, 기쁨의 육화(肉化), 욕망의 승화와 같은 대목에서 놀라운 유사성을 보인다. 더 나아가 성에 대한 파격적인 견해로 인해 각기 당대의 심각한 스캔들이 되었다는 점에서도 흡사하다.[54] 이러한 이유 때문에 제프리 크리팔(Jeffrey J. Kripal)은 "정신분석학은 시적(詩的)으로 표현하자면, 성의 힘, 육체, 삶, 죽음, 그리고 종교에 대한 지난 100년 동안의 명상(冥想)인 일종의 서구적 탄트라다."라고까지 주장한다.[55] 그러나 두 사상 체계 사이의 직접적인 교류와 영향은 발견되지 않는다. 이런 유사성을 정신분석학과 힌두 탄트라, 특히 카시미르 사이비즘(Kashmir Śaivism)의 중심인물이었던 아비나바굽타(Abhinavagupta) 사상과의 비교를 통해 살펴보자.[56]

---

54 탄트라를 둘러싼 동서양의 논란은 다음을 참고하라. Hugh B. Urban, *Tantra: Sex, Secrecy, Politics, and Power in the Study of Religion* (Berkeley: University of California Press, 2003). 힌두 탄트라에 대한 개괄적인 소개는 다음을 참고하라. K. A. Harper and R. L. Brown (eds.), *The Roots of Tantra* (New York: SUNY Press, 2002).

55 Jeffrey J. Kripal, "Why the Tantrika Is a Hero: Kālī in the Psychoanalytic Tradition," in *Encountering Kālī: in the margins, at the center, in the west*, edited by Rachel F. McDermott and Jeffrey J. Kripal (Berkeley: University of California Press, 2003), p. 197.

56 사이비즘(Śaivism)은 시바(Śiva)신에 대한 신앙을 중심으로 하는 일련의 힌두 종교 전통을 의미한다. 특히 카시미르 사이비즘(Kashmir Śaivism)은 9세기에서 13세기까지 인도 북부 카시미르(Kashmir) 지방에서 성행했던 탄트라적 경향을 갖는 여러 유형의 사이비즘 전통을 지칭한다.

정신분석학과 탄트리즘(tantrism)의 비교는 결코 쉽지 않다. 우선 프로이트와 아비나바굽타 사이에는 건너기 힘들 정도로 커 보이는 역사적·사회적 간극이 존재한다. 프로이트의 정신분석학은 19-20세기 유럽에서, 아비나바굽타의 사이비즘은 10-11세기 인도 북부 카시미르 지방에서 형성되었다. 또 두 사상 체계는 목적과 이론 형성 과정에서도 큰 차이를 보인다. 정신분석학은 심리치료이론으로 출발해 문명의 해석이론으로 발전했다. 프로이트는 정신분석학을 합리성에 기반을 둔 과학으로 간주했다. 반면 카시미르 사이비즘은 개인의 구원(救援)을 목표로 하는 종교적 세계관이다. 그러므로 정신분석학과 초월을 지향하는 아비나바굽타의 종교적 세계관 사이의 차이는 일견 비교의 불가능성을 뜻하는 것으로 보인다.

이런 근본적인 차이를 간과하지 않으면서 유의미한 비교를 수행할 방법은 없을까? 현실적인 방안으로 두 사상 체계에 공통적으로 등장하는 '욕망', '승화'와 같은 주요 개념에 초점을 맞추는 방법이 있을 것이다. 이 글에서는 첫 단계로 이 개념들이 각각의 사상 체계에서 갖는 의미와 기능을 고찰하며 그것들을 상호 비교한다. 그리고 다음 단계로 그 개념들이 각 체계 속에서 종교 개념과 어떻게 연결되는지를 살피려 한다.

아비나바굽타의 사상은 형이상학과 체계적인 수행론을 갖추었다는 점에서 전형적인 종교적 세계관, 더 정확하게는 신비주의적 세계관이다. 그러나 정신분석학의 경우는 난점을 지닌다. 프로이트는 정신분석학이 과학의 한 분과라고 주장하면서 형이상학적 논의가 과학적 탐구의 대상이 될 수 없음을 강조했다. 관찰에 입각한 검증과 수정을 그 특징으로 하는 정신분석학은 내세나 초월적 세계와 같은 검증 불가능한 주장 위에 정초된 종교와는 분명히 다르다는 것이다.[57] 그러나 이 사실이 곧바로 정신분석학의 중요 개념이 종교와 연계해 파악될 수 없거나, 나아가 두 체계의 비교 작업이 아예 불가능함을 의미하지는 않는다. 왜냐하면 정신분석학은 종교와 여러 차원에서 대단히 밀접한 관련을 맺고 있기 때문이다.

우선 후기 정신분석학의 관심이 종교에 집중되었다는 사실이 지적되어야 한다. 종교에 관한 일련의 저작이 보여 주듯 종교 현상의 정신분석학적 해석은 프로이트의 가장 중요한 관심사로 자리 잡았다.[58] 그는 이 과정에서 욕망, 승화, 억압, 죄책감과 같은 개념들을 제도화된 종교와 인간의 종교성을 해석하는 데에 적극적으로 활용했다. 나아가 프로이트는 정신분석학이 종교가 담당했던 기능을 대체하리라는 원대한 희망도 표명했다.[59] 프로이트는 친구인 오스카 피스터(Oskar Pfister)에게 보낸 서한에서 정신분석가가 종교적 사제(priest)를 대신해 '세속적 영혼의 치유자'가 되기를 원한다는 기대를 피력한 바 있다.[60] 즉, 프로이트는 정신분석학을 종교를 이해하는 해석학적 틀이자, 종교를 대체하는 사상 체계로까지 간주했던 것이다.[61]

---

57 환상인 종교적 세계관과 과학인 정신분석학의 대조는 『환상의 미래』, 209-230쪽을 참조하라.

58 1907년에 발표한 『강박 행동과 종교 행위』에서 출발하여 『토템과 터부』(1913), 『환상의 미래』(1927), 『문명 속의 불만』(1930), 『인간 모세와 유일신교』(1939)와 같은 일련의 저작이 있다.

59 종교를 정신분석학으로 대체하려는 프로이트의 의도는 『환상의 미래』를 비롯한 여러 저서에서 나타난다. 특히 『환상의 미래』, 223-230쪽을 참고하라.

60 Freud, *Psychoanalysis and Faith: Dialogues with the Reverend Oskar Pfister*, p. 126.

61 윌리엄 파슨스(William B. Parsons)는 "심리학과 비교적 대화(psychology-comparative

이러한 긴밀한 연관성은 정신분석학을 일종의 서구적 탄트라로 간주하는 견해나, 정신분석학이 기독교를 비롯한 동서양의 종교성을 해석하는 틀로 폭넓게 활용되어 왔다는 사실 등에서도 거듭 확인된다.[62] 이런 점을 고려할 때 정신분석학이 비록 종교적 세계관은 아닐지라도 종교와 맺는 밀접한 관련성으로 인해 카시미르 사이비즘과 비교될 수 있으리라 여겨진다.

덧붙여 '욕망', '성', '육체', '기쁨', '승화' 같은 주요 개념에 초점을 맞추어 두 체계를 비교하는 작업은 (이 글의 전반부에서 밝혔듯이) 프로이트의 종교심리학이 단순히 심리적 환원론으로만 간주될 수 없는 측면을 내포한다는 점을 더욱 분명하게 드러낸다.

욕망(libido/kāma)의 중요성

욕망은 정신분석학과 탄트라에서 가장 중요한 개념이다. 정신분석학은 "성적인 근원에서 비롯되어 인간의 심리체계로 편입되는 추동력"으로 정의되는 리비도(libido)라는 욕동 개념에서 출발한다.[63] 탄트리

---

dialogue)"라는 차원에 주목한다. 많은 경우 심리학 그 자체가 단순히 "종교적 현상을 탐구하고, 이해하는" 데에만 사용되는 게 아니라, "근원적인 어떤 것이든, 신학적인 것이든, 혹은 성스러운 무의식이든 간에 종교의 목적 그 자체를 밝히는 대화"에 깊이 관련될 수 있다는 것이다. 이런 관점에서 대화 과정의 일환으로 정신분석학과 탄트리즘은 만날 수 있다. William B. Parsons and Diane Jonte-Pace, "Introduction: Mapping Religion and Psychology," in *Religion and Psychology: Mapping the Terrain, Contemporary Dialogues, Future Prospects*, edited by Diane Jonte-Pace and William B. Parsons (New York: Routledge, 2001).

62 대표적인 저서로 다음을 참고하라. Rachel F. McDermott and Jeffrey J. Kripal (eds.), *Encountering Kālī: In the Margins, at the Center, in the West* (Berkeley: University of California Press, 2003).

즘에서도 욕망(kāma)은 결정적인 중요성을 갖는다. "현세적 욕망이나 기쁨을 부정하는 것이 아니라, 그것을 제어함으로써 해방과 초자연적 힘을 얻으려는 시도"라는 정의가 보여 주듯 욕망의 통제와 해방은 구원의 핵심이다.[64] 이처럼 정신분석학과 탄트라의 중심에는 욕망이 자리하며, 나아가 이 욕망은 성, 육체, 기쁨 등과 긴밀하게 얽혀 있다.

1) 정신분석학과 욕동(libido)

프로이트에 따르면 사랑의 힘인 리비도는 인간의 육체와 밀접하지만, 동시에 유연하게 연결되어 있다. 리비도는 시기에 따라 육체의 다양한 부분에서 발현되며 충족된다. 잘 알려진 구순기(oral), 항문기(anal), 잠복기(latency), 성기(genital)라는 도식은 리비도의 유연성을 보여 준다. 덧붙여 프로이트는 리비도가 억압으로 인해 성적인 차원에서 충족될 수 없을 경우 비성적인 대상으로 방향을 전환한다고 주장한다. 리비도의 놀라운 유연성에 주목한 그는 성(性)을 단지 성기(性器)의 결합에 국한하는 전통적인 성 개념에 반대한다.[65] 리비도는 성기 이상이라는 것이다. 그의 확장된 리비도 개념은 앞에서도 밝혔듯이 플라톤에게서 큰 영향을 받았다.[66]

---

63 Raymond E. Fancher, *Psychoanalytic Psychology: The Development of Freud's Thought* (New York: Norton, 1973), p. 154.

64 André Padoux, "What Do We Mean by Tantrism?" in *The Roots of Tantra*, edited by K. A. Harper and R. L. Brown (New York: SUNY Press, 2002), p. 20.

65 Fancher, *Psychoanalytic Psychology: The Development of Freud's Thought*, p. 138.

66 Gerasimos Santas, *Plato and Freud: Two Theories of Love* (New York: Basil Blackwell, 1988), p. 99.

프로이트의 리비도 개념과 그것이 종교와 맺는 연관성을 보다 정확하게 이해하기 위해서는 플라톤을 살펴볼 필요가 있다. 프로이트는 정신분석학의 에로스가 플라톤의 에로스와 일치한다고 주장하면서, 정신분석학이 범성욕론(汎性慾論)이라는 비난에 반박한다.[67] 이 관점에서 바라보면 플라톤은 프로이트에 앞서 이른바 '인간 욕구의 통일 이론'을 주장한 선구자이다. 물론 플라톤은 에로스(eros)와 필리아(philia)를 구분하며, 에로스를 필리아보다 강도가 높고 열정적인 형태의 감정으로 정의한 바 있다.[68] 나아가 에로스를 더욱 큰 불멸성을 추구하는 보다 일반적인 에로스와 생식 행위를 목적으로 하는 특수한 에로스로 세분하기도 한다.[69] 그럼에도 불구하고 플라톤에게 인간의 욕망, 즉 에로스는 하나다. 그가 『파이드로스』와 『향연』에서 강조한 욕망 상승의 사다리는 단일한 인간 에로스가 성적 결합에서 출발해 과학, 예술, 철학을 거쳐 가장 숭고한 영역인 신적 차원으로 상승하는 일원론적 욕망 이론의 도식이다.

프로이트 역시 플라톤이 『뤼시스』에서 시도한 에로스와 필리아의 구분과 유사하게, 자신의 리비도 개념을 '목적이 금지된' 리비도와 '성적 결합을 목표로 한' 리비도로 나눈다(101-103쪽). 이런 이분법적 구분에도 불구하고 프로이트의 리비도 역시 플라톤의 에로스처럼 성적 결합을 포함해 모든 인간 행위의 추동력으로 작용한다는 점에서

---

67 『성욕에 관한 세 편의 에세이』, 16-17쪽; 『집단 심리학과 자아 분석』, 99쪽.

68 Santas, *Plato and Freud: Two Theories of Love*, p. 8. 그리고 플라톤의 대화편 『뤼시스』(211a-214e)를 참조하라.

69 Santas, *Plato and Freud: Two Theories of Love*, pp. 32-35.

일원론적 힘이 분명하다. 동시에 플라톤에게서 착안한 욕망의 승화 개념은 프로이트의 일원론적인 리비도 개념을 지탱하는 가장 중요한 축으로 기능하게 된다.[70] 이처럼 프로이트에게 리비도는 성기와 밀접하게 연결되지만 동시에 그것을 넘어서, 인간 삶에서 모든 종류의 결합과 창조를 추동하는 근원적인 힘이다.[71] 그 점에서 프로이트는 플라톤주의자로 불릴 만하다.

그러나 성적 결합을 건너뛰어 에로스를 형이상학적 차원으로 상승시키는 것이 영혼의 의무라고 주장한 플라톤과 달리 프로이트는 에로스의 초월적 승화를 수용하지 않는다. 오히려 프로이트가 보건대 인간의 성적 즐거움이야말로 가장 강력하며, 불가결한 형태의 즐거움이다.[72] 즉, 리비도가 비성적인 대상에서 충족될 수 있다 하더라도 성적·육체적 차원에서의 만족은 여전히 중요하다는 것이 프로이트의 기본적인 입장이다.[73]

---

70 프로이트는 중·후반기에 이르러 죽음 본능(thanatos)을 생존 본능(eros)과 대비시킨다는 점에서 욕구의 이원론자로 불릴 수도 있다. 그러나 그에게 두 본능은 분리 불가능한 한 쌍을 이루는 것으로 간주되었으며, 양자의 명확한 관계는 끝내 밝혀지지 않았다. 죽음 본능의 자세한 논의는 『쾌락 원칙을 넘어서』를 참조하라.

71 에로스는 결합을 지향한다(본서 127쪽). 이 견해는 에로스가 결합을 통해 자신에게 부족한 속성을 쟁취한다는 플라톤의 설명과 상통한다. 무녀 디오티마가 설파하는 『향연』(202a-204c)을 참고하라.

72 이 지점에서 우리는 숭고한 차원의 기쁨이 성적 쾌락을 완벽하게 대체할 수 있는가라는 질문과 만난다. 종교 전통은 각기 다른 입장을 취한다. 금욕주의적 종교 전통이 性과 聖의 공존이 불가능하다고 주장하는 데 반해 탄트라는 性이 聖스러움의 차원으로 가는 가장 중요한 통로이자 도구임을 강조한다. 주목할 사실은 금욕주의적이든 탄트라적이든 性과 聖 사이의 밀접한 관계는 이미 전제되고 있다는 점이다. 프로이트는 승화에서 비롯된 충족이 성기의 결합, 혹은 '저급한' 차원의 기쁨을 완전하게 대체할 수 있다고 보지 않는다.

그러므로 프로이트에게 리비도의 종교적 승화는 불가능하다. 억압된 개인의 리비도가 강박신경증으로 발전하듯이, 종교는 억압된 리비도가 집단 신경증으로 발현된 것이라고 그가 생각했기 때문이다.[74] 그는 제도화된 종교가 사회 구성원의 리비도를 통제함으로써 인간 문명을 유지하는 가장 권위 있고 효율적인 제어 장치로 기능한다는 사실 역시 강조한다.[75] 내면화된 초자아가 양심과 윤리라는 이름으로 개인적 리비도의 만족 추구를 통제하듯이 종교는 공동체 구성원의 리비도를 제어해 문명을 유지하는 문명적 초자아가 된다는 것이다. 요컨대 정신분석학적 종교 해석에 따르자면 종교는 그 기원과 기능의 차원에서 욕동과 밀접하게 연결되지만, 억압된 욕망의 강박적인 표현이라는 점에서 부정적인 성격을 띤다.

2) 탄트라와 욕망(kāma), 그리고 육체

탄트라 신화에서 에로틱한 동시에 금욕적인 시바(Śiva) 신의 역설적인 이미지는 핵심적이다.[76] 그리고 이는 탄트라 전통이 종교와 (특히 성적인) 욕망(kāma) 간의 밀접한 관련성을 분명하게 인식하고 있었음

---

73 Santas, *Plato and Freud: Two Theories of Love*, p. 2.

74 "이러한 유사성과 상사성에 주목한다면 강박신경증을 종교의 병리학적 내용물로 파악하고, 신경증을 개인의 종교성으로, 종교를 보편적인 강박신경증으로 파악하는 것도 가능할 것이다."(『강박 행동과 종교 행위』, 20쪽); "종교는 인류의 보편적인 강박신경증일 것이다."(『환상의 미래』, 214쪽)

75 종교가 리비도를 통제해 문명의 유지를 도모한다는 견해는 『환상의 미래』와 『문명 속의 불만』에서 본격적으로 제시된다.

76 Neela Bhattacharya Saxena, *In the Beginning is Desire: Tracing Kālī's Footprints in Indian Literature* (New Delhi: Indialog Publications, 2004), p. 141.

을 보여 준다.

> 시바(Śiva)는 금욕주의로 인한 명성에도 불구하고, 궁극적으로 카마(Kāma)의 힘을 인식한다. 시바는 카마를 불태운다. 그러나 이 과정에서 그 역시 성적으로 흥분하게 된다. 시바는 카마를 불태우지만 더 강력한 형태로 카마를 재생시킬 뿐이다. 시바는 카마를 불태움으로써 그 자신 스스로 욕망으로 가득한 존재가 된다. … 즉, 시바는 곧 카마다.[77]

이렇게 힌두 신화에서 지고신(至高神) 시바와 욕망의 신 카마는 동전의 양면과 같다. 그러므로 사이비즘에서 시바 신의 힘(śakti)을 의미하는 칼리(Kālī) 여신이 카마키야(Kāmākhyā), 즉 욕망이라는 이름을 갖는 것은 자연스럽다.[78] 욕망이 곧 신의 힘이다. 나아가 인간의 욕망은 형이상학적 차원에서 유래한다. 아비나바굽타의 설명에 따르면 궁극적 실재는 순수한 자아 의식(prakāśa)과 역동적인 에너지(śakti)라는 두 측면을 지니며,[79] 이 두 측면은 동전의 양면처럼 분리되지 않는 하나를 이룬다.[80] 이 결합은 완전한 자족(自足)과 지복(至福)의 상태

---

77 Wendy Doniger, *Śiva: The Erotic Ascetic* (London: Oxford University Press, 1973), p. 145. 한편 인도인들에게 카마(Kāma)의 기원은 브라흐만이 그의 딸에게 느낀 욕망이 신으로 실체화된 것이며, 이런 점에서 카마의 탄생 신화는 일렉트라 콤플렉스(Electra complex)의 힌두 버전으로 읽힐 수 있다. Doniger, *Śiva: The Erotic Ascetic*, p. 117 참조.

78 Saxena, *In the Beginning is Desire: Tracing Kālī's Footprints in Indian Literature*, p. 80.

79 Jaideva Singh, *Pratyabhijnahrdayam: The Secret of Self-Recognition* (Delhi: Motilal Banarsidass Publishers, 2003), pp. 6-7.

80 Deba Brata SenSharma, *The Philosophy of Sadhana: With Special Reference to the Trika*

이다.[81]

이 지점에서 한 가지 난문(難問)이 등장한다. 즉, 자족적인 궁극 존재가 모든 현상계의 원인이라면, 결핍을 특징으로 하는 인간의 욕망이 어떻게 거기에서 유래할 수 있을까? 환언하자면 초월적인 자족 상태에서 어떻게 결핍과 그것의 충족이라는 인간 욕망의 특성이 생길 수 있을까? 그 답으로 사이비즘은 시바의 힘인 샥티(Śakti)의 속성과 신의 신성한 놀이라는 '릴라(līlā)' 개념을 등장시킨다. 샥티는 절대적 의지이자 동시에 무한한 내적 진동(spanda)을 일으키는 힘이다. 샥티가 절대적인 힘을 갖는 이유는 신이 초월적이며 완벽한 자족 상태를 자발적으로 벗어날 수 있기 때문이다. 시바는 "자신 스스로가 제한되고 비자유 상태에 빠짐으로써 무제약적인 자유를 초월"하기 때문에 그의 의지는 역설적으로 더욱 '절대적'이라는 것이다.[82]

그러나 시바의 물질세계 창조는 놀랍게도 자신의 초월성과 자족성을 훼손하지 않는다.[83] 나아가 창조 행위의 자발성과 자족성을 강조하기 위해 시바의 창조는 놀이로 일컬어진다. 신이 절대 의지

Philosophy of Kashimir (New York: SUNY Press, 1990), p. 19.

81 SenSharma, *The Philosophy of Sadhana: With Special Reference to the Trika Philosophy of Kashimir*, p. 23.

82 Paul Eduardo Muller-Ortega, *The Triadic Heart of Śiva* (New York: SNUY Press, 1989), p. 138.

83 신의 창조가 자신의 초월성을 훼손하지 않는다는 생각은 서양에서도 발견된다. 중기 플라톤주의자(Middle Platonist)들의 '감소 없는 창조행위(creation without diminution)' 개념이 대표적이다. 이 개념을 수용한 플로티누스(Plotinus) 역시 일자(the One)의 창조행위는 일종의 유출(emanation)로서, 일자가 창조 때문에 훼손되지는 않는다고 주장한다. 플로티누스의 '유출' 개념은 *Enneads* (V.2.1.7-10, VI.9.3.41-45) 등을 참조하라.

를 발휘해 자신의 본성을 자발적으로 잊기 때문에 신성한 유희라는 것이다. 이 자발적인 망각에서 바로 욕구와 의도적인 결핍의 감각이 등장한다. 마야(Māyā)란 신의 참된 본성을 가리는 장막으로, 현상계의 특징인 분별(vikalpa)과 무지(avidyā)의 감각을 낳는다는 것이다. 그러므로 망각한 본성의 재인(再認, pratyabhijñā)은 구원의 가장 중요한 사건이 된다. 해방이란 다름 아닌 자신의 참된 본성을 재인하는 것이며, 이 인식은 역설적으로 "우리가 비록 알지 못하고 있다 하더라도 이미 그 지식을 소유하고 있음"을 다시 확인함으로써 가능하다는 것이다.[84]

이렇게 탄트라의 욕망(kāma)은 신적 차원에서 유래하므로 육체적·심리적 기원을 갖는 리비도와 분명히 다르다. 그러나 탄트라의 욕망 역시 성, 육체, 기쁨 등과 긴밀하게 연결된다. 프로이트처럼 아비나바굽타에게도 육체는 인간의 행복 달성에 있어 불가결하다. 나아가 아비나바굽타는 궁극적 실재조차 남성 원리(Śiva)와 여성 원리(Śakti)의 "자웅동체적" 결합인 지복(ānanda) 상태라고 주장하면서 그 묘사를 위해 성적인 용어를 채택한다.[85]

---

84 Natalia Isayeva, *From Early Vedanta to Kashimir Shaivism: Gaudapada, Bhartrhari, and Abhinavagupta* (New York: SUNY Press, 1995), p. 172.

85 Abhinavagupta, *A Trident of Wisdom: Translation of Paratrisika Vivarana*, translated by Javideva Singh (New York: SUNY Press, 1989), p. 51. 힌두이즘 전통에서 아난다(ānanda)가 갖는 성적인 함의는 다음 논문을 참조하라. Patrick Olivelle, "Orgasmic Rapture and Divine Ecstasy: The Semantic History of Ananda," *Journal of Indian Philosophy*, 25(1997), pp. 153-180.

> 성이란 대우주적인 신성한 창조 에너지가 소우주적으로 표현된 것이다. 성이 갖는 경이로움은 이 신적인 창조 에너지가 갖는 경이로움의 불완전한 재생산에 다름 아니다. 그리고 이 신적인 창조 에너지는 시바와 샥티의 결합에서 비롯되었다.[86]

성(性)과 성(聖)의 관계에 대한 그의 설명은 여기서 멈추지 않는다. 그는 궁극적 실재의 지복이 어떻게 인간의 성적인 에너지와 연결되는지를 보다 자세하게 설명한다.

> 음식이건 인식이건 취해지는 모든 것은 가장 먼저 생명 에너지(ojas)의 형태로 중앙 채널에서 변환된다. 그 후 이 에너지는 인체의 모든 부분으로 퍼져나가는 생식 에너지 (vīrya)로 전환된다. 생식과 창조의 모든 기능은 바로 이 에너지에 의해 이루어진다. 그것이 맛있는 음식, 아름다운 경치, 매혹적인 한 편의 시, 사랑스러운 애인이건 간에 이런 모든 대상에서 작용하는 것은 바로 이 에너지이다. 그리고 이는 신성한 에너지(khecarī)가 육체적인 차원에서 표현되는 것이다.[87]

아비나바굽타에게 인간 존재를 움직이는 에너지는 하나이며, 그것은 신적인 에너지가 육체적인 차원에서 구현된 것이다. 요컨대 "우파니샤드적인 금욕주의"에 대한 "강력한 반발"인 아비나바굽타의 탄트라는 성과 현세적 기쁨의 재해석을 통해 "지상의 즐거움(bhoga)"

86 Abhinavagupta, *A Trident of Wisdom: Translation of Paratrisika Vivarana*, p. 51.

87 Abhinavagupta, *A Trident of Wisdom: Translation of Paratrisika Vivarana*, p. 52.

을 초월적이며 종교적인 "해방(mokṣa)"으로 상승시키려는 움직임이다.[88]

이러한 아비나바굽타의 견해는 앞서 살펴본 플라톤적 에로스의 신적 기원과 매우 유사하지만, 동시에 정신분석학과는 분명한 거리가 있다.[89] 그러나 성적 욕망과 기쁨을 강조하는 점에서 놀라운 유사성을 드러낸다. 또 정신분석학이 성욕만을 강조한다고 격렬하게 비난받았듯이, 인간 성(性)의 성스러움을 강조한 탄트라 역시 비난의 십자포화를 맞았다. 그러나 리비도가 성욕과 동일하지 않다고 프로이트가 반박한 것처럼, 탄트라 역시 인간의 성이 신적인 차원에서 유래되었지만 성스러움이 인간의 성과 동일하다고 주장하지 않는다. 요컨대 탄트라는 성(性)과 성(聖)의 동일시와 혼란이 아니라 "인간 성(性)과 참된 본성"의 "신비주의적 실현 가능성"에 대한 믿음이라 보아야 할 것이다.[90] 요컨대 욕망의 승화라는 점에서 정신분석학과 탄트라는 간과하기 힘든 유사성을 다시금 드러낸다.

---

88 Muller-Ortega, *The Triadic Heart of Śiva*, p. 50.

89 인간의 성적 에너지가 초월적 영역으로 승화되며, 그 과정에서 아름다움에 대한 인식이 가장 중요한 계기로 작용한다는 점, 동시에 이 초월적 영역으로의 승화란 인간이 본래 지닌 신적 본성의 회상 혹은 재인(recognition)이라고 주장하는 점 등에서 플라톤의 사상은 아비나바굽타의 그것과 매우 유사하다. 반면 아비나바굽타가 육체적 기쁨을 비롯한 현세적 즐거움이 갖는 중요성을 강조한다는 점에서는 프로이트에 더 가깝다.

90 Catherine Clément, *Syncope: The Philosophy of Rapture*, translated by Sally O'Driscoll and Deirdre M. Mahoney (Minneapolis: University of Minnesota Press, 1994), pp. 131-145.

욕망의 승화와 인간 의식

1) 정신분석학과 승화 개념의 미스터리

승화는 정신분석학의 가장 중요한 개념 중 하나로, "창조성과 신경증"이 유사하다는 점을 보여 주는 기제로서 정신분석학의 전체적인 일관성을 담보해 준다.[91] 즉, 승화된 리비도는 창조성으로, 반면 억압된 리비도는 신경증으로 발전한다. 이 점에서 승화는 리비도 에너지의 질적인 변용을 설명해 줌으로써 프로이트가 제안한 일원론적 욕망 이론에 수반되는 여러 난점들을 해소시킨다. 다시 말해 승화는 왜 단일한 리비도 에너지가 성적 충족에 멈추지 않고 인간의 다양한 문화적 창조 활동의 추동력이 되는지를 설명함으로써, 정신분석학이 개인 심리의 치료 이론에서 문화의 해석 이론으로 확장되는 계기를 마련했다.[92]

이처럼 승화는 일원론적 리비도 이론에 불가피한 리비도의 양(量)과 질(質) 사이의 간극을 이어 준다. 즉, 동일한 리비도가 특정한 조건에서 승화 과정을 거쳐 성적 표현이 아닌 문화적 창조와 같은 질적인 차별성을 띨 수 있다는 것이다. 그러나 승화는 동시에 정신분석학의 가장 큰 난점이기도 하다. 승화가 소수에게만 일어나는 예외적인 사건이므로, 그 이유가 무엇인지를 해명하는 것은 정신분석학의 이론적 엄밀성을 확보하기 위해 대단히 중요하다. 더구나 승화의 구

---

91 Gay, *Freud on Sublimation: Reconsideration*, p. 103.

92 본래 승화는 연금술(alchemy)에서 유래했다. 중세 유럽의 연금술사들은 승화를 "저급한 금속들을 금(金)으로 변화시키려는" 시도를 표현하기 위해 사용했다. Gay, *Freud on Sublimation: Reconsideration*, p. 90.

체적인 과정을 설명하지 못하면 승화 개념은 도리어 양과 질 사이의 간극을 더욱 두드러지게 노정시키고 만다. 폴 리쾨르(Paul Ricoeur)는 "프로이트 이론의 암묵적인 목적론"이라는 제목으로 이 점을 분명하게 지적한다. 리쾨르는 "프로이트가 승화를 여타의 기제, 특히 억압이나 심지어 반동-형성(reaction-formation)과 같은 것들로부터 구별해 낼수록" 승화의 정확한 기제가 우리에게 더욱 큰 수수께끼가 되어 버렸다고 주장한다.[93]

실제로 프로이트는 승화가 정신분석학에서 차지하는 중요성에도 불구하고, 그것이 불가해함을 솔직히 인정한다.[94] 그는 왜 그리고 어떻게 소수의 사람들에게 리비도의 질적 변환이 일어나는지 명확하게 설명할 수 없었다. 그래서 프로이트는 그러한 목적 변형을 기술(記述)하는 어려움이 존재하며, "미래의 어느 날엔가는 분명히 메타심리학(metapsychology)적 용어로 설명해야 할 특별한 속성을 가지고 있다."(72쪽)라는 언급을 붙일 수밖에 없었다. 승화는 결국 그 중요성에도 불구하고 정신분석학의 수수께끼가 되고 말았다. 다시 말해 승화는 정신분석학에 꼭 필요한 개념이지만, 왜 그리고 어떻게 승화가 이루어지는가는 프로이트로서도 알 수 없었던 것이다.

---

93 Paul Ricoeur, *Freud & Philosophy: An Essay on Interpretation*, translated by Denis Savage (New Haven: Yale University Press, 1970), p. 487.

94 "억압과 승화 과정의 내적 원인은 우리에게 거의 알려져 있지 않다(quite unknown to us)."라는 중요한 대목을 한국어판은 다음과 같이 오역하고 있다: "억압과 승화는 그 과정의 내면적 원인이 우리에게 잘 알려져 있다."(『성욕에 관한 세 편의 에세이』, 147쪽)

일원적인 욕구 이론을 주장하는 아비나바굽타도 '하나의 동일한 에너지가 어떻게 질적으로 다른 목적을 추구할 수 있는가'라는 질문에 답해야 한다. 아비나바굽타의 답은 확고한 형이상학적 전제 위에 서 있다. 성적인 표현을 추동하는 힘은 본질적으로 초월적이다. 신성을 자각하겠다는 인간 영혼의 욕구가 초월적 차원의 힘인 샥티에서 기인했기 때문이다. 그러므로 형이상학적 차원으로 그 힘이 변화하는 것은 존재론적으로 당연한 일이 된다. 그의 이러한 주장은 에로스가 승화되어 초월적 미의 관상(觀想)이라는 최종 목적을 향한다는 플라톤의 견해와 놀랍게도 유사하다.[95] 즉, 아비나바굽타와 플라톤이 제시하는 인간 영혼의 형이상학적 목적론은 욕망의 형이상학적 존재론에 의해 뒷받침된다. 또 그들은 프로이트와 달리 욕망(kāma/eros)의 완전한 승화가 예외적으로 일어나는 현상을 윤회론에 입각해 설명한다. 욕망을 초월적 차원으로 승화시키는 일은 여러 생애의 노력을 통해 비로소 가능하다는 것이다.

반면 형이상학적 차원을 다루지 않으려는 프로이트에게 욕망의 형이상학적 기원은 수용하기 어렵다. 프로이트는 형이상학적인 설명 대신에 리비도의 유래를 심리적·육체적 차원에서 찾음으로써 욕구의 기원 문제를 해결한다. 리비도는 육체와 분리할 수 없다. 비록 육체에서 비롯된 리비도가 왜 예외적인 소수에게만 비성적인 대상에서 충족되는지를 명쾌하게 답할 수 없었을지라도. 이런 차이에 불구하

---

95 플라톤의 중기 대화편들이 이 주장을 펼친다. 이에 관해서는 『향연』과 『파이드로스』를 참고하라. 특히 『파이드로스』는 인간 영혼의 지상에로의 육화(肉化)와 철학을 통한 영혼의 회귀를 윤회론과 함께 자세하게 설명하고 있다.

고, 인간 욕망의 형이상학적인 유래와 회귀를 제외하면 두 체계 사이의 유사성은 여전하며, 욕망의 미학적 승화라는 측면에서는 더욱 주목할 만하다.

2) 욕망의 미학적 승화

프로이트는 레오나르도 다빈치의 사례를 들어 예술, 과학, 문학 등의 영역에서 이루어지는 리비도의 변용을 설명한다. 예술가 등이 보여주는 아름다움과 진리에 대한 헌신은 그들의 성적 욕망이 비성적인 대상을 향한 추구로 승화되었음을 의미한다.[96] 달리 말해 리비도가 목적 선택의 유연성을 발휘해 쾌락 원칙과 현실 원칙 간의 타협을 이루어냈음을 뜻한다. 미학적 활동은 인간의 리비도가 사회가 용인하는 방식으로 그 충족을 실현한 대표적 사례이다.

인도 사상가 중에서 가장 체계적인 미학 이론을 전개했다고 평가받는 아비나바굽타 역시 욕망의 미학적 승화를 강조한다. 그는 미의 창조와 감상을 통해 기쁨을 추구하는 미학적 활동이 욕망의 본성에서 비롯된다고 주장한다. 동시에 미학적 활동의 종교적 차원을 역설한다. 예술적 창조와 감상은 그 자체로 중요할뿐더러 신적인 차원으로 인간을 추동하는 중요한 통로가 된다는 점에서 가치가 크다는 것이다. 미학적 즐거움이 "브라흐만이 누리는 즐거움과 근친 관계"를 갖기 때문이라는 것이 그의 주장이다.[97]

---

96 욕동의 예술적 승화에 대해서는 프로이트의 『레오나르도 다빈치의 유년의 기억』(1910)을 참고하라.

97 Abhinavagupta, *A Trident of Wisdom: Translation of Paratrisika Vivarana*, p. 51.

그러므로 시(詩)를 비롯한 문학과 예술 작품은 개인의 유흥거리가 아니라 신의 창조적 힘이 인간을 통해 구체화된 것으로, 브라흐만의 초월적 지복 상태가 현세에서 구현된 것이라고 간주된다.[98] 환언하자면 예술과 문학 작품들은 인간 욕망이 승화되는 사다리의 아래와 위를 연결하는 중간 역할을 담당한다. 이 점에서 아비나바굽타 역시 플라톤과 유사하게 성적인 표현에서 출발해 예술과 같은 추상적 아름다움의 추구를 징검다리로 삼아, 그 끝이 초월적 차원에 맞닿아 있는 욕망 상승의 사다리를 제시한다.[99]

프로이트에게 미의 향유는 『문명 속의 불만』에서 주장하고 있는 것처럼 비실용성으로 인해 문명의 발전을 가늠하는 척도가 되기도 하지만(89쪽), 근본적으로는 리비도가 사회적 억압을 피해 용인되는 방식으로 충족을 구현하는 예외적 현상이다. 동시에 예술 역시 중요한 승화의 사례라는 점을 인정했지만, 예술적 창조와 감상 행위가 리비도를 초월적 차원으로 가게 만드는 통로라는 견해는 수용하지 않았다.

---

98 Isayeva, *From Early Vedanta to Kashimir Shaivism: Gaudapada, Bhartrhari, and Abhinavagupta*, pp.173-174. 플로티누스 역시 이와 비슷한 입장을 취한다. 그는 초월적 신의 창조 행위와 가장 유사한 것은 인간의 예술적 창조 활동이라 주장한다(*Enneads*, V. 8. 1. 33-39). 그에게 즉흥적인 창조성의 발현이야말로 궁극적 실재인 일자(一者)가 만물을 유출하는 행위와 유사하다. 이런 점에서 플로티누스는 미학적인 행위의 초월적 근거를 제시하는 아비나바굽타와 매우 흡사하다.

99 플라톤은 예술에 대해 양가적(ambivalent)이었다. 플라톤이 시를 비롯한 예술에 대해 취한 양가적 태도는 『국가』에 잘 나타나 있다. 그는 시(poetry)가 청년들의 영혼에 해로울 수 있음을 지적하고(377a-380c), 예술은 신성한 미의 불완전한 모사에 불과하다고 지적한다(595a-607c). 반면 같은 저서에서 그는 음악과 예술이 청년들의 교육에 중요함을 강조하기도 한다(401d-402a, 410b).

반면 아비나바굽타의 미학은 형이상학적 차원을 갖는다. 자발적 의지로 자신의 참된 본성을 망각한 시바는 제한적인 존재가 된다.[100] 이 과정에서 육체적·미학적 차원의 즐거움은 궁극적 실재의 기쁨(ānanda) 상태를 재인하게 만드는 중요한 통로 역할을 한다. 이런 입장은 강한 현세 지향성과 낙관성으로 연결된다. 그 실현 시기가 늦추어질지라도 자신의 진정한 본성을 깨우치는 사건은 필연적이다.[101] 즉, 존재론적으로 모든 인간의 구원 가능성은 담보되어 있다. 그러므로 탄트라 전통이 우리가 몸담고 있는 삼사라(saṃsāra)의 세상을 신성한 기쁨이 숨겨져 있는 놀이의 장(場)으로 보라고 권고하는 것은 당연하다. 신성한 놀이에서 체험되는 성적·미학적 기쁨은 궁극적 실재의 본성을 간접적으로 체험해 존재의 참된 본성을 인식하게 만드는 성스러운 표현이 되기 때문이다.

경계 가로지르기와 스캔들

탄트리즘은 전형적인 종교적 세계관인 데 반해, 정신분석학은 치유의 방법으로 시작되어 문명과 종교를 분석하는 비종교적인 해석틀로 발전했다. 이런 차이에도 불구하고 두 체계는 욕망, 육체, 성, 기쁨을 긍정적으로 평가하고 이 개념들 사이의 긴밀한 관련성을 강조한다는 점에서 매우 유사하다. 또 당대의 지배적인 세계관 혹은 문화적 맥락

---

100 SenSharma, *The Philosophy of Sadhana: With Special Reference to the Trika Philosophy of Kashimir*, p. 38.

101 SenSharma, *The Philosophy of Sadhana: With Special Reference to the Trika Philosophy of Kashimir*, p. 67.

과 충돌을 일으켰다는 점에서도 공통적이다.

프로이트는 심리학을 정립시키면서 "인간 심리에 미치는 성의 영향"을 강조해 당대인들을 심히 불편하게 만들었다.[102] 프로이트의 성 이론은 빅토리아 시대를 쇼크에 빠뜨렸고, 그의 무의식 개념은 문명화된 인간이 합리적인 존재라는 계몽주의적 통념을 맹렬하게 공박했다.[103] 프로이트의 끈질긴 탐구는 당대인들이 의식하지 못했거나, 혹은 언급하고 싶지 않았던 무의식과 인간 존재의 어두운 부분을 건드렸기에 이론적 적실성 여부를 떠나 거대한 스캔들이 되었다. 프로이트가 성, 육체, 기쁨을 포함해 인간을 이해하는 데에 당대가 설정해 놓은 경계를 가로질렀기 때문이다.

탄트라 역시 논란을 일으키기는 마찬가지였다. 탄트라의 성에 대한 태도, 성(性)과 성(聖)스러움의 근친 관계 설정, 금욕주의의 거부 등은 정통 힌두이즘의 반발을 불러일으켰다. 궁극적 실재의 힘을 신화적으로 상징한 벌거벗은 칼리 여신은 동양이라는 타자(他者)가 지닌 야만성과 신비주의적 비합리성을 구현하는 아이콘이 되었다.[104] 정신분석학이 그러했듯이 성(性)과 인간 욕망의 성스러움을 강조한 탄트라의 급진적 태도가 당대인들에게 불러일으켰을 당혹감은 상상할 만하다.[105] 탄트라가 스캔들로 등장한 이유 역시 당대의 문화가

---

102 Fancher, *Psychoanalytic Psychology: The Development of Freud's Thought*, p. 7.

103 Fancher, *Psychoanalytic Psychology: The Development of Freud's Thought*, pp. 134-135.

104 Urban, *Tantra: Sex, Secrecy, Politics, and Power in the Study of Religion*, pp. 134-164.

105 예컨대 영국인으로 식민지 인도에서 판사직을 수행했던 존 우드로프(Sir John Woodroffe, 1865-1936)는 서구에 탄트리즘을 아서 아발론(Arthur Avalon)이라는 필명을 사용해 소개한다. 그러나 탄트라 문헌에 관한 번역을 비롯한 그의 작업은

설정해 놓은 성과 육체, 성(性)과 성(聖)의 관계에 대한 통념을 뛰어 넘었기 때문이다.

여기에 덧붙여 두 체계의 비교 작업은 성, 인간의 욕망, 승화, 욕망의 형이상학적 승화 가능성, 신비주의와 같은 개념들이 어떻게 서로 엮일 수 있는지를 보여 준다. 프로이트는 종교가 다차원적인 현상이라는 점을 분명하게 인식하고 있었다. 종교는 한편으로 보통 사람들의 종교이자, 아버지와 자식의 관계를 반영한 오이디푸스적인 것으로 분명 집단적 강박증이자 환상이었다. 그러나 승화와 대양적 느낌은 그의 종교심리학이 심리적 환원론으로 단정되어서는 곤란하다는 점을 시사한다. 비록 소수의 체험에 근거하며, 〈잠수부〉라는 실러의 시가 보여 주듯 그 체험에 압도될 위험성이 있지만, 종교에는 신비주의적이며 전-오이디푸스적 차원이 분명히 존재하기 때문이다. 그러므로 이 두 측면이 함께 고려되지 않는다면, 우리는 프로이트의 종교 이해가 심리적 환원론에 불과하다는 통상적인 비판에서 여전히 벗어나기 힘들 것이다.

실제로 고세(Atal Behari Ghose, 1864-1936)라는 인도인에 의해 이루어졌다. 두 사람은 서구인에 의한 탄트리즘의 소개가 더 효과적이라 여기고, 아발론이라는 필명을 사용해 공동 작업을 했다. 그러나 고세는 끝내 익명으로 남았다. 아발론의 탄트라 소개 작업이 고세에 의해 이루어졌다는 주장은 다음 책을 참조하라. Kathleen Taylor, *Sir John Woodroffe, Tantra and Bengal: An Indian Soul in a European Body?* (Surrey: Curzon Press, 2001).

존재론적 기쁨의 회복을 꿈꾸며

■ **맺음말**

프로이트가 당초에 책 제목을 '문명 속의 불만'이 아닌 '문명 속의 불행'으로 지으려 했다는 사실은 그의 분명한 의도를 보여 준다. 그는 문명을 구성할 수밖에 없는 인간이 오히려 문명화 과정에서 불행해지는 이유를 찾고 싶었던 것이다. 불행(Unglück)이 불만(Unbehagen)이라는 어감이 다소 약한 단어로 변하긴 했지만, 프로이트의 문제의식은 여전히 살아 있다. 『문명 속의 불만』에서 그가 역설하는 것처럼 행복은 인간 삶의 근본 목적이다. 행복이 고통을 피하는 소극적인 방식이나 기쁨을 충족시키려는 적극적인 방식으로 획득되는 것이라면, 프로이트는 인간이 소극적인 태도를 벗어나 기쁨을 적극적으로 구현하기를 희망했다.

인간은 프로이트의 지적처럼 결코 고통을 피할 수 없다. 기쁨의 달성과 유지는 그야말로 험난한 데 반해 고통은 너무도 쉽사리 우리를 찾아온다. 게다가 구성원의 행복을 증대시키기 위해 만들어진 공동체가 오히려 자신의 유지를 위해 사랑의 힘(eros)과 죽음의 힘(thanatos)을 통제해야 하므로, 문명은 인간의 욕동과 숙명적으로 갈등을 빚는다. 동시에 인간의 자아는 초자아와 이드(id)라는 위압적인 거인들 사이에서, 현실 원칙과 쾌락 원칙의 타협점을 끝없이 모색하지 않을 수 없다. 요컨대 인간은 험난한 긴장과 갈등 속에 서 있는 존재라는 것이 프로이트의 견해였다.

그렇다면 프로이트는 어떤 해답을 주려 했을까? 프로이트의 생각은 분명하다. 우선 인간은 자신이 누구인지를 알아야 한다. 프로이트에게 인간은 의식적·무의식적 존재이자, 욕동과 이성의 존재였다. 그러므로 우리는 정신의 무의식적 차원을 의식해야 하며, 동시에 욕동의 역할과 중요성을 이성적으로 파악해야만 한다. 이런 앎 위에서야 비로소 상황을 변화시킬 힘이 생긴다는 것이다. 프로이트는 그 구체적인 내용으로 인간의 욕동, 기쁨과 행복, 그리고 종교와 문명 같은 여러 개념들 사이의 긴밀한 연결 관계에 주목하라고 『문명 속의 불만』에서 조언한다. 프로이트는 그 연관성에 대한 올바른 (정신분석학적) 이해가 인간의 행복 실현에 긴요한 열쇠가 된다고 믿었기 때문이다. 그런 인식 없이 문명, 종교, 윤리의 이름으로 인간의 욕동이 그저 억압되어서는 안 된다. 인간이 이성적 존재인 만큼 동시에 욕동의 존재라면, 욕동을 고통과 죄악의 씨앗이 아닌 기쁨의 원천으로 인정해야 한다는 것이다. 그러기 위해서는 욕동을 그저 백안시하고 억압하기보다는 그 본질을 직면할 필요가 크다.

결국 프로이트는 인간의 본능적 욕동을 부정과 억압이 아니라 있는 그대로 인식함으로써 현실 속에서 인간의 행복이 구현되기를 희망했다. 이 점에서 그는 당대 문명이 문제이자 걸림돌로 지적한 것들이 역설적으로 해결의 돌파구가 될 수 있음을 역설했다. 프로이트 사상의 타당성 여부와 무관하게 우리는 다음과 같은 이유 때문에 여전히 그가 남긴 정신분석학을 진지하게 고려할 수밖에 없다.

인간 존재에 대한 총체적이며 균형 잡힌 이해가 우리의 행복을 달성하는 데에 꼭 필요하다면, 프로이트는 지금껏 주목받지 못했던 인간 존재의 측면을 보다 선명하게 드러내는 '볼록 렌즈'임에 분명하다. 그러니 그가 야기했던 스캔들은 역설적으로 프로이트의 중요성을 선언한다. 동시에 구성원의 불만을 완전하게 없앨 수 있는 문명은 등장하기 어렵겠지만, 인간은 문명 속에서 행복을 구현하겠다는 이상을 향해 끈질기게 노력할 수밖에 없는 존재라는 점을 프로이트가 그 누구보다 역설했기 때문이다. 이런 연유로 『문명 속의 불만』은 앞으로도 오랫동안 읽히지 않을까.

프로이트 저술 목록

이 목록에는 초기의 생리학적 연구 논문을 제외한 프로이트의 중요한 저술들이 집필 순서에 따라 정리되어 있다. 독자의 편의를 위해 독일어 원제와 표준판 영문 제목을 병기하였다.

1. 「과학적 심리학 초고」(1895)
   Entwurf einer Psychologie / Project for Scientific Psychology

2. 「히스테리 연구」(1895)
   Studien über Hysterie / Studies on Hysteria

3. 「망각의 심리 기제에 대하여」(1898)
   Zum psychischen Mechanismus der Vergeßlichkeit / The Psychical Mechanism of Forgetfulness

4. 「꿈의 해석」(1900)
   Die Traumdeutung / The Interpretation of Dreams

5. 「꿈에 대하여」(1901)
   Über den Traum / On Dreams

6. 「일상생활의 정신병리학」(1905)
   Zur Psychopathologie des Alltagslebens / The Psychopathology of Everyday Life

7. 「농담과 무의식의 관계」(1905)
Der Witz und seine Beziehung zum Unbewußten / Jokes and their Relation to the Unconscious

8. 「성욕에 관한 세 편의 에세이」(1905)
Drei Abhandlungen zur Sexualtheorie / Three Essays on the Theory of Sexuality

9. 「도라의 히스테리 분석」(1905)
Bruchstück einer Hysterie-Analyse / Fragment of an Analysis of a Case of Hysteria (Dora)

10. 「신경증의 병인에서 성욕이 작용하는 부분에 대한 나의 견해」(1906)
Meine Ansichten über die Rolle der Sexualität in der Ätiologie der Neurosen / My Views on the Part Played by Sexuality in the Aetiology of the Neuroses

11. 「어린아이의 성교육」(1907)
Zur sexuellen Aufklärung der Kinder: Offener Brief an Dr. M. Fürst / The Sexual Enlightenment of Children. An Open Letter to Dr M. Fürst

12. 「강박 행동과 종교 행위」(1907)
Zwangshandlungen und Religionsübungen / Obsessive Actions and Religious Practices

13. 「어린아이의 성 이론에 관하여」(1908)
Über infantile Sexualtheorien / On the Sexual Theories of Children

14. 「성격과 항문 성애」(1908)
Charakter und Analerotik / Character and Anal Erotism

15. 「히스테리성 환상과 양성 소질의 관계」(1908)
Hysterische Phantasien und ihre Beziehung zur Bisexualität / Hysterical Phantasies and their Relation to Bisexuality

16. 「'문명적' 성도덕과 현대인의 신경병」(1908)
Die „kulturelle" Sexualmoral und die moderne Nervosität / "Civilized" Sexual Morality and Modern Nervous Illness

17. 「가족 로맨스」(1909)
Der Familienroman der Neurotiker / Family Romances

18. 「다섯 살배기 꼬마 한스의 공포증 분석」(1909)
Analyse der Phobie eines fünfjährigen Knaben / Analysis of a Phobia in a Five-Year-Old Boy

19. 「쥐인간-강박신경증에 관하여」(1909)
Bemerkungen über einen Fall von Zwangsneurose / Notes upon a Case of Obsessional Neurosis

20. 「히스테리 발작에 관하여」(1909)
Allgemeines über den hysterischen Anfall / Some General Remarks on Hysterical Attacks

21. 「레오나르도 다빈치의 유년의 기억」(1910)
Eine Kindheitserinnerung des Leonardo da Vinci / Leonardo da Vinci and a Memory of his Childhood

22. 「편집증 환자 슈레버-자서전적 기록에 의한 정신분석」(1911)
Psychoanalytische Bemerkungen über einen autobiographisch beschriebenen Fall von Paranoia (Dementia paranoides) /

Psycho-Analytic Notes on an Autobiographical Account of a Case of Paranoia (Dementia Paranoides)

23. 「정신적 기능의 두 가지 원칙」(1911)
Formulierungen über die zwei Prinzipien des psychischen Geschehens / Formulations on the Two Principles of Mental Functioning

24. 「신경증 발병의 유형들」(1912)
Über neurotische Erkrankungstypen / Types of Onset of Neurosis

25. 「정신분석에서의 무의식에 관한 노트」(1912)
Einige Bemerkungen über den Begriff des Unbewußten in der Psychoanalyse / A Note on the Unconscious in Psycho-Analysis

26. 「강박신경증에 잘 걸리는 기질」(1913)
Die Disposition zur Zwangsneurose: Ein Beitrag zum Problem der Neurosenwahl / The Disposition to Obsessional Neurosis: A Contribution to the Problem of Choice of Neurosis

27. 「토템과 터부」(1913)
Totem und Tabu: Einige Übereinstimmungen im Seelenleben der Wilden und der Neurotiker / Totem and Taboo: Resemblances Between the Psychic Lives of Savages and Neurotics

28. 「세 상자의 모티프」(1913)
Das Motiv der Kästchenwahl / The Theme of the Three Caskets

29. 「과학과 정신분석학」(1913)
Das Interesse an der Psychoanalyse / The Claims of Psycho-Analysis to Scientific Interest

30. 「나르시시즘 서론」(1914)
Zur Einführung des Narzißmus / On Narcissism: An Introduction

31. 「미켈란젤로의 모세상」(1914)
Der Moses des Michelangelo / The Moses of Michelangelo

32. 「정신분석 운동의 역사」(1914)
Zur Geschichte der psychoanalytischen Bewegung / On the History of the Psycho-Analytic Movement

33. 「정신분석 이론에 반하는 편집증의 사례」(1915)
Mitteilung eines der psychoanalytischen Theorie widersprechenden Falles von Paranoia / A Case of Paranoia Running Counter to the Psycho-Analytic Theory of the Disease

34. 「본능과 그 변화」(1915)
Triebe und Triebschicksale / Instincts and their Vicissitudes

35. 「초심리학 논고」(1915)
Zur Vorbereitung einer Metapsychologie / Papers on Metapsychology

36. 「전쟁과 죽음에 대한 고찰」(1915)
Zeitgemäßes über Krieg und Tod / Thoughts for the Times on War and Death

37. 「억압에 관하여」(1915)
Die Verdrängung / Repression

38. 「무의식에 관하여」(1915)
Das Unbewußte / The Unconscious

39. 「정신분석에 의해서 드러난 몇 가지 인물 유형」(1916)
Einige Charaktertypen aus der psychoanalytischen Arbeit / Some Character-Types Met with in Psycho-Analytic Work

40. 「정신분석 강의」(1916-17)
Vorlesungen zur Einführung in die Psychoanalyse / Introductory Lectures on Psycho-Analysis

41. 「항문 성애의 예로 본 본능의 변형」(1917)
Über Triebumsetzungen, insbesondere der Analerotik / On Transformations of Instinct as Exemplified in Anal Erotism

42. 「꿈-이론과 초심리학」(1917)
Metapsychologische Ergänzung zur Traumlehre / A Metapsychological Supplement to the Theory of Dreams

43. 「슬픔과 우울증」(1917)
Trauer und Melancholie / Mourning and Melancholia

44. 「처녀성의 금기」(1918)
Das Tabu der Virginität: Beiträge zur Psychologie des Liebeslebens III / The Taboo of Virginity: Contribution to the Psychology of Love III

45. 「늑대인간-유아기 신경증에 관하여」(1918)
Aus der Geschichte einer infantilen Neurose / From the History of an Infantile Neurosis

46. 「두려운 낯설음」(1919)
Das Unheimliche / The 'Uncanny'

47. 「여자 동성애가 되는 심리」(1920)
Über die Psychogenese eines Falles von weiblicher Homosexualität / The Psychogenesis of a Case of Homosexuality in a Woman

48. 「쾌락 원칙을 넘어서」(1920)
Jenseits des Lustprinzips / Beyond the Pleasure Principle

49. 「집단 심리학과 자아 분석」(1921)
Massenpsychologie und Ich-Analyse / Group Psychology and the Analysis of the Ego

50. 「질투, 편집증 그리고 동성애의 몇 가지 신경증적 메커니즘」(1922)
Über einige neurotische Mechanismen bei Eifersucht, Paranoia und Homosexualität / Some Neurotic Mechanisms in Jealousy, Paranoia and Homosexuality

51. 「유아의 생식기 형성 – 성욕 이론에 덧붙이는 글」(1923)
Die infantile Genitalorganisation: Eine Einschaltung in die Sexualtheorie / The Infantile Genital Organization: An Interpolation into the Theory of Sexuality

52. 「자아와 이드」(1923)
Das Ich und das Es / The Ego and the Id

53. 「'정신분석학'과 '리비도 이론'」(1923)
„Psychoanalyse" und „Libidotheorie" / Two Encyclopaedia Articles: "Psychoanalysis" and "The Libido Theory"

54. 「오이디푸스 콤플렉스의 해소」(1924)
Der Untergang des Ödipuskomplexes / The Dissolution of the Oedipus Complex

55. 「신경증과 정신증」(1924)
Neurose und Psychose / Neurosis and Psychosis

56. 「마조히즘의 경제적 문제」(1924)
Das ökonomische Problem des Masochismus / The Economic Problem of Masochism

57. 「정신분석학 소론」(1924)
Kurzer Abriß der Psychoanalyse / Psychoanalysis: Exploring the Hidden Recesses of the Mind

58. 「성의 해부학적 차이에 따른 심리적 결과」(1925)
Einige psychische Folgen des anatomischen Geschlechtsunterschieds / Some Psychical Consequences of the Anatomical Distinction between the Sexes

59. 「'신비스런 글쓰기 판'에 대한 소고」(1925)
Notiz über den „Wunderblock" / A Note upon the "Mystic Writing-Pad"

60. 「나의 이력서」(1925)
Selbstdarstellung / An Autobiographical Study

61. 「정신분석에 대한 저항」(1925)
Die Widerstände gegen die Psychoanalyse / The Resistances to Psycho-analysis

62. 「억압, 증상 그리고 불안」(1926)
Hemmung, Symptom und Angst / Inhibitions, Symptoms and Anxiety

63. 「비전문가 분석의 문제」(1926)
Die Frage der Laienanalyse / The Question of Lay Analysis

64. 「절편음란증」(1927)
Fetischismus / Fetishism

65. 「환상의 미래」(1927)
Die Zukunft einer Illusion / The Future of an Illusion

66. 「유머」(1927)
Der Humor / Humour

67. 「도스토예프스키와 부친 살해」(1928)
Dostojewski und die Vatertötung / Dostoevsky and Parricide

68. 「문명 속의 불만」(1930)
Das Unbehagen in der Kultur / Civilization and Its Discontents

69. 「괴테와 정신분석: 알폰스 파케트 박사에게 보내는 편지/프랑크푸르트 괴테 하우스에서의 연설」(1930)
Goethe-Preis 1930: Brief an Dr. Alfons Paquet. Ansprache im Frankfurter Goethe-Haus / The Goethe Prize: Letter to Dr Alfons Paque. Address delivered in the Goethe House at Frankfurt

70. 「리비도의 여러 가지 유형」(1931)
Über libidinöse Typen / Libidinal Types

71. 「여성의 성욕」(1931)
Über die weibliche Sexualität / Female Sexuality

72. 「불의 입수와 지배」(1932)

Zur Gewinnung des Feuers / The Acquisition of Control Over Fire

73. 「새로운 정신분석 강의」(1933)

Neue Folge der Vorlesungen zur Einführung in die Psychoanalyse / New Introductory Lectures on Psycho-Analysis

74. 「왜 전쟁인가?」(1933)

Warum Krieg? / Why War?

75. 「아크로폴리스에서 일어난 기억의 혼란」(1936)

Eine Erinnerungsstörung auf der Akropolis / A Disturbance of Memory on the Acropolis

76. 「끝이 있는 분석과 끝이 없는 분석」(1937)

Die endliche und die unendliche Analyse / Analysis Terminable and Interminable

77. 「분석에 있어서 구성의 문제」(1937)

Konstruktionen in der Analyse / Constructions in Analysis

78. 「인간 모세와 유일신교」(1939)

Der Mann Moses und die monotheistische Religion / Moses and Monotheism

79. 「정신분석학 개요」(1940)

Abriß der Psychoanalyse / An Outline of Psycho-Analysis

참고문헌

김성민, 『종교체험』, 동명사, 2001.

니니안 스마트, 『종교와 세계관』, 김윤성 옮김, 이학사, 2000.

도널드 위니캇, 『놀이와 현실』, 이재훈 옮김, 한국심리치료연구소, 1997.

마르트 로베르, 『프로이트: 그의 생애와 사상』, 이재형 옮김, 문예출판사, 2007.

마이클 세인트 클레어, 『인간의 관계 경험과 하나님 경험: 대상관계 이론과 종교』, 이재훈 옮김, 한국심리치료연구소, 1998.

미셸 옹프레, 『프로이트, 비판적 평전: 우상의 추락』, 전혜영 옮김, 글항아리, 2013.

성해영, 「프로이트 종교심리학과 비교의 정신: 승화(sublimation) 및 대양적(大洋的) 느낌(oceanic feeling) 개념을 중심으로」, 『종교학연구』 27(한국종교학연구회, 2008): 87-114.

______, "The Meaning of 'Taking the Human Soul as a whole' in the *Phaedrus*: Toward a Possible Mystical Hermeneutics," *The Journal of Greco-Roman Studies*, 34 (2008): 51-74.

______, 「종교 경험(religious experience)의 비교종교학적 연구 방법 고찰: 데이비드 허포드(David J. Hufford)의 "올드 해그(Old Hag)" 연구를 중심으로」, 『종교연구』 56(2009): 149-181.

______, 「문명과 종교: 수운 최제우의 역설적인 '중심 찾기'」, 『인물과 사상』 138 (2009): 154-167.

______, 「프로이트 정신분석학과 탄트라의 종교 사상 비교: 욕망과 욕망의 승화 개념을 중심으로」, 『종교연구』 54(2009): 391-422.

______, 「프로이트, 계몽과 이성의 시대를 뒤흔들다」, 강성용 외, 『문명 밖으로』, 한길사, 2011.

______, 「신비주의란 무엇인가?: 개념에 대한 오해와 유용성을 중심으로」, 『인문논총』 71(2014): 153-187.

애나-마리아 리주토, 『살아있는 신의 탄생』, 이재훈 외 옮김, 한국심리치료연구소, 2000.

F. M. 콘퍼드, 『종교에서 철학으로』, 남경희 옮김, 이화여자대학교출판부, 1995.

요아힘 바하, 『비교종교학』, 김종서 옮김, 민음사, 1988.
윌리엄 제임스, 『종교 체험의 여러 모습들』, 김성민 옮김, 대한기독교서회, 1997.
______, 『종교적 경험의 다양성』, 김재영 옮김, 한길사, 2000.
윌리엄 페이든, 『비교의 시선으로 바라본 종교의 세계』, 이진구 옮김, 청년사, 2004.
______, 『성스러움의 해석』, 이민용 옮김, 청년사, 2005.
이경재, 『프로이트와 종교를 말한다』, 집문당, 2007.
이부영, 『분석심리학』, 일조각, 1998.
제임스 존스, 『현대정신분석학과 종교: 전이와 초월』, 유영권 옮김, 한국심리치료연구소, 2002.
지그문트 프로이트, 「성욕에 관한 세 편의 에세이」(1905), 프로이트 전집 신판 7권, 열린책들, 2003.
______, 「강박 행동과 종교 행위」(1907), 프로이트 전집 신판 13권, 열린책들, 2003.
______, 「성격과 항문 성애」(1908), 프로이트 전집 신판 7권, 열린책들, 2003.
______, 「레오나르도 다빈치의 유년의 기억」(1910), 프로이트 전집 신판 14권, 열린책들, 2003.
______, 「토템과 터부」(1913), 프로이트 전집 신판 13권, 열린책들, 2003.
______, 「정신분석 강의」(1916-1917), 프로이트 전집 신판 1권, 열린책들, 2003.
______, 「집단 심리학과 자아 분석」(1921), 프로이트 전집 신판 12권, 열린책들, 2003.
______, 「나의 이력서」(1925), 프로이트 전집 신판 15권, 열린책들, 2003.
______, 「환상의 미래」(1927), 프로이트 전집 신판 12권, 열린책들, 2003.
______, 「문명 속의 불만」(1930), 프로이트 전집 신판 12권, 열린책들, 2003.
______, 「새로운 정신분석 강의」(1933), 프로이트 전집 신판 2권, 열린책들, 2003.
______, 「왜 전쟁인가?」(1933), 프로이트 전집 신판 12권, 열린책들, 2003.
______, 「인간 모세와 유일신교」(1939), 프로이트 전집 신판 13권, 열린책들, 2003.
칼 융, 『기억 꿈 사상』, 조성기 옮김, 김영사, 2007.
______, 『융 심리학과 동양종교』, 김성관 옮김, 일조각, 1995.
______, 『인간과 상징』, 이윤기 옮김, 열린책들, 1996.
플라톤, 『파이드로스』, 조대호 옮김, 문예출판사, 2008.
피터 게이, 『프로이트 I·II』, 정영목 옮김, 교양인, 2011.

한스 큉, 『프로이트와 신의 문제』, 손진욱 옮김, 하나의학사, 2003.

Abhinavagupta, *The Tantraloka of Abhinavagupta*, edited by R. C. Dwivediand Navajivan Rastogi, Delhi: Motilal Banarsidass, 1987.

______, *A Trident of Wisdom: Translation of Paratrisika Vivarana*, translated by Javideva Singh, New York: SUNY Press, 1989.

Atkinson, J. J., *Primal Law*, London: CreateSpace Independent Publishing Platform, 1903.

Bair, Deirdre, *Jung: A Biography*, New York: Back Bay Books, 2003.

Bakan, David, *Sigmund Freud and the Jewish Mystical Tradition*, London: Free Association Books, 1990.

Brandes, G., *William Shakespeare*, Paris, 1896.

Clément, Catherine, *Syncope: The Philosophy of Rapture*, translated by Sally O'Driscoll and Deirdre M. Mahoney, Minneapolis: University of Minnesota Press, 1994.

Corrigan, Kevin, "The Course of Plotinian Scholarship from 1971 to 1986," in *Rise and Decline of the Roman World. Principat*, Vol. 36.1, edited by Wolfgang Hasse and Hildegard Temporini, Berlin: Walter de Gruyter, 1987.

Crabtree, Adam, *From Mesmer to Freud: Magnetic Sleep and the Roots of Psychological Healing*, New Haven: Yale University Press, 1993.

Doniger, Wendy, *Śiva: The Erotic Ascetic*, London: Oxford University Press, 1973.

Dyczkowski, Mark S. G., *The Doctrine of Vibration: An Analysis of the Doctrines and Practices of Kashimir Shaivism*, Delhi: Motilal Banarsidass, 1989.

Fancher, Raymond E., *Psychoanalytic Psychology: The Development of Freud's Thought*, New York: Norton, 1973.

Feuerbach, Ludwig, *The Essence of Christianity*, translated by George Eliot, New York: Prometheus Books, 1989.

Freud, Sigmund, *Psychoanalysis and Faith: Dialogues with the Reverend Oskar Pfister*, edited by E. Freud and H. Meng, New York: Basic Books, 1963.

______, *New Introductory Lectures on Psychoanalysis*, The Standard Edition of the Complete Psychological Works of Sigmund Freud, Vol. 22, London: The Hogarth Press, 1964.

Gay, Volney P., *Freud on Sublimation: Reconsideration*, New York: SUNY Press,

1992.
Harper, K. A. and R. L. Brown (eds.), *The Roots of Tantra*, New York: SUNY Press, 2002.
Isayeva, Natalia, *From Early Vedanta to Kashimir Shaivism: Gaudapada, Bhartrhari, and Abhinavagupta*, New York: SUNY Press, 1995.
James, William, *The Varieties of Religious Experience*, New York: Modern Libraries, 1994.
Jones, Ernest, *Sigmund Freud: Life and Work*, Vol 3, London and New York: Basic Books, 1957.
Kelly, Edward F. (ed), *Irreducible Mind: Toward a Psychology for the 21st Century*, Lanham: Rowman & Littlefield Publishers, 2007.
Kripal, Jeffrey J., *Kālīs Child: The Mystical and the Erotic in the Life and Teachings of Ramakrishna*, Chicago: The University of Chicago Press, 1995.
______, *Crossing Boundaries: Essays on the Ethical Status of Mysticism*, New York: Seven Bridges Press, 2002.
______, "Why the Tantrika Is a Hero: Kālī in the Psychoanalytic Tradition," in *Encountering Kālī: In the Margins, at the Center, in the West*, edited by Rachel F. McDermott and Jeffrey J. Kripal, Berkeley: University of California Press, 2003.
______, *The Serpent's Gift: Gnostic Reflections on the Study of Religion*, Chicago: The University of Chicago Press, 2007.
Majercik, Ruth, "Plotinus and Greek Mysticism," in *Mysticism and the Mystical Experience: East and West*, edited by Donald H. Bishop, Danvers: Associated University Press, 1995.
McDermott, Rachel F. and Jeffrey J. Kripal (eds.), *Encountering Kālī: In the Margins, at the Center, in the West*, Berkeley: University of California Press, 2003.
McGinn, Bernard, *The Foundation of Mysticism: Origins to the Fifth Century*, New York: Crossroad, 1991.
Morgan, L. Michael, *Platonic Piety: Philosophy & Ritual in Fourth-Century Athens*, New Haven: Yale University Press, 1990.
______, "Plato and Greek Religion," in *The Cambridge Companion to Plato*, Cambridge: Cambridge University Press, 1992.

Muller-Ortega, Paul Eduardo, *The Triadic Heart of Śiva: Kaula Tantrism of Abhinavagupta in the Non-Dual Shaivism of Kashimir*, New York: SUNY Press, 1989.

Murphy, Paul E., *Triadic Mysticism: The Mystical Theology of the Śaivism of Kashimir*, Delhi: Motilal Banarsidass, 1986.

O'Flaherty, Wendy Doniger, *Siva: The Erotic Ascetic*, London: Oxford University Press, 1973.

O'Meara, Dominic J., *Plotinus: An Introduction to the Enneads*, Oxford: Oxford University Press, 1995.

Olivelle, Patrick, "Orgasmic Rapture and Divine Ecstasy: The Semantic History of Ananda," *Journal of Indian Philosophy*, Vol. 25 (1997): 153-180.

Padoux, André, "What Do We Mean by Tantrism?" in *The Roots of Tantra*, edited by K. A. Harper and R. L. Brown, New York: SUNY Press, 2002.

Parsons, William B., "Psychoanalysis and Mysticism: The Case of Ramakrishna," *Religious Review*, Vol. 23. No. 4 (1997): 355-360.

______, "Freud's Encounter with Hinduism: A Historical-Textual Overview," in *Vishnu on Freud's Desk: A Reader in Psychoanalysis and Hinduism*, edited by T. G. Vaidyanathan and Jeffrey J. Kripal, New York: Oxford University Press, 1999.

______, *The Enigma of the Oceanic Feeling: Revisioning the Psychoanalytic Theory of Mysticism*, New York: Oxford University Press, 1999.

Parsons, William B. and Diane Jonte-Pace, "Introduction: Mapping Religion and Psychology," in *Religion and Psychology: Mapping the Terrain, Contemporary Dialogues, Future Prospects*, edited by Diane Jonte-Pace and William B. Parsons, New York: Routledge, 2001.

Plato, *Phaedrus*, *Plato: The Collected Dialogues*, translated by F. M. Conford, Princeton: Princeton University Press, 1961.

______, *Symposium*.

______, *Lysias*.

______, *Politeia*.

Plotinus, *Enneads*, translated by A. H. Armstrong, Cambridge: Loeb Classical Library, 2000.

Ricoeur, Paul, *Freud & Philosophy: An Essay on Interpretation*, translated by Denis

Savage, New Haven: Yale University Press, 1970.

Rolland, Romain, *Mahatma Gandhi: The Man Who Became One with the Universal Being*, translated by C. Groth, New York: Century, 1924.

______, *Journey Within*, New York: Philosophical Library, 1947.

______, *The Life of Ramakrishna*, Calcutta: Advaita Ashrama, 1965.

______, *The Life of Vivekananda and the Universal Gospel*, Calcutta: Advaita Ashrama, 1988.

Sanderson, Alexis, "Śaivism and the Tantric tradition," in *The World's Religions*, edited by S. Sutherland et al., London: Routledge, 1988.

Santas, Gerasimos, *Plato & Freud: Two Theories of Love*, New York: Basil Blackwell, 1988.

Saxena, Neela Bhattacharya, *In the Beginning is Desire: Tracing Kālī's Footprints in Indian Literature*, New Delhi: Indialog Publications, 2004.

SenSharma, Deba Brata, *The Philosophy of Sadhana: With Special Reference to the Trika Philosophy of Kashimir*, New York: SUNY Press, 1990.

Singh, Jaideva, *Pratyabhijnahrdayam: The Secret of Self-Recognition*, Delhi: Motilal Banarsidass Press Publishers, 2003.

Taylor, Kathleen, *Sir John Woodroffe, Tantra and Bengal: An Indian Soul in a European Body?* Surrey: Curzon Press, 2001.

Teresa of Ávila, *The Interior Castle*, translated by Kieran Kavanaugh, Mahwah: Paulist Press, 1979.

Urban, Hugh B., *Tantra: Sex, Secrecy, Politics, and Power in the Study of Religion*, Berkeley: University of California Press, 2003.

❁ 찾아보기

[ㅊ]

[ㅋ]

[ㅌ]

[ㅍ]

지그문트 프로이트(Sigmund Freud, 1856-1939)

오스트리아 출신의 의사로 정신분석학(Psychoanalysis)을 창시했다. 인간 의식을 과학적으로 규명하려는 과정에서 '무의식' 개념을 중심으로 한 독창적인 심리학을 만들어 냈다. 빈 대학교 의학도 시절에는 철저한 유물론적 시각에서 생명 현상을 다루었으나, 점차 인간 마음의 전반적인 문제로 관심을 바꾸게 된다. 파리 유학 시절 장-마르탱 샤르코(Jean-Martin Charcot)로부터 최면과 히스테리 증상 사이의 긴밀한 관계에 대해 배우면서, 유물론적인 마음 이해의 틀을 벗어나 무의식을 본격적으로 탐구하기 시작했다.

1900년 『꿈의 해석』을 통해 꿈이 마음의 무의식적 차원을 발견하는 중요한 통로라고 강조했다. 그 이후 오랜 치료와 연구 활동을 거쳐 우리가 일상적으로 흔히 하게 되는 말실수를 포함해 강박증상 등이 의식적 '억압'을 회피하는 방어기제라는 결론에 도달하게 된다. 이렇게 무의식과 욕망, 특히 성욕이 인간 이해에 결정적이라고 강조해 당대의 합리주의적 인간 이해에 반기를 든 그는 유럽 전역에 큰 스캔들과 반향을 동시에 불러일으켰다. 그의 관심은 말년에 정신 질환의 치료라는 개인적 차원을 넘어 종교와 문명 같은 거시적 문제로 자연스럽게 옮겨 갔다. 반유대주의의 집중적인 견제 대상이 된 프로이트는 나치의 탄압을 피해 1938년 정든 오스트리아를 떠나 런던으로 망명한다. 오랜 흡연 때문에 구강암으로 고생했던 프로이트는 그 이듬해인 1939년 낯선 영국에서 '이방인'으로 세상을 떠났지만, 인간 존재의 이해에 지우기 어려운 거대한 족적을 남겼다.

성해영(成海英)

서울대학교 외교학과를 졸업하고, 같은 학교 대학원에서 종교학 석사학위를 받았다. 미국 라이스 대학에서 종교심리학과 신비주의 연구로 박사학위를 받았다. 현재 서울대학교 종교학과 교수로 재직 중이며 종교심리학과 신비주의, 종교체험에 대한 연구를 하고 있다. 지은 책으로 *A Happy Pull of Athene: An Experiential Reading of the Plotinian Henosis in the Enneads*, 『수운水雲 최제우의 종교체험과 신비주의』, 『종교, 이제는 깨달음이다』(공저)가 있고, 주요 논문으로 「프로이트 정신분석학과 탄트라의 종교 사상 비교」, 「수운(水雲) 종교체험의 비교종교학적 고찰」, 「신비주의의 관점에서 바라본 간화선(看話禪): 종교체험과 수행 개념을 중심으로」 등이 있다.

문명총서 발간사

서울대학교 인문학연구원은 2007년 11월 한국연구재단의 인문한국(HK) 사업을 수탁하여 HK문명연구사업단을 출범시켰다. 한국과 아시아, 세계를 향한 문명연구의 허브를 구축하기 위해 '한국 인문학'의 정립을 목표로 인문학 제 분야는 물론 인근 분야의 전공자들까지 한 지붕 아래 모였다.

인문학연구원이 한국 인문학의 도약을 위해 핵심과제로 주목한 것은 문명에 대한 새로운 이해이다. 문명이란 장구한 세월 동안 인류가 일구어 낸 정신적·물질적 성과들의 종합이며, 타 문명들과 서로 영향을 주고받으며 진화해 온 복합적 실체이다. 이에 대한 심층적인 이해가 선행되지 않는다면, 현재와 미래에 대한 유효적절한 준비와 대응은 불가능하다.

'문명텍스트총서'는 인문학 안팎의 다양한 전공을 가진 우리 연구원의 연구자들이 자신의 영역에서, 과거와 현재 문명의 정수와 그에 대한 인식을 담은 중요한 텍스트를 선정하여 번역하고 주해한 결과물이다. 이는 긴 시간의 노동을 요하면서도 성취가 단기간에 가시화되지 않는 우직한 작업이지만, 인류의 유산을 한국화하는 이 같은 작업이 주체적으로 세계문명을 사유하고 새로운 문명을 개척하는 데 발판이 되리라고 믿는다. 문명텍스트총서가 현재와 과거를 엮는 씨줄 놓기 작업이라면, 문명공동연구총서는 인간과 세계를 총체적으로 이해하려는 날줄 얽기라고 할 수 있다. 오랫동안 자신의 분야에서 전문화를 추구했기에 공동연구가 쉬운 일은 아니지만 문명 이해의 융합적 시각뿐만 아니라 한국 인문학의 새로운 전망을 써 내려가는 방법론을 제시할 수 있기를 희망한 결과물이다. 또한 문명지평총서는 연구원 안팎의 연구자들이 참여한 연구서와 교양서를 아우르고 있다.

아무쪼록 문명총서 시리즈가 동서고금의 문명을 더 깊고 더 넓게 이해하는 창발의 효과를 가져오길 기대하며, 국내외의 학자들이 참여하고 교류하는 열린 연구공간이 되길 바란다.

2014년 4월

서울대학교 인문학연구원 원장